SEO 实战

核心技术、优化策略、流量提升

元创 / 编著

人民邮电出版社

北京

图书在版编目（CIP）数据

SEO实战：核心技术、优化策略、流量提升 / 元创
编著. -- 北京：人民邮电出版社，2017.3（2021.9重印）
ISBN 978-7-115-44601-5

Ⅰ．①S… Ⅱ．①元… Ⅲ．①网络营销－浏览器－应
用开发 Ⅳ．①F713.365.2

中国版本图书馆CIP数据核字(2017)第003663号

内 容 提 要

　　本书共 12 章，全面系统地介绍了为什么要做 SEO，搜索引擎的工作原理，关键词与
内容策略，网站结构优化，页面优化，外部链接建设以及 SEO 常用的工具，SEO 七步成
名法等内容，每章末尾提供了实战案例和实训习题，以便读者拓展视野，提升实战能力。

　　本书可作为企业网络营销人员、个人站长、网站设计人员等相关从业人员的参考用书。

◆ 编　著　元　创
　　责任编辑　许金霞
　　责任印制　杨林杰

◆ 人民邮电出版社出版发行　　北京市丰台区成寿寺路 11 号
　　邮编　100164　电子邮件　315@ptpress.com.cn
　　网址　http://www.ptpress.com.cn
　　北京虎彩文化传播有限公司印刷

◆ 开本：700×1000　1/16
　　印张：18.25　　　　　　　　　2017 年 3 月第 1 版
　　字数：346 千字　　　　　　　2021 年 9 月北京第 16 次印刷

定价：49.80 元

读者服务热线：(010)81055256　印装质量热线：(010)81055316
反盗版热线：(010)81055315
广告经营许可证：京东市监广登字 20170147 号

当元创老师来请我为他的新书作序时，我丝毫没犹豫就答应了，因为我是打心眼里为他高兴。当时我心里冒出的第一个想法是："元创老师的第一本书，终于面世了。"为什么要用"终于"这个词呢？因为两年前，我就建议元创老师出一本关于 SEO 方面的书，而元创老师总是说：自己沉淀得还不够，不能轻易出书，以免贻笑大方，最关键的是不能误人子弟。

但是答应过后，我又有点后悔，因为这个任务过于重大，实在怕辜负了元创老师的信任和期望。

从哪儿写起呢？那就先给大家介绍一下元创老师这个人吧！

我与元创老师的渊缘相当深，我们自 2008 年相识至今，已近十年。我们在生活上是好朋友、好兄弟，甚至元创老师的夫人都是我介绍的；在事业上我们是非常好的合作伙伴，"推一把"网站刚成立不到一个月时，元创老师就加入到网站的管理团队中，而在 2010 年"推一把"组建公司进行商业化运营时，元创老师和夫人也第一时间加入了进来。对于元创老师，我想用八个字来概括："专注、谦虚、低调、务实"。

"专注"：元创老师自从业以来，一直专注于 SEO 领域，这一点实在是难得。因为 SEO 不是一个新兴的行业，在中国已经有十几年的历史，元创老师在国内也不是最早从事该行业的人。但是像元创老师这样十年如一日地一直在研究并且操作 SEO 的，还真不算多。因为 SEO 是个颇为枯燥且辛苦的工作，从收入上来说，赚的也是辛苦钱，像我身边不少 SEO 从业者在耕耘一段时间后，都选择了更有"钱途"的方向或领域。

"谦虚"：与很多人只是礼貌上的谦虚不同，元创老师的谦虚，是真的谦虚。就像前面说的写书的事情一样，以元创老师的资历和经验，其实完全有这个资格和实力出书，但是元创老师却总是感觉自己沉淀得还不够。而在现实当中，元创老师也完全没有专家和老师的架子，给学生上课时，完全不像是老师，倒像是朋友。

"低调"：元创老师为人低调，不喜欢张扬，也很少推销自己，以至于元创老师一些学生的知名度都要比他高得多。

"务实"：元创老师认为 SEO 是一个非常讲究实战和务实的行业，应该把更多的时间和精力用在践行上。所以这十年来，元创老师一直是身体力行地不断实践，任何理论和方法，都要亲自去用实战检验一番。

接下来，我再向大家推荐一下这本书。

所谓台上一分钟，台下十年功。这本书是元创老师十年磨一剑的成果，凝聚了元创老师十年来的经验、心得和体会，全部都是精华。最关键的是，本书中分享的所有方法和理论，都由元创老师从实战中总结而来，非常实用。很多的 SEO 朋友在操作中，经常是想到哪儿就做到哪儿，没有清晰的套路和策略。而这本书中提到的 SEO 七步成名法，将 SEO 操作的各个要点连接成一个严谨的系统，让 SEO 操作不再杂乱、没有头绪。同时，元创老师具有多年的教学经验，所以这本书言简意赅，无论是对 SEO 完全不懂的新手，还是正在从事 SEO 的网络人员，都能够从这本书中受益。

相信这本书会让大家对 SEO 有一个全面系统的认知，能够帮助大家在最短的时间内掌握 SEO 这门技能和艺术。

著名实战派网络营销专家

"推一把"网站创始人

中国商业联合会媒体购物专业委员会常务副会长

清华 / 北大总裁班讲师

江礼坤

2016 年 10 月

自 20 世纪 90 年代以来，互联网在世界范围内迅速普及，逐渐成为人类社会的基础设施，对人类社会的进步和发展产生了广泛而深远的影响，渗透到了政治、经济、文化、娱乐、大众媒介和人际交往等各个方面，互联网成为现代社会不可或缺的重要组成部分。

互联网在中国发展其实只有短短 20 多年，却已经被广泛应用到各行各业，影响着我们的生活，也为我们带来了巨大的便利。越来越多的企业也意识到互联网的重要性，纷纷开始利用互联网开展营销，很多企业从中获得了不少益处。但还是有很多企业认为，互联网营销就是建一个网站，殊不知网站只是互联网营销的一个环节，有了网站还需要吸引用户浏览你的网站，才能够进一步了解你的产品、咨询、转化，这就需要网络推广。目前网络推广中，成本最低、效果最持久、流量大并最精准的方式就是 SEO。

SEO 最重要的特征之一是免费。它是对网站进行合理的优化，使关键词排在百度等搜索引擎前面的方法，进而，用户就可以通过搜索引擎找到网站，了解产品，最终咨询转化。因此，掌握 SEO 对企业和个人都是非常重要的。

现在 SEO 行业趋于成熟，但还有很多 SEO 人员对 SEO 一知半解，认为 SEO 就是发外链、发原创文章。这也就导致了他们天天在做这些工作，其效果却不佳，殊不知这些只是影响搜索引擎排名的个别因素。影响搜索引擎排名的因素非常多，只有全面了解搜索引擎，了解 SEO，才能更好地去做 SEO。

但由于 SEO 知识点非常多，想要记住这么多知识点并在实践中做好 SEO，是一件比较困难的事情。很多人虽然记住了知识点，但遇到不同类型的网站，还是无从下手，彷徨迷茫。

于是，我在长期的工作中总结了一套 SEO 流程，起名为"SEO 七步成名法"，将 SEO 形成体系，这样知识点就不再是零散的，而是能串到一起，让大家理解并掌握 SEO 操作的全过程，当大家面对一个新网站的时候，知道应该按照什么样的步骤全面进行 SEO。

很多朋友希望我能够写一本书，能够帮助到 SEO 从业人员以及想要了解 SEO

的企业家，但一直忙于工作和授课，直到今年才抽出时间，把 SEO 七步成名法梳理出来。

本书共 12 章，全面系统地介绍了为什么要做 SEO，搜索引擎的工作原理，关键词与内容策略，网站结构优化，页面优化，外部链接建设以及 SEO 常用的工具，SEO 七步成名法等内容，在每一章的结尾提供了实战案例和实训习题，供读者参考和实践。

第 1 章主要讲解 SEO 的基本概念以及 SEO 可以给企业和个人带来的好处。

第 2 章主要讲解搜索引擎工作原理，知道它是如何工作的，便于更好地对网站进行优化。

第 3 章主要讲解如何选择适合 SEO 的域名、空间、程序以及它们的重要性。

第 4 章主要讲解如何选择核心关键词、核心关键词的布局以及次要关键词和长尾关键词的布局与优化等。

第 5 章主要讲解如何为网站建设内容以及搜索引擎判断内容好与差的标准。

第 6 章和第 7 章主要讲解站内优化，包括网站结构优化、内部链接优化的方法与策略和页面优化。

第 8 章详细讲解外部链接如何建设。

第 9 章详细介绍手机站如何优化。

第 10 章和第 11 章介绍 SEO 常用的工具及百度站长平台的使用。

第 12 章介绍 SEO 七步成名法以及网站被降权后该如何处理等。

■ 读者能从本书中学到什么？

1. 什么是真正的 SEO
2. SEO 能给企业带来什么好处
3. SEO 对各类型网站的价值
4. 如何通过 SEO 赚钱
5. 微商如何通过 SEO 引流
6. SEO 与 SEM 的关系
7. 搜索引擎工作原理
8. 如何选择适合 SEO 的域名和空间
9. 哪些建站程序利于 SEO
10. 核心关键词的选择与布局
11. 次要关键词和长尾关键词的分布与优化
12. 网站流量如何预估
13. 如何为网站创造内容

14. 如何设计搜索引擎认为友好的网站结构

15. 内部链接如何优化

16. 如何开展外部链接建设

17. 手机站如何优化

18. SEO 常用工具的介绍及作用

19. 百度站长平台的使用

20. 白帽和黑帽的区别

21. 网站降权后如何解决

22. SEO 七步成名法

本书最大的特色在于讲解 SEO 的策略和方法，注重操作方法与案例分析。为了让读者更好地理解每一章的内容，在每一章的结尾附真实实战案例和实战训练，只要按照实训从选择域名、空间、程序开始搭建网站，对网站进行 SEO 实践，一定能够做到从入门到精通 SEO。

■ 本书的读者对象

1. 企业网络营销人员

2. 个人站长

3. 公司 SEO 或者 SEO 服务公司人员

4. 网站设计、技术人员

5. 传统企业管理者

6. 网络营销及电子商务专业学生

虽然搜索引擎和 SEO 行业变化很快，但 SEO 的很多规则是不变的。从我接触 SEO 到现在的这些年里，SEO 的本质没有发生变化，只是会出现新方法、新技巧、搜索引擎微调等，本书也会随之不断更新，与时俱进。读者也可以访问我的博客（www.lxysem.cn），了解最新动态。

最后，感谢家人的支持、理解，感谢江礼坤老师以及"推一把"网站、百度站长平台的大力支持。

元 创

2016 年 11 月

Contents 目录

第 1 章
SEO 概述

中国互联网从 1994 年到现在已经发展了 20 多年。据统计，截至 2016 年 6 月，中国网民数量达 7.10 亿，网民规模全球第一，其中搜索引擎用户规模达 5.66 亿，中国网站总数达 413.7 万余个，搜索引擎成为网站获取流量的重要渠道。如何通过搜索引擎获取更多流量，SEO 是非常重要的途径。不管是个人网站、企业网站，还是中大型网站，都很重视对网站的优化。

SEO 已经在中国发展了 10 多年，随着国内 SEO 行业的不断发展和成熟，行业人士对 SEO 都有不同的认识和理解，不少人把 SEO 片面地认为是发外链，做排名，这显然是不正确的，但也是普遍现象。那么，到底 SEO 是什么呢？ SEO 相对其他营销方式有哪些优势，SEO 有哪些赚钱思路，本章我们一起来探讨。

学习目标

- ≫ 掌握 SEO 的概念
- ≫ 掌握 SEO 的定义和优势
- ≫ 了解 SEO 的职能
- ≫ 了解 SEO 赚钱思维
- ≫ 理解 SEO 与 SEM 的关系

1.1 什么是 SEO

SEO 是 Search Engine Optimization 的缩写，是搜索引擎优化的意思。SEO 是通过研究各类搜索引擎如何抓取互联网页面和文件，及研究搜索引擎进行排序的规则，来对网页进行相关的优化，使其有更多的内容被搜索引擎收录，并针对不同的关键字获得搜索引擎左侧更高的排名，从而提高网站访问量，最终提升网站的销售能力及宣传效果。

简单来说，SEO 是对网站进行站内优化和站外优化，使之关键词在搜索引擎中获得排名。SEO 不是纯技术，是网站营销的一部分，属于被动式营销。SEO 是针对网络的传播模式，把目标内容（广告、产品、品牌）传递给目标用户的最有效的途径。

举个例子，有一个朋友要结婚，需要拍婚纱照，但不知道哪家婚纱摄影好，可能会问周围的朋友，或在百度中搜索"北京婚纱摄影"等词，这时百度会给用户展示很多相关网站，有付费的，有免费的。标准商业推广（广告）的是付费的网站，标注百度快照的是免费排名的网站，如图 1-1 所示，用户会一个一个打开网站进行比较、咨询。如果你的网站能够在百度首页展现，那么用户就能看到你的网站，点击、了解、咨询、成交。如果你的网站在百度首页或前几页没能展现，那么用户根本看不到，更不用说点击咨询了。如果想不花钱将自己的网站排在百度首页，就需要对网站进行优化，这就需要 SEO。

图 1-1

SEO 涉及网站结构、页面规划、内容优化以及外部优化等内容。虽然百度、360 搜索、搜狗、谷歌各自的搜索技术不同，但基本原理都是相似的。

在对网站进行 SEO 的同时，还需要将用户体验以及用户转化等进行有效整合，形成重要的销售手段。SEO 不是万能的，SEO 只是网络营销的一部分，是搜索引擎营销的一部分。企业除了开展 SEO，还需要开展微信营销、微博营销、QQ 营销、软文营销、电子邮件营销等，需要将营销方式进行整合，才能达到最好的效果。

1.2 SEO 发展历程

国外 SEO 源于 1994 年，当时以美国为首的发达国家开始出现了提供搜索引擎优化相关服务的机构，国外的网站也在那时开始意识到 SEO 对于网络营销的重要性。发展至今，SEO 在国外已经是一个相当正规、成熟的行业。有大批专业的公司，专业的技术人员在为广大客户网站提供全方位的搜索引擎优化服务。同时，SEO 也得到了广大网站管理者，甚至搜索引擎在内的多方面的认同。

国内 SEO 行业的发展历史起源于 2002 年，当时只是简单地在标题中包含关键字以及关键词堆积、门页等方法。如果在现在，这些方法已经属于作弊范围了。但是，这确实是国内 SEO 起步阶段一个重要的足迹。

1994 年，Yahoo、Lycos 等分类目录型搜索引擎诞生，搜索引擎的网络营销价值逐渐体现出来，搜索引擎营销的思想也开始出现。当时搜索引擎营销的任务就是将网站提交到主要的搜索引擎上。

1995 年，将网站自动提交到搜索引擎的软件诞生，网站管理员可以轻松地一次将网站提交到多个搜索引擎，但由于部分网站滥用这种软件，不断提交同一个网站或者同时提交同一网站中大量的网页，以求网站总是处于搜索引擎的最新位置，或者占领搜索引擎收录网页的主要内容，因此这种软件的弊端很快被搜索引擎发现，搜索引擎开始拒绝这种自动登录软件提交的信息。

1995—1996 年，基于网页 HTML 代码中标签检索的搜索引擎技术诞生，这种利用标签改善在搜索引擎中排名的技术很快成为搜索引擎营销的重要方法。这就是搜索引擎优化方法的萌芽。

1997 年，搜索引擎优化与排名自动检测软件问世，这使得网站管理员或网络营销人员可以检查网站搜索引擎优化的水平，并且了解被搜索引擎收录的情况，据此可以进一步制定针对性的搜索引擎营销策略。

1998 年，"搜索引擎算法"开始关注网站之外的链接，与此同时，SEO 网站优化者也开始制造"网站链接广泛度"（link popularity）。

2001 年，部分分类目录（中文）开始收费登录，每个网站每年要交纳数百元到数千元不等的费用。

2002 年，国内陆续有人涉足 SEO 领域。

2004 年，国内潜伏的 SEO 开始浮出水面，SEO 队伍逐步壮大。SEO 市场处于混乱无序、违规操作、恶性竞争的状态。大多数 SEO 采取个人作坊式经营，公司性运作规模小。

2006 年，随着网络市场竞争白热化，企业对网络公司的所为和网络产品有了新的认识，企业开始理智对待网络营销市场，随着百度竞价的盛行，企业也认识到搜索引擎的重要性，同时也伴随着诞生了很多 SEO 服务公司，企业追求产品关键词搜索引擎排名，没有考虑到整体营销效果，SEO 公司则顺其自然，也追求排名，做上去拿钱，省时省力，这个阶段 SEO 比较单调，以排名为导向，而不是站在企业的立场上以营销效果为导向。

2007 年，随着 SEO 信息的普及，网络公司技术的上升，部分公司推出了按效果付费的 SEO 服务项目，从网站建设，到关键词定位，到搜索引擎优化全方位服务，整体 SEM 网络营销方案得以推出和实施。

2008 年，随着 SEO 服务公司的技术和理念逐渐成熟，部分公司推出了网站策划服务，服务以效益型网站建设（更加注重网站用户体验）和网站用户转化率为目的，更加注重营销成效。推广手段多样化，集合线上和线下推广模式，线上模式也多样化，即时通信群发等一系列方式，但是 SEO 仍然占领着网络营销推广的主导地位，SEO 服务公司对 SEO 有了更加深刻的理解和体会，SEO 服务公司开始区别于传统的网络公司，自立门户，独树一帜。

2009 年，SEO 进入白炽化的发展阶段，SEO 培训机构火热。

2012 年，SEO 行业进入调整，原来的服务模式已经很难实现双赢，很多公司缩小规模，一些公司开始寻求新的服务模式。

2012 年开始，百度推出百度站长平台。百度站长平台是 SEO 人员与百度官方交流的唯一平台，曾发布《百度搜索引擎优化指南》《Web 2.0 反垃圾详细攻略》《知名站点 SEO 注意事项》《针对低质量站点的措施》《绿萝算法》《石榴算法》《百度绿萝算法 2.0》《冰桶算法》，促使 SEO 人员在搜索引擎规则下对网站进行优化，为用户提供更有价值的内容。

今天，搜索引擎的工作方式和排名规则已经有了很大的变化。在正确的搜索优化服务的帮助下，网站管理员们可以有一个公平的机会去获得较高的搜索排名。SEO 是一个非常专业的服务，它不仅需要技术技巧，还要有一定的商业营销知识。只有很好地把这两种能力结合起来，才可以正确地运用 SEO 技术，获得较高的搜索引擎排名。

1.3　为什么要做 SEO

经调查，69.6% 的人把搜索引擎作为在互联网上获得信息的最主要的方式。企业产品或服务抢占搜索引擎中的靠前排名，就意味着抢占了网络的制高点，也等同于捡钱。

SEO 是推广中最低价、最有效、最持久的方式。

1.3.1　SEO 的优势与劣势

SEO 到底能体现哪些价值呢？

1. SEO 的优势

（1）客户主动上门

大家可以想一下，为什么我们要用百度、谷歌，是因为想得到自己想要了解的信息。当用户在百度搜索某个词进入我们的网站，肯定是有需求、感兴趣才会点击。相比较传统营销，例如电话营销，是企业主动给用户打电话，说"我们这里有某某产品，我给你介绍一下"，很多人都非常反感，直接挂机。为什么呢，因为他们对这个不感兴趣，觉得你耽误了他的时间。

SEO 就不一样了，只要把网站优化到搜索引擎首页，用户有需求就会主动搜索，主动来了解咱们的网站，只要网站体验好，打动用户，转化率肯定不用愁。

还用拍婚纱照举例，如果有用户通过在百度中搜索"北京哪家婚纱摄影好"等关键词访问你的网站，肯定是有需求，这些都是咱们的意向顾客，不然用户搜这个词做什么呢？所以，SEO 能够给企业网站带来有实际需求的潜在用户。

（2）营销成本低

网站通过实施 SEO，可以使一些关键词的排名提高。花的费用也只是人员成本，而且用户点击是免费的。而通过付费营销，如果希望这些关键词带来潜在客户，则需要不断地投放广告，SEO 无疑为企业节省了广告开支。即便企业不去削减广告预算，也大可以把这些费用投放到更多的关键词排名上。

（3）性价比高

SEO 在各种推广方法中是最省钱，并且效果最持久的。企业都想用花钱少、效果好的方法，虽然现在很多企业每年有大量的预算，能在电视和很多媒体上投放广告，但是仍然有自己的 SEO 团队来做好 SEO，做好关键词的排名，吸引更多的用户。如图 1-2 所示，58 同城网站通过爱站 SEO 工具可以查询到，此网站通过百度每天获得免费 SEO 流量为 290 万~ 400 万。

（4）长期有效性

做 SEO 不像 PPC（付费点击）、网络广告等方式，它们一旦停止付费，或是停止投放，网站的流量也就随即停止了。或者通过事件营销手段来提高网站的流量，但这也是短暂的，只要这件事的风波过去了，流量也就停止了。但 SEO 不一样，只要提高了自己网站本身在搜索引擎中的自然排名，网站的流量会一直存在，而如果排名一旦上去了，也很难掉下来。

图 1-2

2. SEO 的弊端

（1）见效时间长

通常，SEO 优化的见效时间，根据关键词的难易程度需要 1 ~ 3 个月时间，但对于冷门行业，只要简单优化一两周就可以看到效果。所以不能急于求成，需要企业领导对 SEO 有充分的了解认识和心理预期。

（2）沟通成本大

SEO 优化需要与很多部门配合，如产品、设计、技术、编辑、PR 等，沟通成本非常大。一个好的 SEO 咨询师或是 SEO 产品经理需要有很强的跨部门组织沟通协调能力。但是，对于中小型企业网站来说，营销人员少，懂这方面的人不多，沟通成本会大大降低。

1.3.2　SEO 对各类网站的作用

上面讲了 SEO 的主要优势，现在来看 SEO 对各个类型网站的作用。

1. SEO 对大型网站的作用

很多人质疑，那些大型网站还需要做 SEO 吗？答案是肯定的。大型网站在还未变"大"的过程中想变"大"，流量是第一重要的。大型网站想通过搜索引擎获得更多的流量，可以通过花钱去购买搜索引擎的关键词，但一般大型网站不会采用这种办法，因为成本比较高。而它们都是凭自己的 SEO 技术获得相应排名，不用花钱，每天就可以利用搜索引擎带来巨大的流量。因为大型网站包含了丰富的网页内容，整个网站拥有几十万、几千万的页面，在这么多的页面中，每个页面都包含了许多关键词。试想，如果 SEO 做得好，就算每个页面通过搜索引擎为网站带来一个流量，总计起来，这个网站每天的流量也大得惊人。如图 1-3 所示，网易每天通过百度获得 SEO 流量预计 400 万 ~ 800 万（这是预计流量，真实流量比这个数据更多）。

2. SEO 对企业网站的作用

对于企业而言，追求的不是大流量，而是高质量的流量，因为高质量的流量往往都是企业的潜在客户。当这些潜在客户通过企业的网站了解到企业的产品和信息后，就可能成为企业的直接客户！那么，如何获得高质量的潜在客户呢？SEO 就是企业网站首选的网站推广方法。

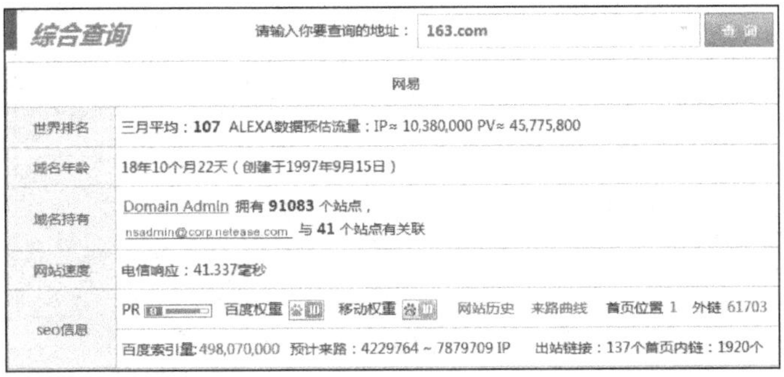

图 1-3

如图 1-4 所示，某搬家公司网站每天通过百度获得 SEO 流量近 1000IP。相比大网站，这个流量太少了，但用户精准，不可小觑。

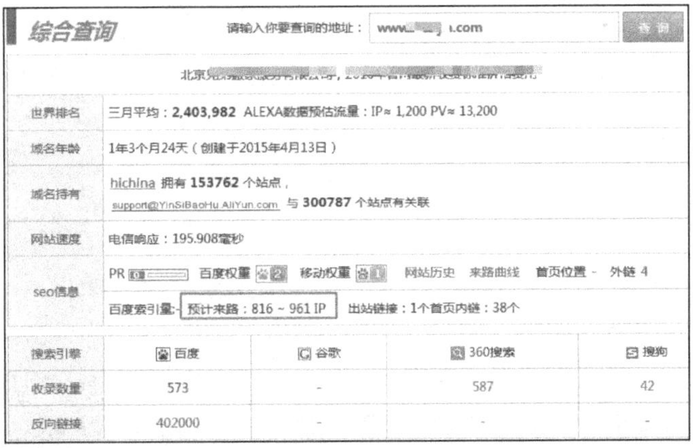

图 1-4

3. SEO 对电子商务网站的作用

电子商务网站就像一个商店，商店必须要有客户，才可能形成销售。电子商务网站如何吸引大量的客户来源呢？答案还是 SEO。目前，电子商务网站的各种推广策略中，SEO 最受推崇。像京东、苏宁等大型电子商务网站都会采用 SEO 获取大量免费流量。如图 1-5 所示，京东每天通过百度获得 SEO 流量预计 150 万～250 万。

4. SEO 对个人网站的作用

个人网站大部分以娱乐和资源两大类为主。个人网站的推广追求的是低成本、好效果。SEO 对个人网站而言，也是重要的网站推广手段之一。

因此，只要网站想增加免费流量，企业想通过互联网开展营销，SEO 是必须要做的。

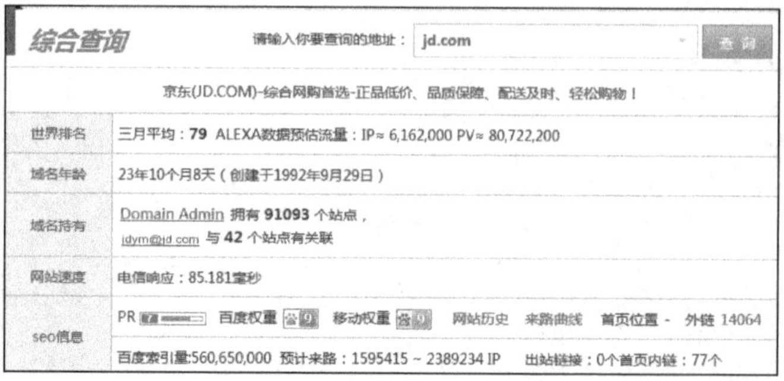

图 1-5

1.4　如何利用 SEO 技术赚钱

SEO 不仅能为企业带来精准客户，提升自己业绩，也可以利用 SEO 创业、做服务、赚钱。下面介绍几种 SEO 赚钱思维。

1.4.1　利用 SEO 做服务赚钱

1. 提供 SEO 排名服务

服务对象： 中小企业网站。

适合对象： SEO 新手。

赚钱流程： 客户提供网站的 FTP 管理权限，对网站进行整体优化，然后帮助客户把几个核心关键词优化到百度等搜索引擎的左侧自然排名的前 10 名。

模式特点： 成本低，上手容易，月收入超过万元比较容易，不过相对比较累。

2. 提供 SEO 顾问服务

服务对象： 大中型网站。

适合对象： 经验丰富的 SEO 人员。

赚钱模式： 按时间收取顾问费、按项目收取费用。

赚钱流程： 系统化地对客户网站进行诊断分析、SEO 策略制订、优化方案制订、SEO 培训、SEO 指导。通过此系统化服务，帮助客户在 SEO 项目中节省时间，避免错误，达到最好的 SEO 效果。

模式特点： 不用自己直接执行，只是为客户提供 SEO 咨询服务，不过需要有丰富的经验和非常系统化的服务流程。

3. 公司职员

服务对象：大型网站或者公司。

适合对象：不想创业的 SEO 人员。

赚钱模式：按月领取工资。

赚钱流程：服从公司安排做对应的工作。

模式特点：追求安稳的 SEO 人才可以选择这种模式。

学习 SEO 后如何
找工作或创业

1.4.2 利用 SEO 做网站赚钱

1. 利用 SEO 打造大流量网站

适合对象：SEO 熟练者 + 网站制作高手。

赚钱模式：收取广告费。

赚钱流程：从 SEO 的角度做一系列网站，轻松地获得非常多的流量，然后加入网络广告联盟，将申请广告代码放到自己的网站上，赚取广告费。

模式特点：这是很多个人站长的一条路子，这种模式开始较累，后期赚钱越来越轻松。

不过，想要做好，需要了解非常多的技巧：如网站主题的选择、域名的选择、网站栏目的规划、内容的采集、广告联盟的选择等。

比较知名的广告联盟有 Google AdSense、百度联盟、阿里妈妈 、成果网……

2. 做淘宝客网站

适合对象：SEO 人员。

赚钱模式：佣金提成。

赚钱流程：利用 SEO 打造一个淘宝客网站，通过 SEO 带来流量，用户进入网站，点击购买会进入到淘宝宝贝页面，用户购买淘宝宝贝，即可获得提成佣金。简单地说，淘宝客就是帮助卖家推广商品并获取佣金的人，如图 1-6 所示，用户点击"去淘宝购买"按钮，进入该产品的淘宝宝贝页面，购买后，该站长即可获得佣金。

模式特点：在阿里妈妈选品很重要，开始累，然后赚钱越来越轻松。

3. 出租网站或售卖网站

适合对象：SEO 人员。

赚钱模式：出租网站或售卖网站。

赚钱流程：通过做网站，然后优化关键词排名，这类关键词往往具有商业价值，这样就可以与有意向的企业达成合作的共识，以一定的价格把网站按月或者按年出租出去、挂上宣传企业的广告，也可以以合适的价格转让出售。

模式特点：需要了解特定行业，寻找有商业价值的关键词。

图 1-6

1.4.3　利用 SEO 销售产品、做微商招代理

1. 与传统贸易公司合作

适合对象：有传统生意基础的 SEO 人员。

赚钱模式：销售产品提成。

赚钱流程：与传统生产型企业合作，不花钱做代理，利用 SEO 打造一个营销站点，然后通过这个站点带来销售，根据销售拿提成。这种模式相当于做一家传统的贸易公司。

模式特点：懂产品、懂销售技巧。

2. 微商招代理

适合对象：微商人员。

赚钱模式：招代理。

赚钱流程：通过做网站，然后优化代理的产品品牌词，将产品品牌词优化到搜索引擎首页，用户想了解此品牌或想代理此产品，找到你的网站就会联系你。

模式特点：竞争小，用户主动搜索，成交率高。

1.5　正确理解 SEO

很多人觉得 SEO 是钻搜索引擎的漏洞，使自己网站获得排名，其实这种理解是错误的。要学习 SEO，必须首先正确理解 SEO。

1.5.1　SEO 属于作弊吗

　　SEO 是由搜索引擎衍生出来的行业。做 SEO 不需要支付费用、不存在高深的知识、不存在垄断性，不是不道德的行为。严格来说，SEO 只要遵循搜索引擎的"爬行"规律，认真细致地去迎合搜索引擎。不过，搜索引擎不断改进，对一些误导搜索引擎的 SEO 行为进行了限制和惩罚，SEO 越来越正规化、合理化。

1.5.2　SEO 内容的重要性

　　搜索引擎的价值在于给用户提供一种方便、快捷、准确的内容。那么，网站想要获得好的排名，就需要为用户提供最精准的优质内容。而搜索引擎所谓的规则和算法，也一定是围绕这条核心思想去设计的。因此，良好的内容建设对网站排名非常重要。

　　原创、有价值的内容更利于搜索引擎的收录与排名，搜索引擎是如何判断原创内容的？

　　① 被收录的时间。

　　② 在其他网站上是否出现过。

　　③ 在其他网站上是否有类似的内容。

　　④ 文章中出现的链接地址。

　　如果文章中添加了首发地址，然后文章被不断转载，搜索引擎就可以判断是原创。搜索引擎对重复内容的过滤和原创性内容的识别主要是通过超链分析和信息指纹技术，很多朋友试图转载其他网站的内容，然后进行二次编辑，这就是所谓的伪原创。

1.5.3　SEO 与 SEM 的关系

　　SEM 是搜索引擎营销，包括搜索引擎付费推广（百度推广）、SEO 和单贴营销。它是全面而有效地利用搜索引擎进行网络营销和推广，获得流量的一种方式。SEO 属于自然排名，属于搜索引擎营销的一部分。很多人把 SEM 理解为付费推广是不对的。

　　如图 1-7 所示，显示"商业推广（广告）"的为付费推广，显示"百度快照"的网站是利用 SEO 免费获得的自然排名。

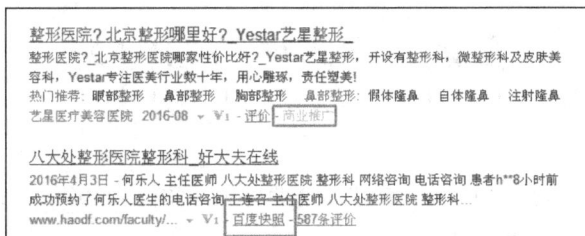

图 1-7

实战案例 大二学生利用 SEO 创业

背景：随着互联网的普及，接触互联网的人群越来越早，有的人甚至在高中就开始通过互联网赚钱、创业，这样的例子屡见不鲜。有一个朋友叫戴晨，初中就开始接触互联网，在大一（2014 年）的时候开始研究互联网营销，想通过互联网赚点学费，学习如何通过互联网创业。

经历：业余时间学过网络安全、学过 Photoshop、自己还建过论坛，花了很多精力和时间，但结果不是很理想。

转变：他在大二时参加培训认识了我，因为空闲时间比较多，他总是找我聊互联网的事情，我也了解了他的一些情况建议他建一个本地区的 SEO 博客。他执行力很强，马上建了一个宝鸡 SEO 博客，期间还经常问我问题。记得那是大年三十的晚上，我们都在看春晚，他在 QQ 给我留言。经过努力，半个月时间，宝鸡 SEO 关键词在百度排名第一位。微商很火，他代理了一款产品，我建议他通过 SEO 做微商。

成果：

（1）每天有 3 ~ 5 个宝鸡当地的企业联系他，让他为企业的网站做排名服务。当月成交 2 单。

（2）每天有人搜索微商产品品牌词，通过网站找到他，做他的代理。

具体优化操作步骤，后面章节的案例中会提到。

本章小结

SEO 在中国已发展了 10 多年，大部分企业对 SEO 的认识开始趋于成熟。越来越多的企业在没有充足的预算下，对 SEO 的依赖越来越强烈，这也为 SEO 行业带来了新的机遇。

实训 深入理解 SEO

【实训目的】

根据所学内容，掌握 SEO 的概念及涉及的内容；掌握 SEO 与其他营销方式的差异，了解 SEO 在各行各业中的应用。

【实训要求】

1. 了解 SEO 的优势

2. 掌握 SEO 涉及的内容

3. 了解 SEO 赚钱思维

【实训内容】

1. SEO 的中文名叫_____。

2. SEM 是_____，包含搜索引擎付费广告、_____、单贴营销。

3. SEO 是对网站进行_____优化和_____优化，使之关键词在搜索引擎中获得排名。

4. SEO 有哪些优势? _____、_____、_____、_____。

5. SEO 涉及_____、_____、内容优化以及_____等内容，虽然百度、360 搜索、搜狗、谷歌拥有的搜索技术各不相同，但基本原理都是相似的。

6. 列出 5 种 SEO 赚钱方式: _____、_____、_____、_____、

_____。

7. 如果要 SEO 实战，你想建一个什么主题的网站?

_____。

8. 新浪、阿里巴巴等网站需要优化吗? 为什么?

_____。

9. 搜索引擎是如何判断原创内容的?

_____。

10. SEO 属于作弊吗? 为什么?

_____。

第2章
了解搜索引擎

目前搜索引擎已经是互联网上最重要的应用之一，所以各大互联网公司都争相进入这个市场，在世界上占霸主地位的是谷歌，国内最强势的搜索引擎是百度，还有搜狗、360搜索、有道、淘宝的一淘，都在进一步地完善自己的搜索引擎，因为他们看到了搜索引擎在互联网上的重要地位！

对于SEO人员来说，必须了解搜索引擎，了解搜索引擎的工作原理，才能明白搜索引擎想要什么，才能明确我们应该如何优化网站。

那么，搜索引擎是怎么一步一步发展到现在的，搜索引擎是如何工作的，我们的网站如何让搜索引擎更快地抓取、收录、排名呢？这些是本章要介绍的内容。

学习目标

➤ 了解搜索引擎的发展史
➤ 掌握搜索引擎的工作原理
➤ 熟悉国内外搜索引擎
➤ 掌握搜索引擎的常用指令及术语

2.1 搜索引擎发展史

随着现代社会互联网的迅速发展，能够接触到互联网的人越来越多。这些网民需要寻找什么东西时，只需打开百度或者谷歌，在搜索框输入需要找的信息，按回车键，便可以查到千千万万个结果，而网民广泛使用的这个工具，就是搜索引擎。图2-1所示为百度搜索界面。

图 2-1

搜索引擎最早出现于1990年，当时还是用FTP服务器上传文件，并非网页传输。

1993年6月，历史上第一个Web搜索引擎Word Wide Web Wanderer出现，只做收集网址用。同年10月，第二个Web搜索引擎ALIWEB诞生，它可以检索标题、标签等信息，但文件主题内容还是无法索引。

1994年1月，Infoseek创立，稍后正式推出搜索服务，并允许站长向Infoseek提交网址。百度创始人李彦宏当时就是Infoseek的核心工程师之一。同年4月，杨致远与David Filo创立Yahoo！，当时作为人工收录网址用，"寄居"于斯坦福大学的域名。当月，第一个可以索引全文内容的搜索引擎WebCrawler推出，作为华盛顿大学的一个研究项目。之后，该搜索引擎于1995年、1996年分别被AOL和Excite收购。直到2001年停止研发，转而成为整合、显示多方搜索结果的元搜索引擎。2001年6月，Lycos创立，迅速成为最受欢迎的搜索引擎之一。

1995年4月，Yahoo！公司正式成立。1995年12月，Excite搜索引擎正式上线，一度成为当时最流行的搜索引擎之一。2001年，其母公司破产，被InfoSpace购买，2004年又被Ask Jeeves收购。

1995年12月，Alta Vista诞生，并在搜索引擎领域做了许多开创性的工作，一跃成为当时最受欢迎的搜索引擎，堪称当时的Google。当月，Infoseek成为当时霸主的网景浏览器的默认搜索引擎，曾占90%以上的市场份额。随后因微软免费浏览器IE的推出而逐渐衰败，2008年正式停止研发。

1996年3月，Larry Page与Sergey Brin在斯坦福大学开始名为BackRub的研究项目。该搜索引擎技术项目于1997年正式更名为Google。4月，Yahoo！上市。5月，Inktomi

创立，是早期重要的搜索技术提供商，提供付费收录。当月，Hotbot 成了，并使用 Inktomi 提供的数据。该搜索引擎在流行一段时间后于 1998 年被 Lycos 收购，之后转型显示来自 Google、FAST、Teoma 和 Inktomi 搜索结果的元搜索引擎。11 月，Lycos 以收录 6000 万文件高居当时最大的搜索引擎之首。与今天搜索引擎数据相比，真是小巫见大巫。

1997 年 4 月，Ask Jeeves 正式上线，2006 年更名为 Ask。由于当时采用纯人工录入搜索结果的方式，但网络上的信息量巨大，后来不得不使用其他搜索引擎的数据。

1998 年 GoTo（后改名为 Overture）正式开始竞价排名业务，成为 PPC 点击付费广告形式的鼻祖。随后，Direct Hit 创办，主要采用用户点击率列出搜索结果排名，而后被作弊者利用。年中，迪士尼控股 Infoseek，并将其转型为门户网站。AltaVista 被 Compaq 收购，并也被转型为门户网站，从此 AltaVista 走向没落。另外，Yahoo！放弃两年前使用的 AltaVista，转而使用 Inktomi 的搜索数据。那时，Yahoo！只在用户搜索的网站未在其目录中时，才显示真正来自搜索引擎的数据。9 月，Google 公司正式成立。

1999 年 5 月，AllTheWeb.com 创建，作为搜索引擎技术公司 FAST 展示技术的平台。6 月，NetScrpe 放弃 Excite，开始使用 Google 的搜索数据，对 Google 来说，是一个里程碑。年中，迪士尼将 Infoseek 流量转入 Go.com，曾流行一时的搜索引擎 Infoseek 也不复存在，而 Go.com 几经波折目前尚默默无闻。Lycos 也停止了自己的搜索技术研发，开始使用 AllTheWeb 的搜索数据。

2000 年 1 月，Ask Jeeves 花 5 亿美元的重金收购 Direct Hit，却毫无进展。两年后，Direct Hit 正式告终。当月，百度正式成立，作为搜索技术提供商。5 月，西班牙公司 Terra Networks 收购 Lycos，并更名为 Terra Lycos，却无疾而终。7 月，Yahoo！正式采用 Google 提供的搜索数据，培养出日后最强大的竞争对手。年中，GoTo.com 基本放弃用自己网站吸引用户的做法，转而向多家搜索引擎及网站提供付费搜索服务。10 月，Google 推出 AdWords，当时的 CPM 按显示付费模式并未获得成功。

2001 年 9 月，Ask Jeeves 收购 Teoma，作为同样重视链接的搜索引擎，曾被认为可能是 Google 的最大竞争对手。10 月，百度作为搜索引擎正式上线，百度竞价随即浮出水面，中文搜索随即迅速进入百度时代。

2002 年 3 月，Google AdWords 推出 PPC 形式，成为至今的 AdWords 主流模式。这个由 Overture 发明的搜索广告模式，却被 Google 发扬光大。Google 也因此成为充分利用搜索的网络赚钱机器。5 月，AOL 放弃 Inktomi，转用 Google 的搜索数据。10 月，Yahoo！放弃先返回其目录数据的做法，也完全采用 Google 的搜索数据。随后，收购 Inktomi，为次年一些收购和整合拉开序幕。

2003 年 2 月，Overture 收购 AltaVista 和 FAST 的搜索技术部门，因此其也拥有了当时两大主要搜索技术公司。3 月，Google 推出后来被称为 Adsense 的内容广告系统。7 月，Yahoo！以 16 亿美元收购 Overture，将除了 Google 之外的几乎所有主流搜索技术收归旗下。Overture 的 PPC 广告平台被整合，改名为 Yahoo！搜索市场。同年，微软 MSN 终于开始开发自己的搜索引擎技术。而国内的百度推出多种搜索方式，并将搜索领入社区化时代。

2004 年 2 月，Yahoo！宣布不再使用 Google 的搜索数据。8 月，Google 上市。11 月，微软推出自己的搜索引擎 MSN Search，不再使用第三方搜索引擎技术。三国鼎立的局面正式拉开。

2005 年，百度上市。

2006 年 5 月，微软推出类似于 Google AdWords 的广告系统 AdCenter。随后，MSN 网络品牌产品全部改为 Live 标识。Google 正式确定其全球中文名字为"谷歌"，并进军中国市场。

百度宣称比 Google"更懂中文"，稳固国内搜索引擎霸主地位。

2007 年，Google 开始提供类似网站联盟的按转化付费的广告形式。随后又收购网络广告公司 DoubleClick，进入更广泛的网络广告领域。

2009 年，微软 Live Search 改名为 Bing，并与 Yahoo！达成历史性协议。Yahoo！将逐步放弃自己的搜索技术，转用 Bing 的数据，之前的努力也付诸东流。

2010 年，Yahoo！正式采用 Bing 的搜索数据。同时，Google 在旗下 Chrome 浏览器中推出了 Google Instant。即用户在输入关键词（并未按搜索按钮或 Enter 键）时，即可看到搜索结果。

2011 年，Google 推出减少搜索结果页中低质量内容的熊猫算法；百度推出百度站长平台，可以查询网站外链数据。

2012 年 4 月，Google 推出企鹅算法，打击低质量外链；8 月，360 推出 360 搜索。

2013 年 2 月，百度推出绿萝算法，打击参与买卖链接的网站；5 月，百度推出石榴算法，打击低质量内容页面；5 月，百度推出星火计划，邀请优质原创网站共同参与此项计划，携手站长点亮原创价值之光；7 月，百度推出绿萝算法 2.0，继续打击购买链接行为，主要是付费软文外链；8 月，Google 推出蜂鸟算法，这是一次对整体排名算法的重写。

2014 年 8 月，百度推出移动搜索冰桶算法，针对低质站点及页面进行一系列调整。9 月，yahoo！宣布年底关闭网站目录。

2016 年 1 月，百度星火计划 2.0 清查违规站点，提高搜索引擎原创质量；7 月，百度移动搜索冰桶算法 3.0 版本将严厉打击在百度移动搜索中，打断用户完整搜索路径的调起行为。

搜索引擎技术领域一直都在进行着不断的革新。了解搜索引擎历史，有助于网站SEOer及站长朋友理解搜索引擎营销的发展与变革，可对未来的预期提高精准度。

2.2 国内外搜索引擎介绍

2.2.1 国内常用的搜索引擎

1. 百度搜索

百度搜索（www.baidu.com）是全球最大的中文搜索引擎、最大的中文网站，2000年1月创立于北京中关村。

1999年年底，身在美国硅谷的李彦宏看到中国互联网及中文搜索引擎服务的巨大发展潜力，抱着技术改变世界的梦想，毅然辞掉硅谷的高薪工作，携搜索引擎专利技术，于2000年1月1日在中关村创建了百度公司。从最初的不足10人发展至今，员工人数超过1.8万人。如今的百度已成为中国最受欢迎、影响力最大的中文网站。

百度拥有数千名研发工程师，这是中国乃至全球最优秀的技术团队，这支队伍掌握着世界上最先进的搜索引擎技术，使百度成为中国掌握世界尖端科学核心技术的中国高科技企业，也使中国成为美国、俄罗斯和韩国之外，全球仅有的4个拥有搜索引擎核心技术的国家之一。

从创立之初，百度便将"让人们最平等、便捷地获取信息，找到所求"作为自己的使命，公司成立以来，秉承"以用户为导向"的理念，不断坚持技术创新，致力于为用户提供"简单，可依赖"的互联网搜索产品及服务，其中包括：以网络搜索为主的功能性搜索，以贴吧为主的社区搜索，针对各区域、行业所需的垂直搜索，MP3搜索，以及门户频道等，全面覆盖了中文网络世界所有的搜索需求。根据第三方权威数据，百度在中国的搜索份额超过80%。

2. 360搜索

360搜索（www.so.com）属于元搜索引擎，是搜索引擎的一种，是通过一个统一的用户界面，帮助用户在多个搜索引擎中选择和利用合适的（甚至是同时利用若干个）搜索引擎来实现检索操作，是对分布于网络的多种检索工具的全局控制机制。而360搜索+属于全文搜索引擎，是奇虎360公司开发的基于机器学习技术的第三代搜索引擎，具备"自学习、自进化"能力和发现用户最需要的搜索结果。

360搜索，原"好搜"搜索，是安全、精准、可信赖的新一代搜索引擎，依托于360某品牌的安全优势，全面拦截各类钓鱼欺诈等恶意网站，提供更放心的搜索服务。

3. 搜狗搜索

搜狗搜索（www.sogou.com）是搜狐公司于 2004 年 8 月 3 日推出的全球首个第三代互动式中文搜索引擎。

搜狗搜索从用户需求出发，以一种人工智能的新算法，分析和理解用户可能的查询意图，对不同的搜索结果进行分类，对相同的搜索结果进行聚类，在用户查询和搜索引擎返回结果的过程中，引导用户更快速、准确定位自己关注的内容。该技术全面应用到搜狗网页搜索、音乐搜索、图片搜索、新闻搜索、地图搜索等服务，帮助用户快速找到所需的搜索结果；这一技术也使得搜狗搜索成为全球首个第三代互动式中文搜索引擎，是搜索技术发展史上的重要里程碑。

2013 年 9 月，腾讯控股入股搜狗、搜搜和搜狗整合。2016 年 5 月 19 日，搜狗与微软合作，推出英文和学术搜索。

4. 搜搜

搜搜（soso）是腾讯旗下的搜索网站，是腾讯主要的业务单元之一。网站于 2006 年 3 月正式发布并开始运营。搜搜现如今已成为中国网民首选的三大搜索引擎之一，主要为网民提供实用便捷的搜索服务，同时承担腾讯全部搜索业务，是腾讯整体在线生活战略中重要的组成部分之一。2013 年 9 月，腾讯入股搜狗，soso 整合至搜狗旗下。

5. 一淘搜索

一淘搜索（www.etao.com）创建于 2010 年，是淘宝网推出的一个全新的服务体验。一淘网立足淘宝网丰富的商品基础，放眼全网的导购资讯。网站主旨是解决用户购前和购后遇到的种种问题，能够为用户提供购买决策、更快找到物美价廉的商品。

6. 有道搜索

有道搜索（www.youdao.com）是网易旗下利用大数据技术提供移动互联网应用的子公司。网易有道公司已推出有道词典、有道云笔记、惠惠网、有道推广等一系列产品。

网易有道以搜索产品和技术为起点，在大规模数据存储计算等领域具有深厚的技术积累，并在此基础上衍生出语言翻译应用与服务、个人云应用和电子商务导购服务三个核心业务方向。

2.2.2 国外著名的搜索引擎

1. 谷歌

谷歌（Google）是一家美国的跨国科技企业，致力于互联网搜索、云计算、广告技术等领域，开发并提供大量基于互联网的产品与服务，其主要利润来自 AdWords 等广告服务。Google 由当时在斯坦福大学攻读理工博士的拉里·佩奇和谢尔盖·布卢姆共同创建，因此两人也被称为"Google Guys"。

1998 年 9 月 4 日，Google 以私营公司的形式创立，设计并管理一个互联网搜索引擎 "Google 搜索"。Google 网站于 1999 年下半年启用。Google 的使命是整合全球信息，使人人皆可访问，并从中受益。Google 是第一个被公认为全球最大的搜索引擎，在全球范围内拥有无数用户。

谷歌于美国时间 2015 年 8 月 10 日宣布对企业架构进行调整，创办一家名为 Alphabet 的"伞形公司"（Umbrella Company）。Google 成为 Alphabet 旗下子公司。

2. 雅虎

雅虎（Yahoo）是最老的"分类目录"搜索数据库，也是最重要的搜索服务网站之一，在全部互联网搜索应用中所占份额达 36% 左右。雅虎收录的网站全部被人工编辑按照类目分类。其数据库中的注册网站无论是在形式上，还是在内容上，质量都非常高。2003 年 3 月，雅虎完成对 Inktomi 的收购，成为 Google 的主要竞争对手之一。2016 年 7 月 25 日，美国电信巨头 Verizon（威瑞森）以 48 亿美元收购雅虎核心资产。

3. 必应

必应（Bing）是微软公司于 2009 年 5 月 28 日推出，用以取代 Live Search 的全新搜索引擎服务。为符合中国用户使用习惯，Bing 中文品牌名为"必应"。作为全球领先的搜索引擎之一，截至 2013 年 5 月，必应已成为北美地区第二大搜索引擎，如加上为雅虎提供的搜索技术支持，必应已占据 29.3% 的市场份额。2013 年 10 月，微软在中国启用全新明黄色必应搜索标志，并去除 Beta 标识，这使必应成为继 Windows、Office 和 Xbox 后的微软品牌第四个重要产品线，也标志着必应已不仅仅是一个搜索引擎，更将深度融入微软几乎所有的服务与产品中。在 Windows Phone 系统中，微软也深度整合了必应搜索，通过触摸搜索键引出，相比其他搜索引擎，界面更加美观，整合信息更加全面。

2.3　搜索引擎的工作原理

SEO 人员需要了解搜索引擎的工作原理，知道它是如何工作的，才能够更好地对网站进行优化。搜索引擎的基本工作原理包括如下四个过程：抓取建库，检索排序，外部投票，结果展现。图 2-2 所示为搜索引擎工作原理流程图。百度官方也发布了《搜索引擎工作原理》，百度从官方的角度发出了一些声音，纠正了一些互联网上对搜索引擎的误读。

搜索引擎蜘蛛的工作原理

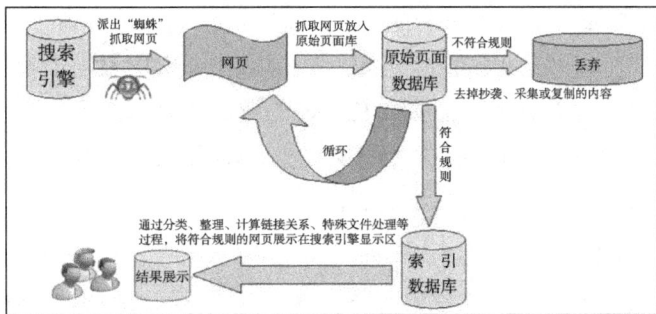

图 2-2

2.3.1 抓取建库

互联网信息爆发式增长，如何有效地获取并利用这些信息是搜索引擎工作中的首要环节。数据抓取系统作为整个搜索系统中的上游，主要负责互联网信息的搜集、保存、更新环节，它像蜘蛛一样在网络间爬来爬去，因此通常会被叫作"spider"。例如，我们常用的搜索引擎蜘蛛是 Baiduspider、Googlebot、Sogou Web Spider 等。

spider 抓取系统是搜索引擎数据来源的重要保证，如果把 Web 理解为一个有向图，那么 spider 的工作过程可以认为是对这个有向图的遍历。从一些重要的种子 URL 开始，通过页面上的超链接关系，不断发现新 URL 并抓取，尽最大可能抓取到更多有价值的网页。对于类似百度这样的大型 spider 系统，因为每时每刻都存在网页被修改、删除或出现新的超链接的可能，因此，还要对 spider 过去抓取过的页面保持更新，维护一个 URL 库和页面库。

图 2-3 所示为 spider 抓取系统的基本框架图，其中包括链接存储系统、链接选取系统、DNS 解析服务系统、抓取调度系统、网页分析系统、链接提取系统、链接分析系统、网页存储系统。Baiduspider 通过这种系统的通力合作，完成对互联网页面的抓取工作。

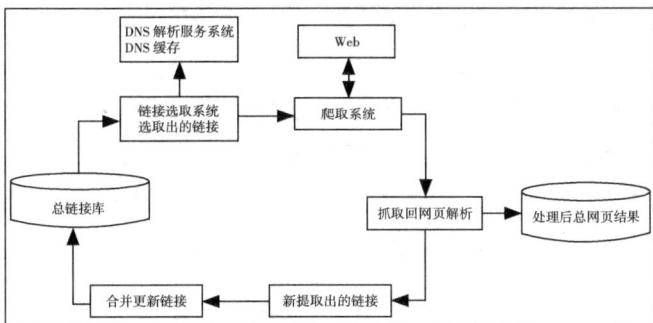

图 2-3

1. 抓取策略类型

图 2-3 看似简单，其实 Baiduspider 在抓取过程中面对的是一个超级复杂的网络环境，为了使系统可以抓取到尽可能多的有价值的资源，并保持系统及实际环境中页面的一致性，同时不给网站体验造成压力，须设计多种复杂的抓取策略。下面作一简单介绍：

（1）抓取友好性

互联网资源庞大的数量级，要求抓取系统尽可能地高效利用带宽，在有限的硬件和带宽资源下尽可能多地抓取到有价值的资源。这就造成另一个问题：耗费被抓网站的带宽造成访问压力，如果程度过大，将直接影响被抓网站的正常用户访问行为。因此，在抓取过程中就要进行一定的抓取压力控制，达到既不影响网站的正常用户访问，又能尽量多地抓取到有价值资源的目的。

通常，最基本的是基于 IP 的压力控制。因为如果基于域名，可能存在一个域名对多个 IP（很多大网站）或多个域名对应同一个 IP（小网站共享 IP）的问题。实际中，往往根据 IP 及域名的多种条件进行压力调配控制。同时，站长平台也推出了压力反馈工具，站长可以人工调配对自己网站的抓取压力，这时百度 spider 将优先按照站长的要求进行抓取压力控制。

对同一站点的抓取速度控制一般分为两类：其一，一段时间内的抓取频率；其二，一段时间内的抓取流量。同一站点不同的时间抓取速度也不同。例如，夜晚抓取的可能就会快一些，也视具体站点类型而定，主要思想是错开正常用户访问高峰，不断调整。对于不同站点，也需要不同的抓取速度。

（2）常用抓取返回码示意

下面简单介绍几种百度支持的返回码。

① 最常见的 404 代表"NOT FOUND"，认为网页已经失效，通常将在库中删除，同时短期内如果 spider 再次发现这条 URL，也不会抓取。

② 503 代表"Service Unavailable"，认为网页临时不可访问，通常网站临时关闭，带宽有限等会产生这种情况。对于网页返回 503 状态码，百度 spider 不会把这条 URL 直接删除，同时短期内将会反复访问几次，如果网页已恢复，则正常抓取；如果继续返回 503，那么这条 URL 仍会被认为是失效链接，从库中删除。

③ 403 代表"Forbidden"，认为网页目前禁止访问。如果是新 URL，spider 暂时不抓取，短期内同样会反复访问几次；如果是已收录 URL，不会直接删除，短期内同样反复访问几次。如果网页正常访问，则正常抓取；如果仍然禁止访问，那么这条 URL 也会被认为是失效链接，从库中删除。

④ 301 代表"Moved Permanently"，认为网页重定向至新 URL。当遇到站点迁移、

域名更换、站点改版的情况时，推荐使用301返回码，同时使用站长平台网站改版工具，以减少改版对网站流量造成的损失。

（3）多种 URL 重定向的识别

互联网中的一部分网页因为各种各样的原因存在 URL 重定向状态，为了对这部分资源正常抓取，要求 spider 对 URL 重定向进行识别判断，同时防止作弊行为。重定向可分为三类：http 30x 重定向、meta refresh 重定向和 js 重定向。另外，百度也支持 Canonical 标签，在效果上也可以认为是一种间接的重定向。

（4）抓取优先级调配

由于互联网资源规模巨大以及变化迅速，对于搜索引擎来说，全部抓取到并合理地更新，保持一致性几乎是不可能的事情，因此要求抓取系统设计一套合理的抓取优先级调配策略，主要包括深度优先遍历策略、宽度优先遍历策略、pr 优先策略、反链策略、社会化分享指导策略等。每个策略各有优劣，在实际情况中往往是多种策略结合使用，以达到最优的抓取效果。

（5）重复 URL 的过滤

spider 在抓取过程中需要判断一个页面是否已经抓取过了，如果还没有抓取，再进行抓取网页的行为，并放在已抓取网址集合中。判断是否已经抓取其中涉及最核心的是快速查找并对比，同时涉及 URL 归一化识别。例如，一个 URL 中包含大量无效参数，而实际是同一个页面，这将视为同一个 URL 来对待。

（6）暗网数据的获取

互联网中存在着大量的搜索引擎暂时无法抓取到的数据，被称为暗网数据。一方面，很多网站的大量数据存在于网络数据库中，spider 难以采用抓取网页的方式获得完整内容；另一方面，由于网络环境、网站本身不符合规范、孤岛等问题，也会造成搜索引擎无法抓取。目前，对于暗网数据的获取，主要思路仍然是通过开放平台采用数据提交的方式来解决，如"百度站长平台""百度开放平台"等。

（7）抓取反作弊

spider 在抓取过程中往往会遇到所谓抓取黑洞，或者面临大量低质量页面的困扰，这就要求抓取系统中同样需要设计一套完善的抓取反作弊系统。例如，分析 URL 特征、分析页面大小及内容、分析站点规模对应抓取规模等。

2. 网络协议

刚才提到百度搜索引擎会涉及复杂的抓取策略。其实，搜索引擎与资源提供者之间存在相互依赖的关系，其中搜索引擎需要站长为其提供资源，否则搜索引擎就无法满足用户检索需求；而站长需要通过搜索引擎将自己的内容推广出去，获取更多的受众。spider 抓取系统直接涉及互联网资源提供者的利益，为了使搜索引擎与站长能够达到双赢，在抓取过程中双方必须遵守一定的规范，以便于双方的数据处理及对接。这种过程中遵守的规范也就是日常中我们所说的一些网络协议。

下面简单列举一些常用的协议：

http 协议：超文本传输协议，是互联网上应用最广泛的一种网络协议，客户端和服务器端请求和应答的标准。客户端一般情况是指终端用户，服务器端指网站。终端用户通过浏览器、蜘蛛等向服务器指定端口发送 http 请求。发送 http 请求会返回对应的 httpheader 信息，可以看到包括是否成功、服务器类型、网页最近更新时间等内容。

https 协议：实际是加密版 http，一种更加安全的数据传输协议。

UA 属性：UA 即用户代理（User Agent），是 http 协议中的一个属性，代表了终端的身份，向服务器端表明我是谁、来干吗，进而服务器端可以根据不同的身份做出不同的反馈结果。

robots 协议：robots.txt 是搜索引擎访问一个网站时要访问的第一个文件，用以确定哪些是被允许抓取的、哪些是被禁止抓取的。 robots.txt 必须放在网站根目录下，且文件名要小写。详细的 robots.txt 写法可参考 http://www.robotstxt.org 。百度严格按照 robots 协议执行，另外，同样支持网页内容中添加的名为 robots 的 meta 标签，index、follow、nofollow 等指令（将在本书第 6.4 节详细介绍 Robots）。

3. 抓取频次原则

Baiduspider 根据上述网站设置的协议对站点页面进行抓取，但是不可能做到对所有站点一视同仁，会综合考虑站点实际情况确定一个抓取配额，每天定量抓取站点内容，即我们常说的抓取频次。那么，百度搜索引擎是根据什么指标来确定对一个网站的抓取频次的呢，主要指标有以下 4 个：

（1）网站更新频率。更新快多来，更新慢少来，直接影响 Baiduspider 的来访频率。

（2）网站更新质量。更新频率提高了，仅仅是吸引了 Baiduspider 的注意。Baiduspider 对质量是有严格要求的，如果网站每天更新出的大量内容都被 Baiduspider 判定为低质页面，依然没有意义。

（3）连通度。网站应该安全稳定、对 Baiduspider 保持畅通，经常给 Baiduspider 吃闭门羹可不是好事情。

（4）站点评价。百度搜索引擎对每个站点都会有一个评价，且这个评价会根据站点的情况不断变化，是百度搜索引擎对站点的一个基础打分（绝非外界所说的百度权重），是百度内部一个非常机密的数据。站点评级从不独立使用，会配合其他因子和阈值一起共同影响网站的抓取和排序。

抓取频次间接决定着网站有多少页面有可能被建库收录，如此重要的数值如果不符合站长预期，该如何调整呢？百度站长平台提供了抓取频次工具（http://zhanzhang.

baidu.com/pressure/index），并已完成多次升级。该工具除了提供抓取统计数据外，还提供"频次调整"功能，站长根据实际情况向百度站长平台提出希望 Baiduspider 增加来访或减少来访的请求，工具会根据站长的意愿和实际情况进行调整。

4. 抓取异常的原因

有一些网页，内容优质，用户也可以正常访问，但是 Baiduspider 却无法正常访问并抓取，造成搜索结果覆盖率缺失，对百度搜索引擎、对站点都是一种损失，百度把这种情况叫"抓取异常"。对于大量内容无法正常抓取的网站，百度搜索引擎会认为网站存在用户体验上的缺陷，并降低对网站的评价，在抓取、索引、排序上都会受到一定程度的负面影响，最终影响到网站从百度获取的流量。

下面介绍一些常见的抓取异常的原因。

（1）服务器连接异常。服务器连接异常会有两种情况。一种是站点不稳定，Baiduspider 尝试连接网站的服务器时出现暂时无法连接的情况；另一种是 Baiduspider 一直无法连接上网站的服务器。

造成服务器连接异常的原因通常是网站服务器过大，超负荷运转。也有可能是网站运行不正常，请检查网站的 Web 服务器（如 apache、iis）是否安装且正常运行，并使用浏览器检查主要页面能否正常访问。网站和主机还可能阻止了 Baiduspider 的访问，需要检查网站和主机的防火墙。

（2）网络运营商异常。网络运营商分电信和联通两种，Baiduspider 通过电信或网通无法访问网站。如果出现这种情况，需要与网络服务运营商进行联系，或者购买拥有双线服务的空间或者购买 cdn 服务。

（3）DNS 异常。当 Baiduspider 无法解析网站的 IP 时，会出现 DNS 异常。可能是网站 IP 地址错误，或者域名服务商把 Baiduspider 封禁。请使用 WHOIS 或者 host 查询自己网站的 IP 地址是否正确且可解析，如果不正确或无法解析，请与域名注册商联系，更新 IP 地址。

（4）IP 封禁。限制网络的出口 IP 地址，禁止该 IP 段的使用者进行内容访问，这里特指封禁了 Baiduspider IP。当网站不希望 Baiduspider 访问时，才需要该设置，如果希望 Baiduspider 访问网站，请检查相关设置中是否误添了 Baiduspider IP。也有可能是网站所在的空间服务商把百度 IP 进行了封禁，这时需要联系服务商更改设置。

（5）UA 封禁。服务器通过 UA 识别访问者的身份。当网站针对指定 UA 的访问，返回异常页面（如 403，500）或跳转到其他页面的情况，即为 UA 封禁。当网站不希望 Baiduspider 访问时，才需要该设置，如果您希望 Baiduspider 访问您的网站，useragent 相关的设置中是否有 Baiduspider UA，并及时修改。

（6）死链。页面已经无效，无法对用户提供任何有价值信息的页面就是死链接，包括协议死链和内容死链两种形式。

协议死链。页面的 tcp 状态、http 状态明确表示的死链，常见的如 404、403、503 状态等。

内容死链。服务器返回状态是正常的，但内容已经变更为不存在、已删除或需要权限等与原内容无关的信息页面。

对于死链，建议站点使用协议死链，并通过百度站长平台——死链工具向百度提交，以便百度更快地发现死链，减少死链对用户以及搜索引擎造成的负面影响。

（7）异常跳转。将网络请求重新指向其他位置即为跳转。异常跳转指的是以下几种情况：

① 当前该页面为无效页面（如内容已删除、死链等），直接跳转到前一目录或者首页，百度建议站长将该无效页面的入口超链接删除。

② 跳转到出错或者无效页面。

注意：对于长时间跳转到其他域名的情况，如网站更换域名，百度建议使用 301 跳转协议进行设置。

（8）其他异常。

① 针对百度 refer 的异常：网页针对来自百度的 refer 返回不同于正常内容的行为。

② 针对百度 ua 的异常：网页对百度 UA 返回不同于页面原内容的行为。

③ JS 跳转异常：网页加载了百度无法识别的 JS 跳转代码，使得用户通过搜索结果进入页面后发生了跳转的情况。

④ 压力过大引起的偶然封禁：百度会根据站点的规模、访问量等信息，自动设定一个合理的抓取压力。但是在异常情况下，如压力控制失常时，服务器会根据自身负荷进行保护性的偶然封禁。这种情况下，请在返回码中返回 503（其含义是 "Service Unavailable"），这样 Baiduspider 会过段时间再来尝试抓取这个链接，如果网站已空闲，则会被成功抓取。

5. 新链接重要程度判断

上面介绍了影响 Baiduspider 正常抓取的原因，下面介绍 Baiduspider 的一些判断原则。在建库环节前，Baiduspider 会对页面进行初步内容分析和链接分析，通过内容分析决定该网页是否需要建索引库，通过链接分析发现更多网页，再对更多网页进行抓取——分析——是否建库 & 发现新链接的流程。理论上，Baiduspider 会将新页面上所有能 "看到" 的链接都抓取回来。那么，面对众多新链接，Baiduspider 根据以下两个方面判断哪个更重要。

（1）对用户的价值

① 内容独特，百度搜索引擎喜欢 unique 的内容。

② 主体突出，切不要出现网页主体内容不突出而被搜索引擎误判为空短页面不抓取的情况。

③ 内容丰富。

④ 广告适当。

（2）链接的重要程度

① 目录层级——浅层优先。

② 链接在站内的受欢迎程度。

6. 优先建重要库原则

Baiduspider 抓了多少页面并不是最重要的，重要的是有多少页面被建索引库，即我们常说的"建库"。众所周知，搜索引擎的索引库是分层级的，优质的网页会被分配到重要索引库，普通网页会待在普通库，再差一些的网页会被分配到低级库去当补充材料。目前，60%的检索需求只调用重要索引库即可满足，这也解释了为什么有些网站的收录量超高，流量却一直不理想。

那么，哪些网页可以进入优质索引库呢？其实，总的原则就是一个：对用户的价值，包括却不仅限于以下4个方面：

（1）有时效性且有价值的页面。时效性和价值是并列关系，缺一不可。有些站点为了产生时效性，内容页面做了大量采集工作，产生了一堆无价值的页面，也是百度不愿看到的。

（2）内容优质的专题页面。专题页面的内容不一定完全是原创的，即可以很好地把各方内容整合在一起，或者增加一些新鲜的内容，如观点和评论，给用户更丰富全面的内容。

（3）高价值原创内容页面。百度把原创定义为花费一定成本、大量经验积累提取后形成的文章。千万不要再问我们伪原创是不是原创。

（4）重要个人页面。这里仅举一个例子，科比在新浪微博开户了，即使他不经常更新，但对于百度来说，它仍然是一个极重要的页面。

7. 哪些网页无法进入索引库

上述优质网页进了索引库，其实互联网上大部分网站根本没有被百度收录。并非百度没有发现它们，而是在建库前的筛选环节被过滤掉了。那么，怎样的网页在最初环节就被过滤掉了？

（1）重复内容的网页。互联网上已有的内容，百度没必要再收录。

（2）主体内容空短的网页。

① 有些内容使用了百度 spider 无法解析的技术，如 JS、AJAX 等，虽然用户访问能看到丰富的内容，依然会被搜索引擎抛弃。

②加载速度过慢的网页，也有可能被当作空短页面处理。注意：广告加载时间算在网页整体加载时间内。

③很多主体不突出的网页即使被抓取回来，也会在这个环节被抛弃。

（3）部分作弊网页。

2.3.2 检索排序

用户输入关键词进行检索，百度搜索引擎在排序环节要做两方面的事情：第一，把相关的网页从索引库中提取出来；第二，把提取出来的网页按照不同维度的得分进行综合排序。"不同维度"包括：

（1）相关性。网页内容与用户检索需求的匹配程度，如网页包含的用户检查关键词的个数，以及这些关键词出现的位置；外部网页指向该页面所用的锚文本等。

（2）权威性。用户喜欢有一定权威性网站提供的内容，相应地，百度搜索引擎也更相信优质权威站点提供的内容。

（3）时效性。时效性结果指的是新出现的网页，且网页内承载了新鲜的内容。目前，时效性结果在搜索引擎中日趋重要。

（4）重要性。网页内容与用户检查需求匹配的重要程度或受欢迎程度。

（5）丰富度。丰富度看似简单，却是一个覆盖范围非常广的命题，可以理解为网页内容丰富，可以完全满足用户需求；也可以理解为不仅可以满足用户单一需求，还可以满足用户的延展需求。

（6）受欢迎程度。指该网页是不是受欢迎。

以上便是百度搜索引擎决定搜索结果排序时考虑的六大原则。那么，六大原则的侧重点是怎样的呢？哪个原则在实际应用时占比最大呢？其实，在这里没有一个确切的答案。在百度搜索引擎早期，这些阈值的确是相对固定的，如"相关性"在整体排序中的重量可以占到七成。但随着互联网的不断发展，检索技术的进步，网页数量的爆发式增长，相关性已经不是难题。于是，百度搜索引擎引入了机器学习机制，让程序自动产出计算公式，推进排序策略更加合理。

2.3.3 外部投票

"内容为王超链为皇"的说法流行了很多年，通过超链计算得分来体现网页的相关性和重要性，的确曾经是搜索引擎用来评估网页的重要参考因素之一，会直接参与搜索结果排序计算。但随着该技术被越来越多的 SEO 人员了解，无论是谷歌还是百度，对超链数据的依赖程度都越来越低。那么，现在超链发挥着怎样的作用？

（1）吸引蜘蛛抓取。虽然百度在挖掘新好站点方面下了很大功夫，开放了多个数据提交入口，开辟了社会化发现渠道，但超链依然是发现收录链接的最重要入口。

（2）向搜索引擎传递相关性信息。百度除了通过 TITLE、页面关键词、H 标签等对网页内容进行判断外，还会通过锚文本进行辅助判断。使用图片作为点击入口的超链，也可以通过 alt 属性和 title 标签向百度传情达意。

（3）提升排名。百度搜索引擎虽然降低了对超链的依赖，但对超链的识别力度从未下降，制定出更加严格的优质链接、正常链接、垃圾链接和作弊链接标准。对于作弊链接，除了对链接进行过滤清理外，也对链接的受益站进行一定程度的惩罚。相应地，对优质链接，百度依然持欢迎的态度。

（4）内容分享，获取口碑。优质内容被广泛传播，网站借此获得的流量可能并不多，但如果内容做得足够，也可以树立自己的品牌效应。

注意： 本书第 8 章会详细讲解如何开展外部链接建设。

2.3.4　结果展现

网页经历了抓取建库，参与了排序计算，最终展现在搜索引擎用户面前。目前，百度搜索左侧结果展现形式很多，如凤巢、品牌专区、自然结果等，一条自然结果怎样才能获得更多的点击，是站长考虑的重要环节。

目前，自然结果里又分两类，第一类即结构化展现，形式多样，目前覆盖 80% 的搜索需求，即 80% 的关键词下会出现这种复杂展现样式，如图 2-4 所示，QQ 下载包含下载地址、大小、更新时间等数据；第二类即一段摘要式展现，最原始的展现方式，只有一个标题、两行摘要、部分链接、配图，如图 2-5 所示，一般企业网站、资讯类网站均为此展现方式。

图 2-4

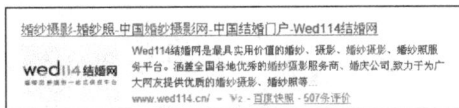

图 2-5

2.4　搜索引擎指令和常用名词

2.4.1　site 指令

site 指令是 SEO 人员最熟悉的搜索指令，用来查询某个域名下被搜索引擎收录的所有内容。如想了解你的网站或对手的网站在搜索引擎中收录了多少篇文章，均可以使用此命令。

注意事项：

（1）site: 后边跟的冒号必须是英文的"："，中文的全角冒号"："无用。

（2）网址前不能带"http://"。

（3）网址中不要用"www"，site: 后面带不带 www 结果可能不一样，因为有些域名还包括二级域名，如：site:www.163.com 和 site:163.com 的搜索结果就不一样。如图 2-6 所示，site: 163.com，该网站共有 4.9807 亿个网页被百度收录；site:www.163.com，收录数量为 5952 个网页。

图 2-6

2.4.2 inurl 指令

inurl 指令的作用是查询搜索引擎收录的网页中包含指定文件。如图 2-7 所示，在百度中输入：inurl:news，出现了网易新闻，只要 URL（网址）中包含 news 的网页均会出现。

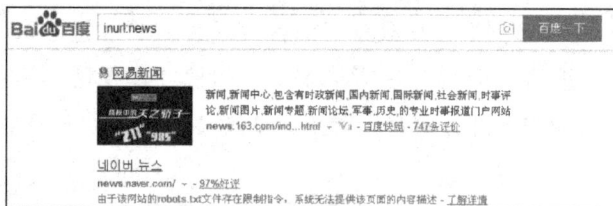

图 2-7

还可以查询某个网站下指定目录的收录，如图 2-8 所示。在百度中输入：inurl:www.tui18.com news，就可以查询 tui18 网站下 URL 中包含 news 的网页收录数量。

图 2-8

下面介绍几个常用的组合指令：

inurl:edu 论坛：这个指令的意思是 URL 中包含 edu 的论坛，这样就可以找到教育类的论坛。

inurl:edu.cn 交换链接：可以查询到愿意交换学校链接的网站。

2.4.3 intitle 指令

intitle 指令是 SEO 中的高级搜索指令。intitle 关键词指令返回的是页面 title 中包含关键词的页面。Goolge 和百度都支持 intitle 指令。如图 2-9 所示，在百度中搜索"intitle：净化器品牌"，就会在网页标题中只显示包含"净化器品牌"这个词的网页，有利于分析竞争对手数量。

图 2-9

2.4.4 domain 指令

domain 指令在搜索引擎优化工作中是一个高频运用的指令，基于对己站或他站外部链接的了解意图进行的搜索查询。

domain 查询结果有的叫相关域，但在百度官方文档中并没有明确指出 domain 的作用及查询结果代表什么，其沿用于谷歌时代的 domain 查询。

2.4.5 网站权重

网站权重是指搜索引擎给网站（包括网页）赋予一定的权威值，对网站（包括网页）权威的评估评价。一个网站权重越高，在搜索引擎所占的分量越大，在搜索引擎排名就越好。提高网站权重不但利于网站（包括网页）在搜索引擎的排名更靠前，还能提高整站的流量，提高网站信任度。所以，提高网站的权重具有相当重要的意义。

要查询一个网站的网站权重是多少，百度官方没有给出一个数值。但是，因为站长工具等第三方的工具平台开发有百度权重的参考数据，导致很多新手都误认为那个就是真正的百度权重。其实只是一个参考数据，并不能代表百度对一个网站的真正权重指标。图 2-10 所示为利用爱站 SEO 工具，查询 58 同城的百度权重为 9。如何提升百度权重将在本书第 10 章 SEO 常用工具中分析。

图 2-10

2.4.6　百度快照

如果无法打开某个搜索结果，或者打开速度特别慢，"百度快照"能帮您解决这个问题。每个被收录的网页在百度上都存有一个纯文本的备份，称为"百度快照"。百度速度较快，可以通过"快照"快速浏览页面内容。

不过，百度只保留文本内容，图片、音乐等非文本信息，快照页面需直接从原网页调用。如果无法链接原网页，快照上的图片等非文本内容会无法显示。如图 2-11 所示，在百度中搜索"空气净化器"，搜索结果页中均有百度快照。

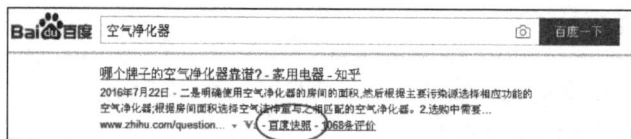

图 2-11

2.4.7　百度指数

百度指数（index.baidu.com）是以百度海量网民行为数据为基础的数据分享平台，是当前互联网，乃至整个数据时代最重要的统计分析平台之一，自发布之日便成为众多企业营销决策的重要依据。百度指数能够告诉用户：某个关键词在百度的搜索规模有多大，一段时间内的涨跌态势以及相关的新闻舆论变化，关注这些词的网民是什么样的，分布在哪里，同时还搜了哪些相关的词，帮助用户优化数字营销活动方案。

如图 2-12 所示，打开百度指数，输入关键词"SEO"，即可了解 SEO 每天用户的关注度。如图 2-13 所示，SEO 这个词，每天搜索量在 9500 左右，周末搜索量会比较少。

图 2-12

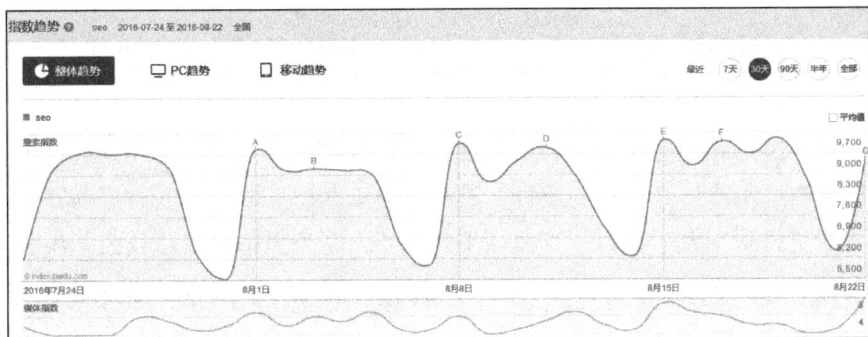

图 2-13

2.4.8 搜索引擎蜘蛛

搜索引擎蜘蛛是搜索引擎自己研发的一个搜索引擎抓取程序。它主要抓取互联网上的网页、图片、视频等内容，方便搜索引擎对这些内容进行索引，然后用户就可以在搜索引擎里搜索他们想要的内容。由于抓取程序需要在互联网上不停地"爬"，就好比蜘蛛在它的网上爬一样，所以大家给"搜索引擎抓取程序"取名为"蜘蛛"。

2.5 搜索引擎与 SEO 的关系

SEO 自从 1997 年出现以来，逐渐分化成两类 SEO 行为：一类被称为"白帽SEO"，这类 SEO 起到改良和规范网站设计的作用，使之对搜索引擎和用户更加友好，并从中获取更多合理的流量。搜索引擎鼓励和支持"白帽 SEO"。另一类被称为"黑帽 SEO"，这类 SEO 行为利用和放大搜索引擎的策略缺陷（实际上，完美的系统是不存在的）获取更多用户访问量，而这些更多的访问量是以伤害用户体验为代价的。所以，面对后一种 SEO 行为，搜索引擎会通过一些策略进行遏制。

搜索引擎与 SEO 行为间是一种良性的共生关系，如很多优质的网站是用 Flash 或Ajax 做的，搜索引擎就无法很好地抓取和索引。建站者在了解了 SEO 的一些基本原理后，可以通过对网站的合理优化，使这些优质资源更好地发挥其检索效果，改善用户的搜索体验。同时，对于中国这样的新兴市场，传统的中小企业对于如何做互联网营销，并无多少经验。在广大的互联网创业者中，对于如何做 SEO 也充斥着矛盾的舆论和猜想。让更多人了解搜索引擎的工作机制，引导广泛合理的 SEO 行为，让认真做原创优质内容的创业者得到更多的流量，令抄袭抓取别人内容的建站行为得到警惕。只有这样，才能有效支持互联网创新力量，使互联网生态圈得到更健康有序的发展。

实战案例　百度 CEO 李彦宏的发展史

李彦宏，1968 年出生于山西省阳泉市，1991 年毕业于北京大学信息管理专业，随后赴美国布法罗纽约州立大学完成计算机科学硕士学位。自小就立志成为科学家的李彦宏在美国纽约州立大学获得计算机硕士学位后，在为美国的高科技公司服务时，看到了企业家所能获得的巨大回报，决定改变自己的梦想。他的第一份工作是在 idd 公司（investment dealer digest）担任高级顾问，1995 年这家公司被道琼斯收购，老板拉里（larry rafsky）从交易中获得了数百万美元的回报。李彦宏极为震惊，"我明白通过创立高科技公司，你可以获得巨大的成功"。

接下来，李彦宏在帮助《华尔街日报》网络版开发软件时，发现了一种可以根据网络连接数目进行网站排名的搜索方法。但是，道琼斯的高管对此丝毫没有兴趣。1997 年，李彦宏离开了这家公司，并在美国为自己的技术申请了专利。之后在一次会议上，李彦宏遇到了 infoseek 公司的首席技术官威廉（william chang），后者邀请他加入公司担任高级工程师，一起开发第一代搜索引擎。加入 infoseek 的前两个星期，兴奋的李彦宏把自己关在会议室里不停的写软件代码。

然而，在 1999 年 infoseek 被迪士尼公司收购后，对搜索引擎领域没有给予足够的热情和支持。李彦宏感觉极为失落，遂决定自立门户，回国创业，并邀请好朋友徐勇做合伙人。借助徐勇在硅谷的人脉，1999 年年底，他们拿到了两家投资机构的 120 万美元资金。

百度最初的商业模式是仿照 inkotomi，这是一家为门户提供搜索服务的网站，在互联网发展的繁荣期，市值一度高达 200 亿美元。但在当时中国市场的竞争中，面对诸多门户网站，百度的模式并无多少底气。随着 inkotomi 在 2002 年被雅虎仅以 2 亿美元收购，这一模式受到更大质疑。

为了提高竞争力，李彦宏决定复制美国的内容网络分发公司 akamai technologies 的模式，通过邻近的服务器分流，为网站降低网络流量压力，从而提高下载速度，就是今天很热门的 CDN 业务。而在互联网泡沫破灭之前，百度又幸运地获得了 1000 万美元的投资。此时，李彦宏发现中国公司已不可能为搜索付费，但是会选择更便宜的数据产品，于是又决定模仿硅谷公司 verity，该公司为美国大企业提供搜索和数据管理服务。

但到了 2002 年，这种模式的希望和百度的现金流一样，越来越渺茫。而从 2001 年开始以搜索结果中出现付费广告为盈利模式的 Google 正获得业界关注，李彦宏从中受到启发，决定采用付费广告的模式。虽然在董事会上备受质疑，但李彦宏仍决意为之。

不断调整发展方向的百度终于踏上了正确的道路，并凭借本土化优势，成为中国搜索市场上的绝对老大，从 2004 年起开始大幅盈利。2005 年 8 月上市后，轻松造就了大批百万富翁，与李彦宏当初艰难的寻找和坚持相比，已不可同日而语。

本章小结

网站优化人员只有了解搜索引擎的工作原理，才能更好地对网站进行优化，才能知道网站收录不佳与哪些因素有关、网站排名不佳与哪些因素有关。特别需要强调的是，网站只有被搜索引擎收录了，才能够参与排名，因此要熟知搜索引擎抓取网页的策略。

实训　掌握搜索引擎工作原理

【实训目的】

根据所学内容，掌握搜索引擎工作原理，了解网站被搜索引擎抓取排名流程；熟记搜索引擎指令和常用名词介绍。

【实训要求】

1. 掌握搜索引擎工作原理的四个环节
2. 掌握搜索引擎抓取页面的规则

【实训内容】

1. 国内搜索引擎有哪些，按照使用率从大到小为＿＿＿＿＿＿＿＿＿＿＿＿＿＿
＿＿＿＿＿＿＿＿＿＿＿＿＿＿＿＿＿＿＿＿＿＿＿＿＿＿＿＿＿＿＿＿＿＿＿＿＿。

2. 最大的搜索引擎是＿＿＿＿＿＿，最大的中文搜索引擎是＿＿＿＿＿＿。

3. 搜索引擎工作原理分为＿＿＿＿＿、＿＿＿＿＿、＿＿＿＿＿、＿＿＿＿＿四步。

4. 百度搜索抓取策略类型包括＿＿＿＿＿、＿＿＿＿＿、＿＿＿＿＿、
＿＿＿＿＿、＿＿＿＿＿、＿＿＿＿＿。

5. 百度搜索引擎根据_____、_____、_____、站点评价四个指标来确定对一个网站的抓取频次。

6. 百度搜索优先建库原则中提到哪些网页可以进入优质索引库呢？其实，总的原则就是一个：对用户的价值。包括却不仅限于_____、_____、_____、_____四类页面。

7. 哪些网页无法进入索引库：_____、_____、作弊网页。

8. 用户输入关键词进行检索，百度搜索引擎在排序环节要做两方面的事情：第一，把相关的网页从索引库中提取出来；第二，把提取出来的网页按照不同维度的得分进行综合排序。"不同维度"包括_____、_____、_____、_____、_____六大原则。

9. 在搜索引擎眼中，超链发挥着_____、_____、_____、_____等作用。

10. site 指令是查询一个网站在搜索引擎中_____。

11. 网站权重是指搜索引擎给网站（包括网页）赋予一定的_____，对网站（含网页）权威的评估评价。一个网站权重越高，在搜索引擎所占的分量越大，在搜索引擎排名就越好。

12. SEO 这个关键词的百度指数是_____。

第3章
网站建设与 SEO

现在每个企业均有网站，如果每个企业网站按照搜索引擎的规则建设，对后期 SEO 帮助会非常大。随着搜索引擎技术的不断成熟，一个网站想要获得好的排名，不是靠设置几个关键词就可以了，需要对网站整体进行优化。如果在建设网站时没有考虑到 SEO 因素，可能最终导致网站内容收录不佳，排名缓慢。本章将详细介绍网站在建设时应该注意哪些 SEO 因素。

学习目标

>>> 掌握域名优化技巧

>>> 了解空间对 SEO 的重要性

>>> 了解各类型网站建站程序

3.1　选择适合 SEO 的域名

域名即网站的网址（如百度域名为 www.baidu.com），是用户对网站的第一印象。能否让用户迅速记住域名对网站发展非常重要。建议注册域名时选择容易让用户记忆、容易产生信任感的域名，这样可以提高回头率，并方便用户推荐。

3.1.1　选哪种域名后缀权重高

所谓域名后缀就是我们经常看到的一些 .com、.cn、.net 等。百度的域名是 baidu.com，其中的 .com 就是所谓的后缀。这个域名也就是上面说的顶级域名。

域名权重就是搜索引擎对域名质量的认可程度，它体现在输入的一个关键词在搜索引擎中排名的前后。

域名的后缀有数百种，不同域名的后缀在搜索引擎中的权重不同。一般情况下，.gov（政府机构）、.edu（教育机构）、.org（非营利机构）域名在搜索引擎中的权重比一般的域名高。因为政府机构的网站和教育机构的网站都具有权威的信息。所以，搜索引擎的提供商必然会给予其更高的权重。非营利网站在它们之后，但是相比一般网站来说，.org 后缀的域名仍然比它们的权重高。图 3-1 列出了一些域名后缀。

域名类型	域名后缀	含　义
国家域名	.com	商业网站
	.net	互联网机构
	.org	非营利组织
	.gov	政府网站
	.edu	教育机构网站
国家域名	.cn	中国国家域名
	.jp	日本国家域名
	.us	美国国家域名

图 3-1

.com 域名是国际域名，.cn，.com.cn 域名是国内域名。相比 .cn 域名，.com 域名权重更高一些。

按权重排序，依次是：.gov > .edu > .org > .com > .cn 等。尽管那些权重比较高的后缀域名有好多种类型，但它不是个人能注册下来的。从 SEO 角度和商业角度来看，首选以 .com 为后缀的域名。

3.1.2　域名长短对 SEO 的影响

域名就像是一块指路的牌子一样，它能引导蜘蛛抓取你的网站，用户也可以直接输入域名进入你的网站。域名对于网站和企业都非常重要，好的域名更是价值连城。

　　大部分短域名，包括中国人比较喜欢的数字域名已经被注册殆尽，现在所谓的好的域名，也只能是从品牌的角度上来定义。域名越短，越容易记忆。那么，域名的长短对 SEO 是否有影响？答案当然是否定的。

　　域名的长短本身不妨碍搜索引擎的抓取和收录，但对于浏览者的识别，当然是越短越好。在互联网上，有两个有趣的网站很多人也许都访问过。一个是：www.mamashuojiusuan-nizhucedeyumingzaichanggoogledounengsouchulai.cn，意思是"妈妈说就算你注册的域名再长，谷歌都能搜出来"。另外一个是：www.mamashuojiusuannizhucedeyumingzaichangbaidudounengs-ouchulai.cn，意思是"妈妈说就算你注册的域名再长，百度都能搜出来"。点击这些域名，我们发现已经指向相关网站了，这两个网站的域名长达 60 多位，在搜索引擎中照样有非常不错的排名，从这里可以反映出域名的长短并不能影响网站在搜索引擎中的排名。

3.1.3　中文域名对 SEO 的影响

　　中文域名是含有中文的新一代域名，与英文域名一样，它就是一个名字，主要目的是为了让大家更好地识别。随着中文域名的普及和流行，目前谷歌、雅虎、百度等搜索引擎已经支持收录中文域名的网站。不过，目前有些浏览器并不支持中文域名，而且输入不方便，也就影响了用户体验。从综合角度看，架设网站要适合 SEO，英文域名首选 .com 域名。

3.1.4　域名注册时间对 SEO 的影响

　　域名在搜索引擎中存在时间的长短对 SEO 是有影响的，如同先入行者比后入行者资历老，经验更丰富一样。

　　搜索引擎认为，网站存在的时间长短是评价网站质量的一个因素。一个网站运行了几个月就放弃了，域名也随之放弃了。也有的网站通过不断发展与完善，给用户带来更好的内容，从而运行的时间就长。搜索引擎会给予在搜索引擎中存在时间更长的网站以较高的权重。

　　因此，大家在注册域名后，即使网站没有制作完成，也要先放一个简单的页面上去，通过外链等手段被搜索引擎收录，待网站制作完成后，再上传上去，相当于将一个搜索引擎收录的网站进行改版。这样就相当于网站已经在搜索引擎中运行很长时间了。

3.1.5　域名取名注意事项

1. 域名必须简短易记

注册域名时，尽量简短易记，与企业信息相关，用户的记忆成本就越低。建议用企业品牌的汉语拼音、企业名称的缩写、汉语拼音的谐音、数字加拼音等形式注册域名，让用户看到域名就能联想到网站内容。如驴妈妈旅游网，网址为 lvmama.com；如同城一起游，网址为 17u.cn，谐音。

2. 连接符的使用

有些企业在注册域名时喜欢在域名中间使用连接符，这个不建议使用，影响用户输入，一般做英文网站会在域名中使用一个连接符，如 baidu-google.com。

3. 域名中可包含关键词或相关的词汇

考虑域名时可以包含相关的词汇，如买书域名中可以包含 books；做网络营销的，域名中包含 yingxiao。

4. 禁止使用非主流域名后缀

例如，.aj、.ai、.im 、.me 等禁止使用。

使用何种形式的域名后缀对百度网页搜索没有影响，但域名后缀也需要考虑，方便用户记忆。.com、.cn、.net 等常见的域名后缀用户更容易记忆，一些不常见的后缀可能会让用户产生不信任感，增加用户的判断成本。

3.1.6 域名购买流程

第一步：网站定位，确定网站主题，如美容护肤每周一贴，根据本节讲的域名知识，想一个域名与此主题相关的域名，如 meizhouhufu.com。

第二步：确定域名是否被注册，打开阿里云（https://wanwang.aliyun.com），在搜索框中输入 meizhouhufu，不用带 com 后缀，如图 3-2 所示。

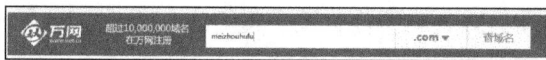

图 3-2

单击"查域名"，可以看到 com、cn 等后缀域名均未被注册，我们优先考虑 com 后缀域名，如图 3-3 所示。

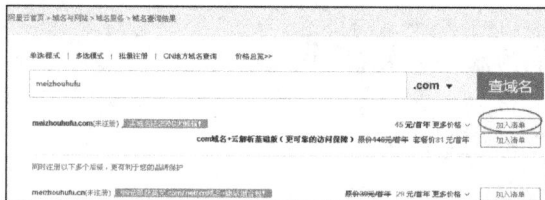

图 3-3

第三步：登录。需要先登录阿里云。如图 3-4 所示，如果你已注册阿里云、淘宝、支付宝、阿里巴巴等账号，均可直接登录。

第四步：加入清单，右侧会显示已加入购物车，如图 3-5 所示，点击购物车，然后填写个人信息后，直接付款即可注册成功。

图 3-4   图 3-5

3.2   选择适合 SEO 的空间

空间是网站的重要组成部分，是网站存放内容的地方。网站打开的快与慢、稳定性，都与空间有很大关系，因此选择一个好空间，利于增加用户的浏览体验，利于 SEO 排名。选择网站空间时，主要考虑的因素包括网站空间的大小、速度、稳定性等。

网站上线前的
SEO 准备工作

3.2.1   空间速度对 SEO 的影响

网站空间的速度快慢对于用户来说非常重要，一个网页 6 秒之内打不开，大部分用户就会直接关闭。网站打开的速度不仅影响用户的阅读体验，还影响 SEO 的排名。试想，如果搜索引擎来到你的网站抓取内容，但你的网站打不开，或很慢，那么它也会像用户一样直接离开，会给你的网站打个差评，结果就是不给你良好的排名。

如何查询你的网站打开速度呢，百度一下有很多测试网速的工具，常用的是 ping.chinaz.com 工具，通过该工具可以多个地点 ping 服务器，以检测服务器响应速度，如果输入域名自动会进行网站响应速度检测，包括网站解析时间、服务器连接时间、下载速度、http 状态、GZip 情况、文件大小等信息。

如图 3-6 所示，打开 ping.chinaz.com 工具后，在搜索框中输入要查的网站域名，就会显示网站在各个地区的打开速度。绿色颜色越深，代表该地区用户打开网站速度越快，最快为 2ms，黄色以及红色代表这个地区用户访问速度比较慢。图 3-6 显示内蒙古地区的用户打开网站速度比较慢，需要找出原因，解决此问题。

图 3-6

3.2.2　空间稳定性对 SEO 的影响

一个网站即使内容再好，优化技术再高超，但时不时地打不开、不稳定，这时搜索引擎蜘蛛无法访问你的网站，从此就会减少对你的网站的访问，甚至不进行访问。由此可知，搜索引擎蜘蛛不访问你的网站，网页就不会被收录，更不用提排名了。因此，购买一个稳定的空间非常重要，不仅有利于用户的访问，更有利于搜索引擎蜘蛛的访问。

选择空间时，不要贪图便宜，一定要选择有实力的空间商。因为服务器和空间的稳定性需要一定的技术实力来保障，一些没有实力的空间商，可能无力提供良好的服务，服务的稳定性无法保证。甚至有空间商为了节省资源，故意屏蔽掉搜索引擎蜘蛛的抓取，导致网站无法被百度网页搜索收录。

所以，一定要选择去大品牌、有保障的空间商那里购买，如万网、西部数码等，也可以让朋友推荐可靠的空间。现在很多空间在购买前都可以先试用几天，以确定此空间的稳定性。图 3-7 所示是西部数码空间（虚拟主机）界面，包含多种类型，不同类型空间大小和配置不一样，可以根据自己的需求选择。

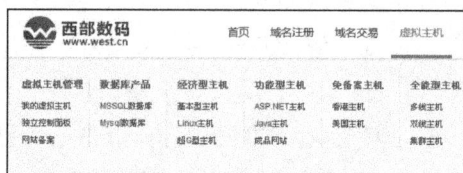

图 3-7

3.2.3　支持 SEO 必要的功能

很多网站在优化时，发现空间有一些功能不支持网站的设置，导致无法进行优化，因此购买空间时，也要提前了解清楚是否具备 SEO 必要的功能。

1. 是否支持 404 功能

404 页面是客户在浏览网页时，服务器无法正常提供信息，或是服务器无法回应，且不知道原因所返回的页面。

404 错误意味着链接指向的网页不存在，即原始网页的 URL 失效，这种情况经常会发生，很难避免。例如，网页 URL 生成规则改变、网页文件更名或移动位置、导入链接拼写错误等，导致原来的 URL 地址无法访问；当 Web 服务器接到类似请求时，会返回一个 404 状态码，告诉浏览器要请求的资源并不存在。当我们访问某一个页面时，此页面提示该页面无法显示或 404 Not Found，用户就会关闭该网页，如图 3-8 所示。

那么，设置 404 页面的目的是，告诉浏览者其请求的页面不存在或链接错误，同时引导用户使用网站的其他页面，而不是关闭窗口离开。如图 3-9 所示，该网站设置了 404 页面，当用户通过一些入口打开网站中已删除或不存在的网页，即会跳转到 404 页面。引导用户返回到首页或其他页面，利于留住用户。

图 3-8

图 3-9

或者设置一个 404 跳转页面，当用户进入 404 页面后，直接跳转到网站首页。如图 3-10 所示，打开百科的 404 页面，提示 3 秒后自动跳转到百科首页。

2. 是否支持网站日志下载功能

网站日志是记录 Web 服务器接收处理请求以及运行时错误等各种原始信息的以.log 结尾的文件。确切地讲，应该是服务器日志。网站日志最大的意义是记录网站运营中（如空间）的运营情况，被访问请

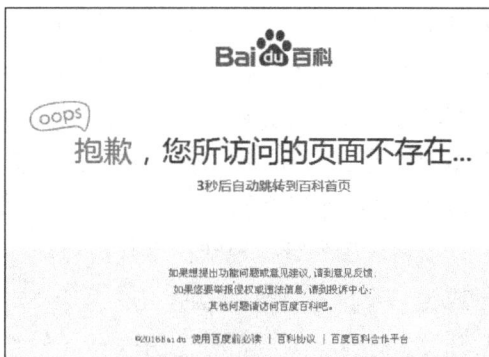

图 3-10

求的记录。通过网站日志可以清楚地得知用户在什么 IP、什么时间、用什么操作系统、什么浏览器、什么分辨率显示器的情况下访问了你网站的哪个页面，是否访问成功。

对于专业从事 SEO 的工作者而言，网站日志可以记录各搜索引擎蜘蛛机器人爬行网站的详细情况。例如，哪个 IP 的百度蜘蛛机器人在哪天访问了网站多少次，访问了哪些页面，以及访问页面时返回的 http 状态码。这些数据都能让 SEO 人员有针对性地对网站的某些栏目或页面进行调整优化。

3. 是否支持 301 重定向功能

301 重定向是一种非常重要的"自动转向"技术，是网址重定向最可行的一种办法。当用户或搜索引擎向网站服务器发出浏览请求时，服务器返回的 http 数据流中头信息（header）中的状态码的一种，表示本网页永久性转移到另一个地址。

在我们的网站建设中时常会遇到需要网页重定向的情况：像网站调整，改变了网站的目录结构，网页被移到一个新地址，或者网页扩展名改变，如因应用需要把 .php 改成 .html 或 .shtml，这些情况下，如果不做重定向，用户收藏夹或搜索引擎数据库中旧地址只能让访问客户得到一个 404 页面错误信息，访问流量白白丧失。又如，某些注册了多个域名的网站，也需要通过重定向让访问这些域名的用户自动跳转到主站点等。

空间是否支持 404、网站日志下载和 301 重定向都需要提前咨询空间商，如果支持即可购买，或打开同服务器的网站进行测试。这样，以后在开展 SEO 时就可以直接在购买空间的后台进行设置优化，非常方便。

3.3 选择适合 SEO 的网站系统

网站建设的三要素为域名、空间、网站程序。域名、空间已经讲过，下面讲网站程序。网站程序即我们看到的网站，分为前端和后端。前端是用户可以浏览的，后端是管理者发布产品和资讯的，能够在前端展示。

在互联网发展初期，建一个网站非常困难，需要自己写代码，或找建站公司建站，费用非常昂贵，并且建站从不考虑是否利于搜索引擎排名。在给客户服务时，发现有很多网站也是这种情况，网站程序自身模块简单，开展 SEO 非常困难。所以，建网站一定要选择一个适合 SEO 的网站程序。

值得庆幸的是，现在很多网站程序都是免费的，只要下载程序，按照教程安装即可成为一个网站。这里推荐几个适合 SEO 的网站程序，这些程序自身已经优化得非常到位，符合 W3C 标准、使用 DIV（标签）+CSS（层叠样式表）、具备静态化功能、网页代码非常简洁等，受到搜索引擎的青睐，我们自己在开展 SEO 时也更方便、更容易。

常用的利于 SEO 的建站程序有：

（1）内容管理系统（DEDECMS、PHPCMS、齐博 CMS 整站系统、帝国 CMS 网站管理系统）。

（2）博客系统（WordPress、Z-Blog）。

（3）网店系统（ECShop、Shopex）。

（4）论坛系统（Discuz！或 PHPWind）。

3.3.1　企业站 / 资讯站系统

（1）织梦内容管理系统

织梦内容管理系统（DEDECMS）以简单、实用、开源而闻名，是国内最知名的 PHP 开源网站管理系统，也是使用用户最多的 PHP 类 CMS 系统，经历多年的发展，目前的版本无论在功能，还是在易用性方面，都有了长足的发展和进步。DEDECMS 免费版的主要目标用户锁定在个人站长，功能更专注于个人网站或中小型门户的构建。当然，也不乏有企业用户和学校等使用本系统。

程序下载地址：http://www.dedecms.com/。

适合网站类型：企业网站、资讯网站、淘宝客网站、小型门户。

（2）PHPCMS V9 内容管理系统

PHPCMS 是一款网站管理软件。该软件采用模块化开发，支持多种分类方式，使用它可方便实现个性化网站的设计、开发与维护。它支持众多的程序组合，可轻松实现网站平台迁移，并可广泛满足各种规模的网站需求，可靠性高，是一款具备文章、下载、图片、分类信息、影视、商城、采集、财务等众多功能的强大、易用、可扩展的优秀网站管理软件。

程序下载地址：http://www.phpcms.cn/。

适合网站类型：行业门户、地方门户、教育机构、政府机构、新闻媒体、企业网站。

（3）齐博 CMS 整站系统

齐博 CMS 的前身是"龙城"于大学期间（即 2003 年）创建的 PHP168 网站管理系统，它是国内主流 CMS 系统之一，曾多次被新浪网、腾讯网、凤凰网等多家大型 IT 媒体报道。齐博 CMS 目前已有数以万计的用户在使用，覆盖政府、企业、科研教育和媒体等各个领域。我们在 CMS 领域的长期成功经验，使得我们成为国内 CMS 行业的领跑者之一。

程序下载地址：http://www.qibosoft.com/。

适合网站类型：地方门户、B2B 电子商务系统、分类信息系统、企业网站。

（4）帝国网站管理系统

帝国网站管理系统（Empire CMS）是基于 B/S 结构，且功能强大而帝国 CMS-logo 易用的网站管理系统。系统由帝国开发工作组独立开发，是一个经过完善设计的适用于 Linux/Windows/UNIX 等环境下高效的网站解决方案。从帝国新闻系统 1.0 版至今天的帝国网站管理系统，它的功能进行了数次飞跃性的革新，使得网站的架设与管理变得极其轻松！

程序下载地址：http://www.phome.net/。

适合网站类型：企业网站、政府网站、学校网站。

3.3.2 博客系统

1. WordPress

WordPress 是一种使用 PHP 语言开发的博客平台。用户可以在支持 PHP 和 MySQL 数据库的服务器上架设属于自己的网站，也可以把 WordPress 当作一个内容管理系统来使用。WordPress 有许多第三方开发的免费模板，安装方式简单、易用。不过，要做一个自己的模板，则需要有一定的专业知识。例如，至少要懂的标准通用标记语言下的一个应用 HTML 代码、CSS、PHP 等相关知识。

程序下载地址：https://cn.wordpress.org/。

适合网站类型：博客、企业网站。

2. Z–Blog

Z–Blog 是由 RainbowSoft Studio 开发的一款小巧而强大的基于 PHP 平台的 Blog 程序，早期也开发有 ASP 程序。

程序下载地址：https://www.zblogcn.com/。

适合网站类型：博客。

3.3.3 网店系统

1. ECShop

ECShop 是一款 B2C 独立网店系统，适合企业及个人快速构建个性化网上商店。系统是基于 PHP 语言及 MySQL 数据库构架开发的跨平台开源程序。

程序下载地址：http://www.ecshop.com/。

适合网站类型：电子商务网站。

2. Shopex

Shopex 是国内市场占有率最高的网店软件。网上商店平台软件系统又称网店管理系统、网店程序、网上购物系统、在线购物系统。

程序下载地址：http://www.shopex.cn/。

适合网站类型：电子商务网站。

3.3.4 论坛系统

1. Discuz!

Discuz!（Crossday Discuz! Board）是北京康盛新创科技有限责任公司推出的一套通用的社区论坛软件系统。自 2001 年 6 月面世以来，Discuz! 已拥有 15 年以上的应用历史和 200 多万网站用户案例，是全球成熟度最高、覆盖率最大的论坛软件系统之一。

目前最新版本 Discuz! X3.2 正式版于 2015 年 6 月 9 日发布，首次引入应用中心的开发模式。2010 年 8 月 23 日，康盛创想与腾讯达成收购协议，成为腾讯的全资子公司。

作为国内最大的社区软件及服务提供商，Comsenz 旗下的 Discuz! 开发组具有丰富的 Web 应用程序设计经验，尤其在论坛产品及相关领域，经过长期创新性开发，掌握了一整套从算法、数据结构到产品安全性方面的领先技术，使得 Discuz! 无论在稳定性、负载能力、安全保障等方面，都居于国内外同类产品领先地位。

程序下载地址：http://www.discuz.net/forum.php。

适合网站类型：论坛。

2．PHPWind

PHPWind 的两位创始人王学集、林耀纳于 2003 年发布了 PHPWind 的前身版本 ofstar，并发展成为包含 BBS、CMS、博客、SNS 等一系列程序的通用型建站软件，至今累计已有超过 120 万网站使用 PHPWind，每天还有 1000 个新增网站，这些网站覆盖超过 100 个行业，每天有 1.5 亿人群聚集，5000 万条新增信息，访问超过 10 亿个页面。

PHPWind 于 2008 年加入阿里巴巴集团，在阿里云计算深厚的技术支持下，将在云计算和前端应用之间搭建桥梁，从云计算、平台化、数据存储、搜索技术方面进行深入的业务协同，帮助更多的中小网站降低成本，创造更多价值。

程序下载地址：http://www.phpwind.net/。

适合网站类型：论坛。

现在开源建站程序非常多，根据建站目的选择合适的程序，然后将程序上传到空间中，安装即可形成原始网站。还需要对前端的网站模板进行策划、设计，最后形成自己风格的网站。

实战案例　SEO 行业网站建设

一、项目背景

知道不等于自己已经掌握，从知识的学习到完全掌握需要有一个实践的过程。我们要求学员在学习期间都要建一个网站，用于 SEO 的实践。建什么网站呢？当时我们给学员的建议是，针对没有项目的学员可以根据自己所在城市，建一个地区 SEO 网站，如果你是杭州的，就建一个杭州 SEO 的网站。一方面可以实践，另一方面将地区 SEO 关键词优化到搜索引擎首页后可以提升个人知名度；对于有项目的学员，建议直接围绕自己的项目建网站，通过优化获得精准客户。其中有一个学员建设了一个地区 SEO 的网站，经过 20 天的优化，地区关键词排在百度前五位。图 3-11 所示为该网站的首页截图。

图 3-11

二、网站域名

域名：www.liuliangseo.com

寓意：SEO 的网站域名中包含 SEO，liuliang 为学员名字 – 刘亮，该学员在广东，guangdongseo、guangzhouseo 均被注册，因此以个人名字注册了 liuliangseo，优化关键词为广东 SEO。

三、空间

空间：香港空间

选择理由：香港空间无需备案，购买即可使用。而国内空间购买后，需要向空间商提交个人相关资料，对网站进行备案。备案时间为 20 个工作日，备案期间网站需要关闭。为了不影响实践，选择香港空间即买即用。

空间配置：网页 2G、流量 10G/ 月、支持语言 PHP（如果你的程序是语言 ASP，不能选择 PHP）、送独立 IP，操作系统选择 Linux，如果你的程序是 ASP 语言，则选择 Win2008。选择 MySQL 数据库，如图 3-12 所示。一般企业站 300M ～ 500M 即可。

图 3-12

四、网站程序

程序：www.dedecms.com，程序语言为 PHP

选择理由：DEDECMS 适合做企业站、资讯站，并且 DEDECMS 自身程序优化得非常到位，利于 SEO。

五、总结

开展 SEO 过程中，域名、空间、网站程序的选择都非常重要，该网站定位为广东 SEO，网站上线后开始优化，收录良好，20 天左右广东 SEO 这个关键词排名在百度首页第二位。

本章小结

一个好的网站程序、好的域名、快速稳定的空间，是 SEO 的基础，对 SEO 有事半功倍的效果。

实训　搭建一个适合 SEO 的网站

【实训目的】

根据所学内容，学会购买域名，购买空间，搭建一个适合 SEO 的网站。

【实训要求】

1．了解 SEO 购买流程。

2．了解购买空间注意事项。

3．熟悉各类型网站程序。

【实训内容】

1．你的网站主题定位是_____。

2．你购买的域名是_____。

3．你的域名寓意是_____。

4．购买的空间是否支持_____、_____、301 重定向等功能。

5．购买的空间大小为_____。

6．你要建的网站类型是_____。

7．下载并安装程序

_____。

第 4 章
关键词

随着互联网的高速发展，上网娱乐已经成为很多人的爱好，超过一半的中国人都在使用互联网，所以互联网上存在着巨大商机。很多商人看准了这个商机，纷纷开始进军互联网。

不得不说，互联网的巨大商机是不可否认的。当然，中国互联网已经是三国鼎立。百度、腾讯、阿里巴巴是中国互联网上非常知名的三家网站。虽然这三家网站的出发点不一样，但是它们的成就非同一般，它们都有属于自己的网站，有自己的地盘，都是从自己的网站开始做的，如果你是一个想在互联网上发展的商人，那么就做自己的网站，别人找你的商品时只要输入有关的关键词，就能找到，即用户输入一个词／句子，以此为内容进行搜索，搜索引擎根据内容显示搜索结果。其中用户输入的内容就是"关键词"。

学习目标

- ≫ 学习如何选择核心关键词
- ≫ 掌握核心关键词布局
- ≫ 掌握次要关键词的分布
- ≫ 掌握长尾关键词的优化

4.1 关键词的作用及关键词的分类

4.1.1 什么是关键词

关键词是指网民为了寻找某个产品或者某个服务，在百度等搜索引擎的搜索框中输入的一段文字。

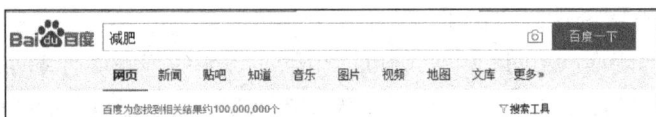

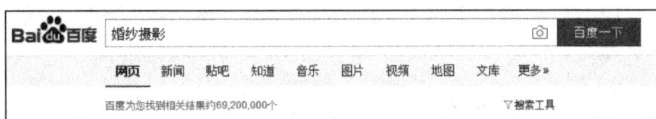

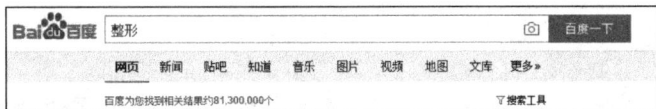

什么是关键词与关键词的作用

例如，在百度搜索框中搜索"减肥""婚纱摄影""整形"，这些都是关键词。甚至，"整形医院""婚纱摄影工作室"，这些也都是关键词。用户搜索的词都叫关键词。

4.1.2 关键词的作用

为什么要先研究关键词？大家知道，用户在搜索引擎中搜索某个关键词时，如果我们的网站能够排到搜索结果的前面，这样，当用户单击我们网站时，就等于给网站带来了精准的流量，通过咨询最终实现销售。图4-1所示为关键词的作用流程图。

图 4-1

第一步，确定关键词，也就是如何选择核心关键词，我们选的这个关键词必须是用户搜索的词，必须能够代表用户一定的购买意图。选择关键词很重要，如果说你的关键词没有选对，哪怕你优化技巧再高，也会导致没有流量。或者说，你带来了流量，但是不精准，这样也没什么用。

第二步，关键词排名。我们需要通过各种各样的技术优化手段，如写好标题（title）、写好描述（discription），然后更新大量的相关内容，在内容中做内链，把关键词布局到网站中，然后为我们的网站换一些高权重的友情链接，在一些论坛网站发外链，这些都属于 SEO 排名的技术，我们利用这些技术把网站排在最前面，在搜索结果获得一个良好的排名。

第三步，带来精准流量。网站有排名后，要吸引用户点击你的网站，只有这样，才能为网站带来精准流量。所以，写标题、写描述时，除了要考虑 SEO 的因素外，还要考虑用户体验。也就是说，展现在搜索结果中的标题和描述能不能对用户有吸引力，能不能吸引用户点击，只有吸引用户点击了，才能带来精准的流量。

第四步，实现销售。当用户点击网站，进入到这个网站后，下一步需要通过网站实现一个良好的用户体验，来打动这个用户，让这个用户最终能购买，或者通过咱们的在线客服与客户沟通，促成这个用户购买。这是实现销售的最后一步，整个关键词实现的作用就是这么一个流程。

因此，关键词的选择非常重要，选择对了事半功倍，选择不对，事倍功半。

4.1.3　关键词的分类

用户在搜索引擎中会搜索各种各样的关键词来寻找信息，对于网站来说，需要对这些关键词进行优化，但不能没有目的地优化，需要对用户搜索的关键词进行分类，才能进一步布局和优化关键词。关键词分类有很多形式，普遍使用的分类方式有按搜索目的分类和按关键词重要程度分类两种。

1. 按搜索目的分类

按搜索目的可以将关键词分为：产品或服务类的关键词，企业类的关键词，品牌类的关键词。

（1）产品或服务类的关键词

产品或服务类关键词也就是企业销售具体的产品或服务关键词。例如，你最近要买一个数码相机，可能在百度直接搜"数码相机"；如果你最近要结婚了，可能直接搜"婚纱摄影服务"。这一类的词就叫作产品或服务类的关键词。这类关键词也是很多企业网站优化时首先考虑的。

（2）企业类的关键词

上面提到婚纱摄影、数码相机，它们都属于产品。那么，婚纱摄影提供这个产品或者服务背后肯定有一个企业，它的企业叫什么呢，可能就叫"婚纱摄影工作室"，有些人要拍婚纱照，他可能直接会这么搜；如果有些人搜数码相机，那他可能会搜索相关的企业词，如数码相机厂家，这就是企业类关键词。

（3）品牌类的关键词

品牌类的关键词也就是企业的名称，如一些企业可能在传统的渠道（如电视、报纸、杂志）刊登了很多广告，从而形成一定的品牌。那么，做网站 SEO 时，一定要来做一些品牌类的关键词，为什么呢，因为你已经通过很多的广告把你的品牌打出去了，有很多人会搜索品牌词找你的企业网站，如婚纱摄影，很多人就会在百度直接搜"薇薇新娘婚纱摄影"；如有人要买数码相机，可能会搜"佳能数码相机"。

2. 按关键词重要程度分类

按关键词重要程度分为核心关键词、次要关键词（也叫短语关键词）、长尾关键词。

（1）核心关键词。指经过关键词分析确定下来的网站"主打"关键词。通俗地讲，核心关键词是指网站产品和服务的目标客户可能用来搜索的关键词。搜索核心关键词的用户往往对网站的产品和服务有需求，或者对网站的内容感兴趣。网站的主要内容要围绕核心关键词展开。

（2）次要关键词。是核心关键词的扩展词，重要程度仅次于核心关键词。

（3）长尾关键词。是网站上非核心关键词和次要关键词，但也可以带来搜索流量的关键词。

在 SEO 中，常用的分类方法是按关键词重要程度分类，这样可以扩展出非常多的关键词，然后布局到网站中优化。

4.2 核心关键词的选择

核心关键词对企业网站 SEO 来说尤为重要，因为大部分企业网站只优化网站首页，即只优化首页中的几个核心关键词。那么，核心关键词的选择就非常重要。

4.2.1 什么是核心关键词

对于企业来说，搜索量最大、最赚钱、能带来精准用户的产品词就是核心关键词。

例如，用户要找婚礼策划，会通过搜索婚礼策划相关关键词来找相关网站，如通过"婚礼公司""婚庆公司""婚礼策划""婚礼网站""礼仪公司""婚礼工作室""私人婚礼工作室""婚礼哪家公司好""婚礼策划工作室""个性婚纱""主题婚礼""婚庆服务"等关键词来搜索，但我们不能把所有词全部放在网站首页标题中，因为标题的位置有限，放 30 个汉字为佳。因此，我们需要从众多关键词中选出 3 ~ 5 个与业务最相关、转化率最高的词作为网站重点关键词进行优化排名，这几个词我们称之为核心关键词。

在百度中搜索关键词"天津婚庆"，出现图 4-2 所示的网站，该网站是做婚庆策划服务的，图中的大号字体称为标题，标题写的是"天津个性婚礼""天津主题婚礼""天津婚庆服务""天津婚礼策划"。这四个关键词就是这个网站的核心关键词，也是这个网站首页集中优化的四个关键词，叫作核心关键词。

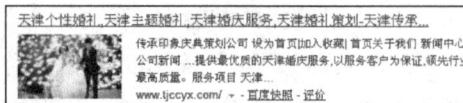

图 4-2

一般情况下，核心关键词具有下列特征：

① 核心关键词一般作为网站首页的标题。

② 核心关键词一般是 2 ~ 4 个字构成的一个词或词组，名词居多。

③ 核心关键词在搜索引擎每日都有一定数目的稳定搜索量。

④ 搜索核心关键词的用户往往对网站的产品和服务有需求，或者对网站的内容感兴趣。

⑤ 网站的主要内容围绕核心关键词展开。

4.2.2 核心关键词的选择原则

如何选择核心关键词呢？选择核心关键词的方法很多，也有很多工具，但是要选择核心关键词，首先要确立选择原则。也就是说，按照什么样的原则选出的关键词才有效。

（1）用户搜索量比较大的词

大家知道，SEO 可能是一个见效比较慢的工作。一般来说，优化一个关键词可能需要 1 ~ 3 个月的时间，如果辛辛苦苦优化一个词，把这个词优化到搜索引擎首页，就是为了带流量的。如果发现优化的关键词没有用户搜，或者说，用户的搜索量一天就几个，那花费了大量的精力还带不来什么精准用户，就得不偿失了。所以，选择核心关键词的第一个原则就是要选择用户搜索量大的词。

（2）代表用户购买意图的关键词

第二个原则是一定要选择代表用户购买意图的关键词。例如，推一把本身是做网络营销培训的，培训网站要优化关键词，假如有网络营销，网络营销方案，网络营销技巧，网络营销培训这四个关键词，你觉得哪一个关键词最能代表用户的购买意图？

当然是第四个词，培训网站做优化，要选择的词肯定是网络营销培训，而不是网络营销，很多人会觉得网络营销这个词也比较相关，而且搜索量大，但是很多人搜索这个词不一定会参加培训，而且优化网络营销这个词的难度要远远大于网络营销培训，因为关键词越短，越核心，这个词的优化难度往往越大。网络营销培训肯定要比网络营销好优化，而且它比网络营销更加精准，更能反映用户的购买意图。

（3）与自身产品或业务相关的关键词

第三个原则是一定要与自身产品或业务相关的关键词，就好像我们是做网络营销培训的，假如用户搜市场营销培训，搜电话营销培训，虽然说用户是想参加培训，这些词也代表了用户的购买意图，但是他搜的这个培训跟网络营销不相关，所以说这类词也不能选择。

选择首页核心关键词时，要把握这三条原则。这三条原则必须同时满足，才能选择出合适的核心关键词。

4.2.3 核心关键词的选择方法

确立核心关键词选择原则后，就需要通过一些方法或工具把关键词选择出来。下面介绍几种核心关键词的选择方法。

（1）自我分析，分析自身的产品或者服务

第一个方法是自我分析，分析自身的产品或者服务。这时大家就要想想与我们产品或者服务相关的关键词有哪些，用户会怎么搜，大家不要小瞧这个，这个其实也是非常重要的，隔行如隔山，如果你去一家公司上班，对产品不熟悉，让你来想一想用户会怎么搜索这个产品，你就不知道。

例如，"推一把"是做网络营销培训的，首先要确定用户搜索关键词的几个维度，如果没做过这行，那就确定不了这个维度。"推一把"是网络营销培训，我在确定关键词时，就会想到用户会从几个维度来搜。哪几个呢？第一个会从网络营销这个维度来搜索，第二个会从网络推广这个维度来搜索，第三个会从SEO这个维度来搜索，第四个会从付费推广这个维度来搜索，第五个会从电子商务这个维度来搜索。第一步是非常关键的，如果分析不出来，就不知道用户会从哪些维度来搜索。例如，你想从电子商务来搜索，可能会把网络营销这个词遗漏了，把竞价遗漏了，所以第一步首先要分析自身的产品业务，分析用户大概会从哪几个维度来搜索我们这个产品，这个维度非常重要。

（2）分析竞争对手的网站

分析竞争对手的网站通常的做法是在百度或其他搜索引擎中输入核心关键字，然后分析相关的标题是如何写的。例如，我在天津要开一家婚庆公司，现在做了一个网站需要优化，那核心关键词不会选怎么办？一个最简单的方法是：在百度搜索"天津婚庆公司"，看排在首页的那些网站的标题怎么写的，他们的标题中放了哪几个词，把这些关键词挑选出来放到你的网站上肯定没问题。因为那些排名靠前的，做SEO比较好的网站，他们在选择关键词时都会有一些共性的原则，都会选择那些搜索量大，能够明确代表用户搜索需求的关键词。

例如，在百度中搜索"天津婚庆公司"，来看其他网站标题中包含哪几个词，如图4-3所示。

通过搜索，找出百度中前两页中排名不错的几个站。这几个网站标题中均出现了"天津婚庆公司""天津婚庆""天津婚礼策划"等。那么，我们也需要考虑选择这几个词作为核心关键词，但也需要根据自己公司的特色主题适当地融入。

（3）利用百度相关搜索词

第三种方法是利用百度相关搜索词。例如，大家搜索一个关键词，搜索"天津婚庆公司"，然后点击搜索，搜索结果的最下方有一块是百度的相关搜索，如图 4-4 所示。

出现在相关搜索这个位置的词往往是搜索量大，而且是最近搜索频率比较高的一些词，所以寻找核心关键词也可以用这个方法。

百度下拉框原理也一样。什么是百度下拉框呢，如图 4-5 所示，当我们在百度搜索"天津婚庆"，百度自动会显示下拉条提示，出现在这个位置的词也是搜索量大，而且是最近搜索频率比较高的一些词。

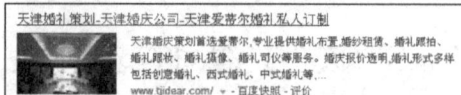
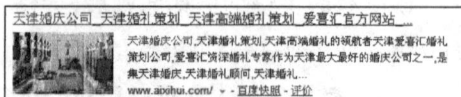
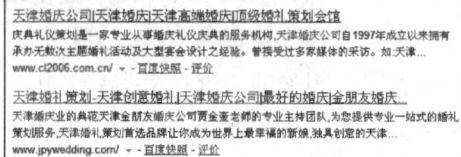

图 4-3

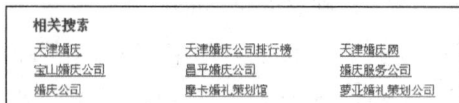

图 4-4

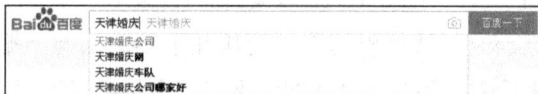

图 4-5

这些方法都是寻找核心关键词非常好的技巧。当我们确定一些核心关键词后，是不是每个词都可以作为优化对象呢？不是的，因为核心词搜索量大，竞争程度也很大，需要根据自己网站的实际情况和资源来确定选择哪些核心词作为优化对象。

（4）关键词扩展工具

最常见的还是百度关键词规划师工具，之前叫百度关键词工具。这个工具是百度官方推出的，目前是最好用，数据最准确的关键词分析工具。只要注册百度推广获得账号即可使用，而且是免费的！

如何注册呢？

第一步：打开 www2.baidu.com 网址，单击"注册"按钮，即可进行账号注册，如图 4-6 所示。注意，密码的第一个字母为大写，其他包含字母和数字。

第二步：登录后，进入产品界面。单击"搜索推广"右侧的"进入"按钮，如图 4-7 所示。

打开"便捷管理"界面，单击底部工具栏中的"关键词规划师"选项，打开"关键词规划师"界面，如图 4-8 所示。

如果我要选几个最核心的关键词，可以在这个工具的搜索框内输入"婚庆公司"，百度会推荐 1000 个与婚庆公司相关的关键词，并会根据所在地区列出日均搜索量，按照搜索量从高到低排序的顺序列出来，简单明了，如图4-9所示。

图 4-6

图 4-7

图 4-8

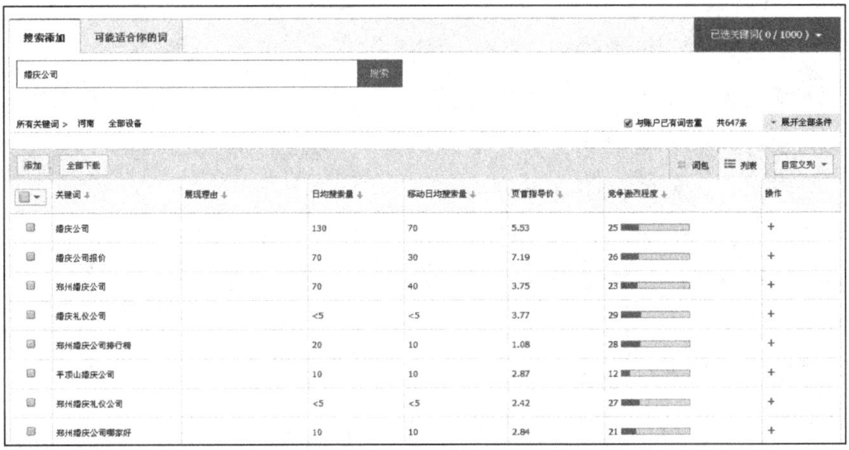

关键词	展现指出	日均搜索量	移动日均搜索量	页面指导价	竞争激烈程度	操作
婚庆公司		130	70	5.53	25	+
婚庆公司报价		70	30	7.19	26	+
郑州婚庆公司		70	40	3.75	23	+
婚庆礼仪公司		<5	<5	3.77	29	+
郑州婚庆公司排行榜		20	10	1.08	28	+
平顶山婚庆公司		10	10	2.87	12	+
郑州婚庆礼仪公司		<5	<5	2.42	27	+
郑州婚庆公司哪家好		10	10	2.84	21	+

图 4-9

这样一看我们就明白了，"婚庆公司""婚庆礼仪公司""婚庆公司排行榜"这几个词搜索量都很大，可以选为核心关键词。

另外，由于婚庆公司的业务都是以本地为主，所以在这些关键词前还要加上地区，如"天津婚庆公司""天津婚庆礼仪公司""天津婚庆公司排行榜"等。

除了这四种方法外，还可以利用一些站长工具进行挖掘，本书第10章会详细介绍。我们通过上面四种挖掘关键词的策略，选择出了几个核心关键词，如"天津婚庆公司""天津婚庆""天津婚礼策划""天津婚庆礼仪公司""天津婚庆公司排行榜"等。

当核心关键词确定后，还需要研究一下关键词的竞争程度。

选择核心关键词
的四个技巧

4.2.4　研究关键词的竞争程度

大家利用关键词工具找了很多关键词，但是不是每一个符合原则的关键词都能作为核心词优化的，为什么呢？因为有些关键词的竞争程度非常激烈（如果作为一个新网站，直接做了那些竞争程度最大的词，需要花很长的时间才能见效，如果想获得一个好的效果，建议先找一些竞争适中的关键词）。

那么，怎么判断关键词的竞争程度呢？主要分析以下几点。

（1）竞争对手网站数量

分析 SEO 竞争对手的数量。这个方法的核心是分析有多少网站在重点优化这个词，以此来判断竞争程度。具体方法是，在百度搜索想优化的关键词，如"天津婚庆公司"，观察前五页的搜索结果，如果前五页的搜索结果都是网站首页，那通常就属于竞争比较激烈的词。

如图 4-10 所示，红框中标注的均为对应网站的域名，打开网址是网站的首页。

这些网站利用首页来优化关键词"天津婚庆公司"，注意标题前面用的词是"通常属于竞争比较激烈的词"。这个词到底竞争激烈不激烈，激烈到什么程度，还要再分析一下这些网站是否做了 SEO。如果它们都做了 SEO，证明竞争激烈；如果没做 SEO，是自然排上去的，则属于竞争不激烈。

如何判断这些网站是否做了 SEO 呢？一个比较简单的方式是看它们的网站标题，如果对方网站标题里堆积大量的关键词，如"天津婚庆公司|天津婚庆策划公司|婚庆礼仪|

图 4-10

婚庆用品|婚礼策划报价"或"天津婚庆|天津婚庆公司 – ××× 创意婚礼机构"一类的，基本上可以判断这个网站是做了 SEO 的，因为不懂 SEO 的人，一般不会这么设置标题。

再给大家这么一个标准，当搜索引擎前五页首页域名的数量在 1 ~ 10 个的话，这个关键词的竞争程度是非常小的，很容易优化，可以说你直接写一个标题，这个关键词排名就马上到搜索引擎首页了。

搜索引擎前五页主域名网站数量	竞争程度
1 ~ 10 个	小
10 ~ 30 个	中
30 ~ 50 个	大

如果说前五页有 10 ~ 30 个是专门做 SEO 的首页域名，那么这个关键词的竞争程度是一般，花少量精力和时间就可以优化到搜索引擎首页。

如果你发现搜索结果前五页中有 30 ~ 50 个网站，并且全部都是专门做 SEO 的首页域名，就可以说竞争程度还是比较大的，那优化还是有一定难度的，毕竟大家的网站要做这个关键词的排名，就得把那 50 个网站都挤下去，这还是有一定难度的。这是考察关键词竞争程度的第一个方面，也是最重要的方面。

（2）搜索结果页的相关搜索数

这个方法的原理是，看百度搜索结果中你想优化的这个关键词有多少个页面，页面越多，竞争可能越激烈。例如，搜索"天津婚庆公司"，找到相关结果数约显示 208000 个，如图 4-11 所示。

也就是说，有 208,000 个网页包含了"天津婚庆公司"这个关键词，如果要优化这个关键词，就要排到 208,000 个网页的前面。

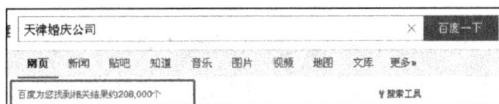

图 4-11

相关结果数	竞争程度
10 万 ~ 50 万	小
50 万 ~ 100 万	中
100 万 ~ 500 万	比较大
500 万 ~ 1000 万	大
1000 万以上	非常大

如果大家非要有一个量级，下面就给大家一个量级，如果这个数值在 10 万 ~ 50 万，说明竞争程度非常小，如果这个数值在 50 万 ~ 100 万，说明竞争程度比较适中，

如果这个数值在 100 万 ~ 500 万，说明这个关键词的竞争程度比较大，有一定的难度，如果这个数值在 500 万 ~ 1000 万，说明这个关键词的竞争程度很大，如果这个数值在 1000 万以上，这个词的竞争程度就非常大，这就是一个数值，当然，考察关键词竞争程度首先是考虑 SEO 竞争对手的数量，然后考虑搜索结果页的相关搜索数。

（3）百度搜索量（百度指数）

这个方法的原理是看你想优化的关键词每天有多少人搜索。一个关键词搜索量越大，竞争程度通常也越大，因为这样的词，优化的人多。

如何查一个词的搜索量有多大呢？可以通过百度官方推出的百度指数工具来查询。首先，打开百度指数查询工具——index.baidu.com，在输入框中输入想查询的词，然后点击"查看指数"，之后出现的页面就会显示该词历史上每一天的搜索指数，同时还能单独分析 PC 端的搜索指数和移动端的搜索指数。百度指数数值越高，说明用户搜索量越大，那么竞争程度也会很大，如图 4-12 所示。

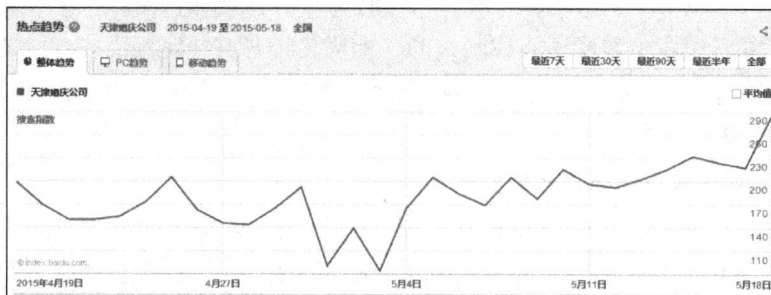

图 4-12

通过百度指数搜索"天津婚庆公司"这个词，每天搜索量在 200 左右。指数越大，说明竞争越激烈，因为大部分人都会选择指数大的词来优化，优化到搜索引擎首页后，为网站带来的流量也越大。

百度指数	竞争程度
100 以下	小
100 ~ 500	中
500 ~ 1000	比较大
1000 以上	大

如果指数在 100 以下，说明竞争程度很小；

如果指数在 100 ~ 500，说明竞争程度适中；

如果指数在 500 ~ 1000，说明竞争程度较大；

如果指数在 1000 以上，说明竞争程度很大。

对于新手或没有资源的朋友，刚开始可以选择百度指数在 500 以下，这样容易看到效果。

（4）内页排名数量

除上面 3 种分析关键词竞争程度的方法外，还有一种情况需要注意，如果排在搜索引擎第一页有很多大型知名网站的栏目页，或者专题页，这种页面实际上相当于普通网站首页。权重也比一般网站首页权重高。

综上所述，SEO 人员在选择核心关键词时，要根据以上 4 种情况分析竞争难度，见下表（以百度搜索为例）。

关键词	竞争对手	搜索结果相关数 / 万	搜索量	第 1 页内页数	竞争程度
婚庆公司	23	483	1423	4	高难度
天津婚庆公司	19	64	19	5	中等
天津婚礼策划	25	151	10	4	中等偏上
天津婚庆礼仪公司	28	253	0	2	中等偏下
天津婚庆公司排行榜	14	44	0	5	较小

注意： 刚刚介绍的 4 个方法主要针对新手。其实，判断一个词的激烈程度不止这 4 个方法和指标。但是，这 4 个方法比较容易掌握、简单可行，虽然它们的准确率不是 100%，但是总体还是蛮高的，所以对于刚学习 SEO 的人，初期能掌握这些方法就足矣。

通过上面几步，已经把核心关键词确定并进行了竞争程度分析，如果这些词能够代表用户直接的购买需求，竞争对手不超过 50 个，那么就可以优化。如果超过了 50 个，则建议先从容易的关键词着手优化。

4.2.5　确定首页核心关键词

通过关键词的选择，竞争分析，最终选择出 3 个核心词，如天津婚礼策划、天津婚庆礼仪公司、天津婚庆公司排行榜，这样既保证了有搜索量，又能兼顾优化难度。

对于新网站或没有资源的网站，前期选择搜索量大的热门词是不可取的。但是，对于有实力或有资源的网站来说，选择搜索量大的热门词是可以的，但也不能太空泛，如婚纱、摄影这样的词。

核心关键词确定后，开始围绕核心关键词设置网站标题。标题要包含核心关键词，同时围绕核心关键词再设置一些相关性强、有一定搜索量、与业务相关且精准的词。例如，推一把网站的核心关键词是"网络营销"，网站标题为"免费网络推广工具、网络营销培训、网站推广方案——推一把"。

（1）标题

标题（title）是网站的名称。每个网站的页面均有标题，并且每个页面的标题都不一样。在百度中搜索信息时，结果页中出现的大号字体即为网站的标题，如图4-13所示。

（2）标题的长度

网站标题要控制在30个汉字以内，如果标题太长，如写了60个汉字，那超出的部分在百度中无法显示，多出的字会被省略号代替，如图4-14所示。

而且标题中包含的关键词太多会分散权重。关键词越多，每个关键词分到的权重就越少，不利于关键词的排名。

图 4-13

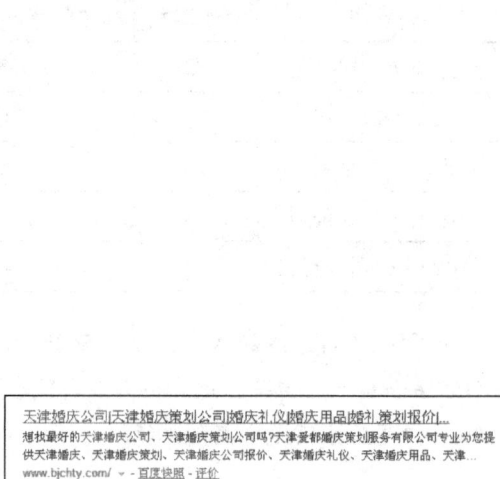

图 4-14

（3）关键词间隔符的使用

设置网站标题时，不同的关键词之间要用符号隔开，让搜索引擎和用户更好地识别网站是做什么的。常用的符号有"|""，"
"_"等。

如何确定首页标题

本节的核心要点是通过各种方法选出网站要优化的核心关键词，分析竞争程度，最终组合成为标题，放在网站首页标题中。

4.3 核心关键词布局

上一节已经把核心关键词选择出来，并且组合成标题放置在首页，接下来需要将核心关键词布局到页面的各个位置，增加相关性，这一步骤称为关键词的布局。

4.3.1　关键词布局的意义

关键词的布局简单来说就是把要优化的核心关键词合理地分布在你的网站上，并且让核心关键词出现达到一定密度，让搜索引擎认为与你的网站和用户搜索的词相关。

如图 4-15 所示，在这个网页上我们查一下"展示柜"这个关键词在其网页中出现的次数，查询方法是在网页中按 Ctrl+F 组合键，输入词"展示柜"这个关键词在网站中的数量就显示出来了。经查询得知，"展示柜"这个关键词在该页面中共出现 40 次，且分布在网页的各个位置，这个就叫作关键词布局。

图 4-15

简单说，关键词布局就是把这个关键词放在你的网站上，使它出现很多次，进行合理的布局。核心关键词可以布局到网站的标题、网站的描述、网站的导航、网站的板块、文章标题、文章内容等位置。

4.3.2　核心关键词布局的位置

页面中可以合理有效进行关键词布置的位置有以下几个：

1. 在网站首页标题中布局关键词

页面的标题中放置 3 ~ 5 个关键词为宜，太多不利于优化。因为关键词越多，相应的每个关键词分到的权重越少。例如，如果标题中放了 10 个关键词，平均每个关键词只能分到十分之一的权重，想获得排名，就难一些；如果只放置 3 个关键词，平均每个关键词可以分到三分之一的权重，获得排名就相对容易些。

设置标题关键词时，词的顺序根据重要程度依次排列，越是重点优化的词，越要放在前面。因为越靠前的词，分得的权重越高。

（1）标题中放置 3 ~ 5 个核心关键词

越重要的核心关键词，越放在标题前面，搜索引擎会根据关键词的顺序确定权重。公司名称可以简写，放在最后。

（2）标题的长度

标题要控制在 30 个汉字以内，超出部分权重很低，无法在搜索结果显示。

（3）关键词间隔符的使用

关键词与后面品牌词之间用连接符隔开。"_"，"，""I"都代表并列。

如图 4-16 所示，标题为 <title> 展示柜，展示柜定制，展柜制作 - 上海瑶海展柜有限公司 </title>，展示柜最重要的词放在最前面，30 个汉字以内，关键词之间用逗号隔开，关键词与公司名称之间用连接符隔开。

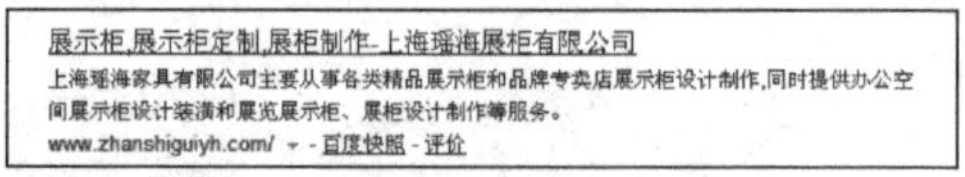

图 4-16

2. 在描述中布局关键词的原则

先给大家分享一下什么是网页的描述。描述又称为 discription，在网页的源文件中体现。具体查看方式是：在网页的空白处点击鼠标右键，点击查看源文件，标题（title）下面那行标记为 "discription" 的文字就是描述，如图 4-17 所示。

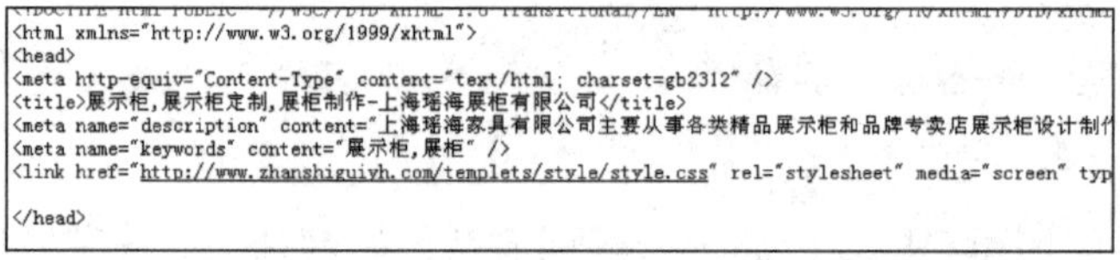

图 4-17

discription 也会出现在搜索结果页中，如在百度中搜索关键词 "展示柜"，搜索结果中标题下面的小字就是 discription，如图 4-18 所示。

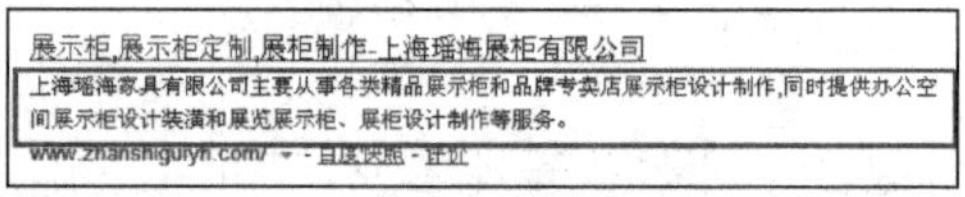

图 4-18

在描述中布局关键词时，要遵循以下原则：

① 描述是网页内容的概括，是一段连贯的话，而不是关键词的堆砌。

② 尽可能地把标题中 3 ~ 5 个核心关键词融入到描述中。

③ 建议描述的长度控制在 80 个汉字以内。

例如，图 4-18 中网站的描述为："上海瑶海家具有限公司主要从事各类精品展示柜和品牌专卖店展示柜设计制作，同时提供办公空间展示柜设计装潢和展览展示柜、展柜设计制作等服务"，基本符合要求。这是一段语意连贯的句子，出现了 4 次展示柜这个关键词，并且字数在 80 字以内。

3. 在 keywords 标签中布局关键词

keywords 的中文释义为"关键词"，这里指网页的关键词标签，其在网页的源代码中可以看到。具体查看方式是：在网页的空白处点击鼠标右键，点击查看源文件，discription 下方就是 keywords，如图 4-19 所示。

注意，这个 keywords 只能被搜索引擎看见，用户在搜索结果页是看不到的。

```
<html xmlns="http://www.w3.org/1999/xhtml">
<head>
<meta http-equiv="Content-Type" content="text/html; charset=gb2312" />
<title>展示柜,展示柜定制,展柜制作-上海瑶海展柜有限公司</title>
<meta name="description" content="上海瑶海家具有限公司主要从事各类精品展示柜和品牌专卖店展示柜设
<meta name="keywords" content="展示柜,展柜" />
<link href="http://www.zhanshiguiyh.com/templets/style/style.css" rel="stylesheet" media="screen
```

图 4-19

目前，keywords 标签对 SEO 的作用越来越小，不设置问题也不大。如果要设置，只需把标题中的 3 ~ 5 个关键词放到 keywords 标签中，各重复一次即可。

标题、描述、keywords 写好后，直接填写到后台的对应位置，即可在网站首页中显示。以 DEDECMS 为例，登录后台，选择"系统"→"系统基本参数"，在网站名称中输入标题，站点默认关键字为 keywords，站点描述中写描述的内容，如图 4-20 所示。

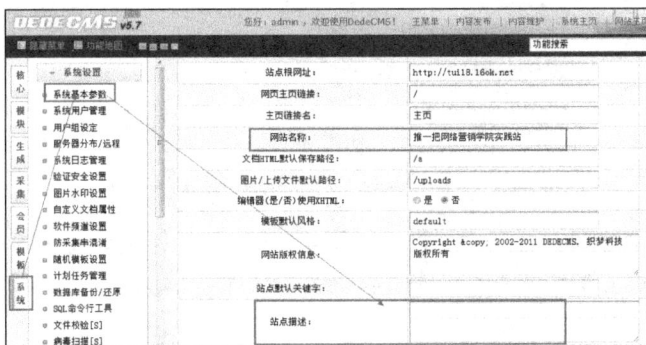

图 4-20

4. 在导航中布局关键词

网站导航是页面中权重非常高的一个位置。因为导航一般位于网页顶部，它的作用是第一时间引导网友指向他所需要的信息，每个页面都会出现；而搜索引擎看一个页面的内容，是自上而下的，网站的内容越靠上，搜索引擎越看重，所以导航的权重比较高。

在导航中布局关键词时，应该在不影响用户体验的情况下进行布置。例如，图4-21 所示的网站，其在"资讯"栏目中设置了关键词"展示柜"，使该栏目的名称变成了"展示柜资讯"，看起来很自然，没问题。

但是，如果在栏目"荣誉优势"中设置关键词，变成"展示柜荣誉优势"，就显得不伦不类了，此时就不要放。

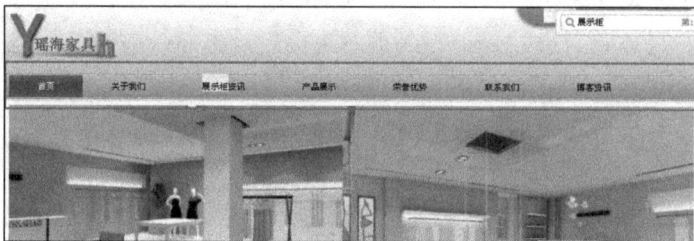

图 4-21

具体在哪里修改导航中的栏目关键词呢？其实也就是只需要修改栏目名称即可。以 DEDECMS 程序后台为例。如图 4-22 所示，登录后台，单击"核心"→"网站栏目管理"，可以显示网站的所有栏目，可以单击每个栏目后面的修改选项进行栏目的修改。

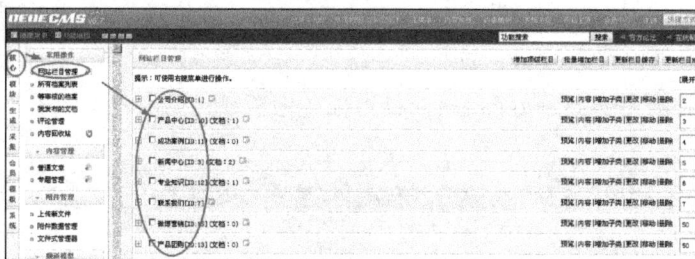

图 4-22

单击修改后，栏目设置中包括三项，分别为常规选项、高级选项和栏目内容。打开常规选项，直接修改栏目名称一栏，如图 4-23 所示，原来导航中的栏目名称为产品展示，这里可以修改为升降平台展示，这样就融入了关键词。

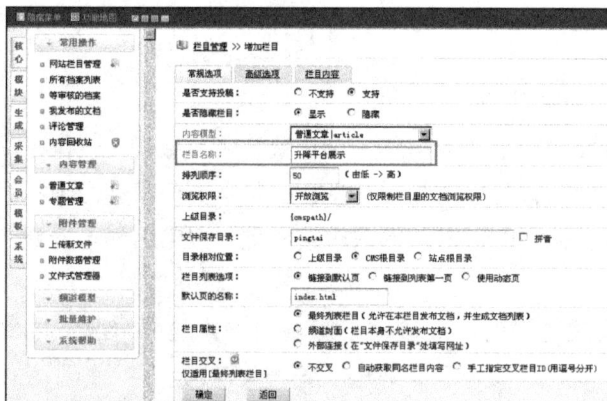

图 4-23

5. 在板块的标题和文章标题中布局关键词

一个网站的页面中会分为若干个板块，板块中也会显示若干文章标题。我们可以在这些板块名称及文章标题中布局关键字。布局时同前一条说得一样，应该以不影响用户体验为前提，但这个修改需要建站人员或技术人员配合，如图 4-24 所示。

图 4-24

6. 在底部版权和友情链接中布局关键词

网站页面的底部通常都会设置友情链接及版权信息，这个位置也是布局关键词的绝佳位置，如图 4-25 所示。

图 4-25

7. 在文章的标题和内容中布局关键词

如果想要网站有一个良好的排名，一定要不断更新，因此必须为你的企业网站开拓一个板块，专门用来更新内容，而这个板块一般叫作新闻板块，并要在首页展示。

在图 4-26 中有两个内容更新的板块：一个是展示柜新闻；一个是推荐展示柜。每个板块中有 10 篇文章，有部分文章标题中包含了展示柜这个词。也就是说，发布内容时，标题中要融入优化的核心词。

既然标题中包含了展示柜这个词，内容肯定要围绕标题来撰写，内容中也会出现展示柜这个词，如随便打开一篇文章"摊位展示柜会展设计要领"，如图 4-27 所示。

图 4-26

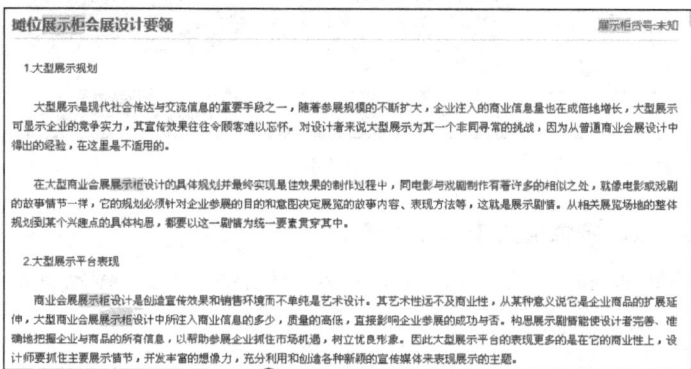

图 4-27

关键词可以在首页布局的位置大概就这么几处。总地来说，能出现文字的地方均可以布局，但要美观，不能乱堆。

4.3.3 关键词密度

另外，布局关键词时，还要注意关键词的密度，并不是越多越好（注意：关键词的密度指的是关键词在网站页面所有词汇中所占的比例）。

根据经验，关键词密度在 2% ~ 8% 是比较理想的。如果密度过大，就会被搜索引擎认为是作弊，继而影响排名，甚至被惩罚；而密度过小，搜索引擎会觉得要优化的这个关键词与网站内容相关性不高，进而不给予排名。

那么，如何检测页面关键词的密度呢？互联网上有许多这类工具，在搜索引擎搜索关键词"网页关键词密度检测"，即可找到一堆网站，这些网站的操作都大同小异，输入关键词、输入要检测的网址，之后便会出现检测结果。如图 4-28 所示，展示柜这个词在网页中的密度为 10.9%，还是稍微有点高。

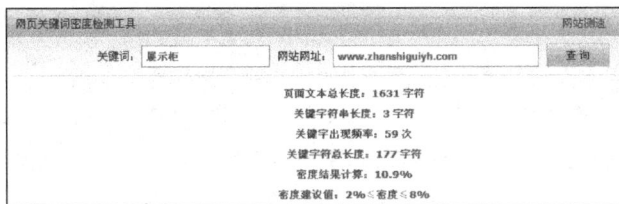

图 4-28

关键词的布局
与密度

如果关键词密度高，就需要减少关键词出现的次数；如果关键词密度小，就需要增加关键词出现的次数。

4.4 次要关键词

经过核心关键词的选择，可以扩展出成千上万个关键词，但不是说只选择出 3 ~ 5 个核心关键词就可以了，其他关键词也需要优化排名，才能为网站带来更多的流量。那就需要把其他关键词也分布到整个网站中进行优化。

一个合理的关键词分布类似金字塔形状，核心关键词位于塔尖，只有 3 ~ 5 个，通过网站首页进行优化。我们已经选出并确定了首页标题。

接下来详细讲解次要关键词和长尾关键词的优化。

4.4.1 什么是次要关键词

次要关键词是介于核心关键词和长尾关键词之间的一类词。次要关键词的搜索量也很大，次于核心关键词，也能带来很多流量。

例如，"推一把"是网络营销网站，首页选择的核心词为网络营销、网络推广，那么软文营销、微信营销、微博营销等词对于"推一把"来说，就是次要关键词。

如图 4-29 所示，"推一把"网站的核心词为网络营销、网络推广，次要关键词为 SEO、网站推广、邮件营销、微信营销、微博营销、软文营销等。

次要关键词需要根据核心关键词来确定，如果你的业务本来就是微信营销，那么核心关键词就是微信营销，次要关键词就是根据微信营销扩展出来的词。

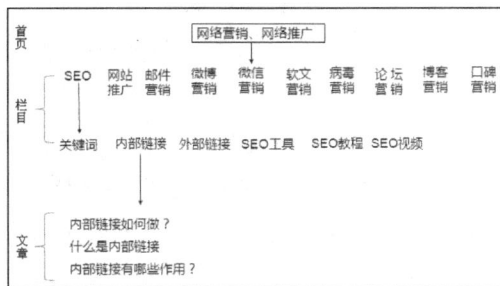

图 4-29

4.4.2　次要关键词的分布

次要关键词位于塔中位置，一般有几十上百个甚至更多，通过网站频道页面或栏目页进行优化。那就需要把意义最相关的 2 ~ 3 个词放在一起组成一个标题。

"推一把"网站要优化的次要关键词非常多，如微信营销、微博营销、软文营销、SEO 优化、数据库营销、电子书营销、百度知道营销、百度百科营销等大量次要关键词，还可以根据这些次要关键词进一步细分，如微信营销方案、微信教程、微信营销工具、微信营销专家等。"推一把"网站通过挖掘工具挖掘出大量关键词，并且对关键词进行分类（核心关键词、次要关键词、长尾关键词），把相关的次要关键词放在一组，布局到对应的网页标题中。

如图 4-30 所示，"推一把"网站导航和子导航中包含很多栏目，如品牌营销、口碑营销、病毒营销、论坛营销，这些都是网络营销下的子栏目。

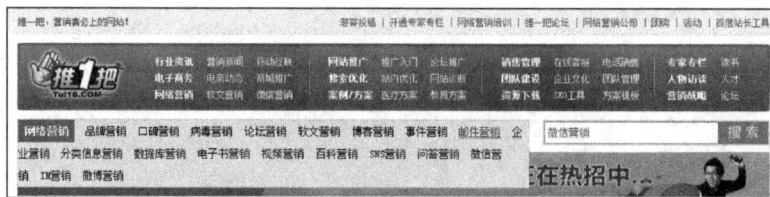

图 4-30

打开病毒营销栏目，标题为 <title> 病毒式营销 _ 研究病毒营销特点 – 推一把 </title>，如图 4-31 所示，病毒营销、病毒营销特点这两个词为一组标题。

图 4-31

在百度中搜索病毒营销，排名在百度前面，如图 4-32 所示。

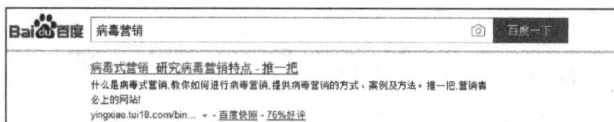

图 4-32

这是次要关键词的分布，主要分布在各个栏目页面标题，如果没有对应的栏目页，就需要增加新栏目页。将次要关键词挖掘并分类完成后，直接在后台设置即可。

这里以 DEDECMS 程序为例，演示在后台如何设置栏目页标题。

如图 4-33 所示，登录 DEDECMS 后台，点击"核心"→"栏目管理"，选中"栏目"→"修改",出现栏目设置窗口。点击"高级选项",如图 4-34 所示,下面有三项,分别为 SEO 标题、关键字和栏目描述。

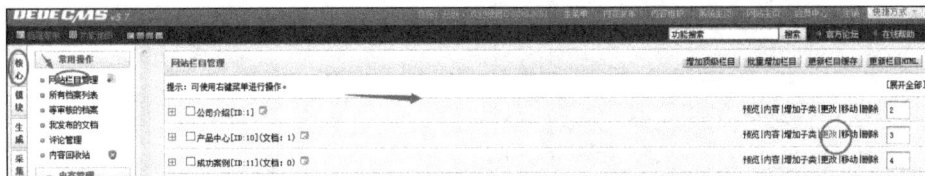

图 4-33

把每个栏目的标题写好后(包含次要关键词),一个一个复制到对应的栏目 SEO 标题中,这样每个栏目页面的标题就会在网站中显示了。

这里还需要修改一个代码,即栏目标题调用代码。在图 4-34 中,SEO 标题项后面有一段话为"(栏目模板里用 {dede:field. seotitle /} 调用)"。也就是说,需要在栏目模板中的标题调用这段代码,才能显示我们填写在这里的标题。

如何设置呢?如图 4-35 所示,连接程序所在空间的 FTP,找到 templets 文件夹,打开 default 文件夹。Index.htm 是首页模板、list_article.htm 是栏目页模板,article_article.htm 是文章页模板,现在我们需要修改栏目页模板。

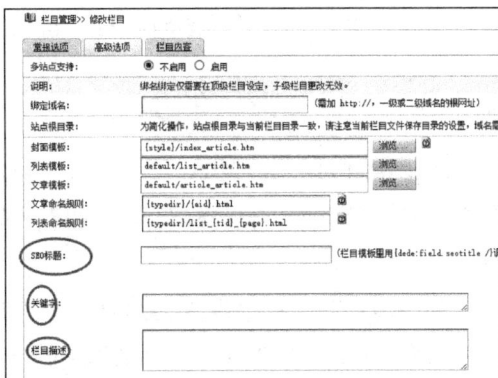

图 4-34

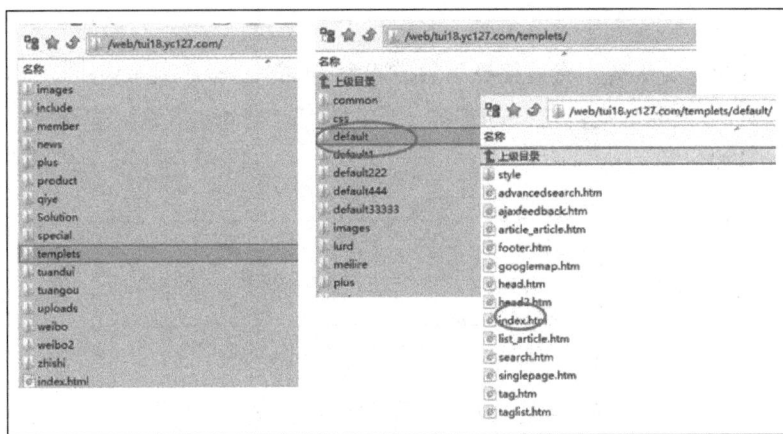

图 4-35

接下来下载 list_article.htm 文件到电脑本地,用代码编辑器打开,如图 4-36 所示。

把 title 用代码 {dede:field.seotitle /} 调用即可，如图 4-37 所示。

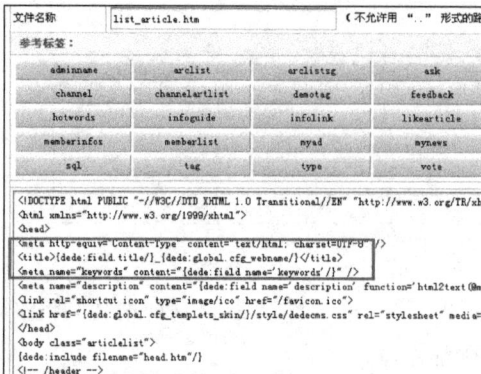

图 4-36

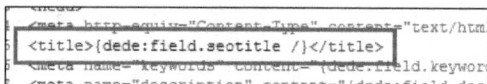

图 4-37

这样，每个栏目只要把 SEO 标题写入次要关键词，即可在网页中显示。

4.4.3 次要关键词的优化

前面提到过，首页优化主要是设置核心关键词，撰写描述。那么，次要关键词优化也一样，每个栏目页的标题需要设置，描述需要撰写，也需要优化排名。

具体优化步骤如下。

第一步：确定栏目次要关键词。

按照 4.4.2 节把 2 ~ 3 个意义相关的次要关键词组合成标题分布到不同栏目页。

第二步：撰写描述。

针对次要关键词撰写栏目描述。每个页面的描述都需要根据该页面的主题来撰写描述。

如图 4-38 所示，围绕病毒营销撰写的描述为 <meta name="description" content="什么是病毒式营销，教你如何进行病毒营销，提供病毒营销的方式、案例及方法。推一把，营销者必上的网站！" />。

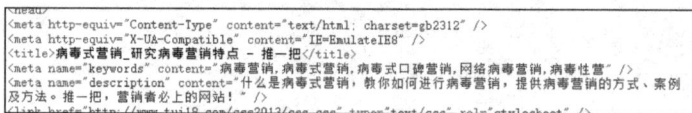

图 4-38

第三步：在网站中发布文章时，如果文章中出现了病毒营销、病毒性营销关键词，将关键词链接到病毒营销的栏目页，提升该页面关键词的排名，其他次要关键词方法一样。

第四步：为重要优化的栏目发外链。

4.5 长尾关键词

这里首先提一下长尾理论。长尾理论是由美国《连线》杂志主编克里斯·安德森（Chris Anderson）根据对亚马逊网、Google 及国外的其他一些书籍音像网站的数据分析得出的一种理论。所谓的长尾理论，是指当商品储存流通展示的场地和渠道足够宽广，商品生产成本急剧下降，以至于个人都可以进行生产，并且商品的销售成本急剧降低时，几乎任何以前看似需求极低的产品，只要有卖，都会有人买。这些需求和销量不高的产品占据的共同市场份额，可以和主流产品的市场份额相比，甚至更大。

在 SEO 中，我们也常使用长尾理论，常见的就是长尾关键词了。下面具体介绍长尾关键词的概念以及长尾关键词的优化。

4.5.1 什么是长尾关键词

长尾关键词是网站上的非核心关键词和次要关键词，但也可以带来搜索流量的关键词，通常是核心关键词、次要关键词的扩展词。

长尾关键词具有以下特征：

① 比较长，往往由 2 ~ 3 个词组成，含有疑问词。

② 存在于内容页面，除了内容页的标题，还存在于内容中。

③ 搜索量非常少，并且不稳定，但搜索用户精准。

④ 存在于大量长尾关键词的大中型网站，其带来的总流量非常大。

例如，3 个人分别搜索 3 个关键词，婚纱、婚纱照、北京婚纱照哪家好。搜索北京婚纱照哪家好的人比搜索婚纱的人成为客户的概率高很多。因为他是在找具体的服务，而搜索婚纱的人想要找的信息到底是什么就很难讲了。

例如，北京婚纱照哪家好，北京婚纱摄影工作室哪家好，北京婚纱摄影哪家好等这些都属于婚纱的细分和拓展词，虽然搜索量少，但客户精准，成交概率高。

4.5.2 长尾关键词的优化

（1）利用长尾词撰写标题。如图 4-39 所示，长尾关键词是"怎么减肥不反弹"，写成标题为"怎么减肥最快不反弹 怎样减肥最快而又健康不反弹"。

（2）长尾关键词在整篇文章中出现多于 3 次，尽量在文章开头、中间、结尾或每段中均出现，第一次出现需加粗，如图 4-40 所示。

（3）图文并茂、排版整齐，不仅为了优化，更需要让内容对用户有价值、有帮助，阅读体验要好。现在搜索引擎更重视内容对用户是否有帮助，用户体验是否愉悦。

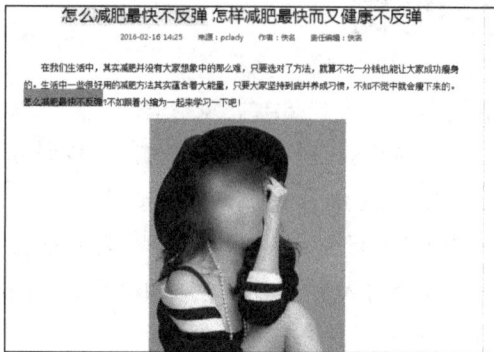

图 4-39

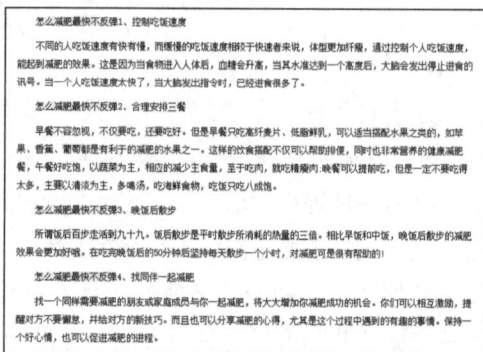

图 4-40

（4）做好站内相关模块内部链接。

如图 4-41 所示，文章底部右侧有推荐相关文章，给予相关文章更多的展现机会，增加阅读量，这样利于提升文章页面的排名。

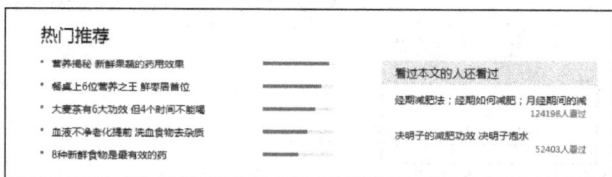

图 4-41

长尾关键词优化技巧

长尾关键词的优化步骤比较简单，具体内容如何撰写，本书第 5 章内容策略章节会详细讲解。

4.6 预估流量及价值

正规公司关键词研究的最后一步是预估搜索流量及价值。那么，怎么才能预估流量呢？

4.6.1 确定目标排名

预估搜索流量，首先需要根据前面得到的关键词竞争指数及公司本身的人员、资金投入，预计网站关键词可以获得什么样的排名。

关键词研究的所有核心关键词及扩展关键词都应该有预计排名位置。预估流量不可能精确的第一个原因是：预计与个人经验、团队决心有很大关系。

预估流量时不可能按照所有关键词都达成预期排名计算，只要完成 30% ~ 50% 就已经不错了。

4.6.2　预估流量

预估流量要有三组数据：关键词搜索量，关键词预计排名。搜索结果页面各排名位置的点击率，如图 4-42 所示。

域名	关键词	搜索量(指数)	评估流量	7月第一周	7月第二周	7月第三周	7月第四周	8月第一周	8月第二周	8月第三周	8月第四周
	湖南管道疏通										
	长沙管道清淤										
	湖南管道疏通公司										
	湖南管道疏通										
	长沙管道清淤										
	疏通管道工程										
	湖南管道清淤										
	湖南管道清理										
	长沙疏通管道										
	湖南疏通管道										
	长沙管道疏通										
	市政管道清淤										
	下水道清理										
	管道疏通										
	河涌清理										
预计流量											

图 4-42

（1）搜索量。关键词搜索量很可能不准确。一个矫正搜索次数的方法是：找出自己网站上已经有不错排名的关键词，列出现有排名位置及对应的真实搜索流量。

（2）排名位置。排名位置不同，点击率不同。

（3）预估流量价值。流量并不是目标，订单和赢利才是目标。搜索流量转化率不一定等于网站平均转化率。

4.7　关键词趋势洞察

关键词的趋势判断能力需要对这个行业有极深的了解，并判断它未来的发展方向是怎样的，这种情况一般体现在新型行业。举例说明，当 SEO 在中国刚萌芽时，能想到 SEO 行业这么火的人又有几个呢？从那些趋势需求来看，当用户第一次在搜索引擎上敲下 SEO 这个词时，相关搜索或者是下拉框都没有任何相关的信息，这时你判断未来出现在下拉框或者出现在相关搜索里的第一个词将会是什么。

这个词就是"SEO 是什么",当一个新的东西刚出来时,人们一定想了解是什么意思。如果你能判断这个趋势,你未雨绸缪先把"SEO 是什么"布局到你的网站上,你就领先对手一步,还有什么不能赢的呢?你选择对了关键词的趋势,就赢在了起跑线上,而这种没有竞争的词,做起来是那么容易,又抓住了最大的用户需求,真的是想不赢都不行啊。

但趋势是会变的,这时我们还需要有超前的眼光看到这个变化,再以 SEO 行业为例。随着 SEO 行业日趋成熟,就连各大城市的 SEO 都出来了。但我们需要判断的是除 SEO 外最大的用户群体需求,记得 SEO 是什么这个关键词从出来到 2008 年才慢慢退出历史舞台。这时最大的需求就变成 SEO 工具,因为当 SEO 发展很多年后,大家对 SEO 日渐了解。内行 SEO 人员最大的需求就是 SEO 工具。只有小白用户才会搜索 SEO 是什么,但这时小白用户群体不是最大的用户群体,也不是最大的需求。如果你能在趋势来临前先把我们的棋子布局进去,然后就直接坐收渔人之利。

再给大家讲一个传统行业的案例,记得有一个做名片设计的。它首先在网站上打出免费设计名片,抛出免费的概念,其实在互联网上这么开放的市场很多东西都是会免费的,包括很多服务也是免费的,就看谁会在正确的时间、正确地做这件事,谁就会赢。

其实,判断关键词的趋势关键点就是看你对行业的把握,如果你行业把握正确了,那么代表着趋势的关键词也自然会浮现在你脑中,这时你想不赢都难了。SEO 一定要跟行业结合,才能发挥出巨大的价值。大家不能只盯着 SEO 行业本身。这是一个重用户体验的时代,体验来自于你对行业的了解。

实战案例　中式设计公司关键词分析

这是一位学员负责的企业网站,名叫紫云轩中式设计,下面是对一些关键词选取方面的建议。

一、背景介绍

作为国内中式装修设计行业的品牌设计公司,紫云轩中式设计机构自 2005 年 7 月创办以来,一直以服务喜欢中式的广大业主,设计美好中式家居为己任,凭借其对中式文化的透彻领悟和专业的中式设计团队,获得了广大客户的一致认可和支持。作为立足北京、发展全国的国内专业中式设计机构,自成立以来,总部设计中心一直是全国各分公司发展的基础。目前,总部设计中心主要由华北设计中心和高端设计组设计团队组成。图 4-43 为该网站的首页截图。

图 4-43

随着互联网的发展，通过搜索引擎搜索装修公司和装修常识的用户越来越多，如何通过搜索引擎带来精准的用户更加重要和紧迫。刚开始，网站选择搜索引擎付费推广作为获取用户的主要方式，但搜索引擎付费推广费用不断上升，导致客户咨询量下降，投入产出比降低，这时企业开始重视 SEO，通过对网站优化获得用户。

二、优化目标

紫云轩中式设计机构要打造成国内知名的中式装修设计行业的品牌设计公司，从而通过网站平台来加强企业品牌的影响力，并加深网民和用户对企业品牌的认可。

那么，为了能充分地让用户了解到企业的信息及品牌的认知影响力，就要让企业网站经常出现在各大搜索引擎的搜索结果前面，想将每个搜索相关信息的用户都吸引到自己的网站上，就要丰富网站的内容和满足用户的需求，进而增强用户对企业的了解和认可。

如何能让网站在搜索引擎中的表现更突出，让搜索的用户更容易地发现网站，就需要对网站进行全面、有效的优化，让搜索引擎对网站的网页收录增多。通过对关键词详细的分析和定位，将关键词有效合理地布局在各页面中，从而提高了关键词的排名。

三、关键词定位分析

1. 指数分析

由图 4-44 可以看出，中式装修是一个相对热门的关键词，竞争也比较大，所以企业网站的关键词定位在企业产品的关键词和热门的关键词、热门关键词所衍生的长尾关键词，有效的长尾关键词能为企业带来有效的转化率和流量。图 4-44 中的数据来源于百度指数。

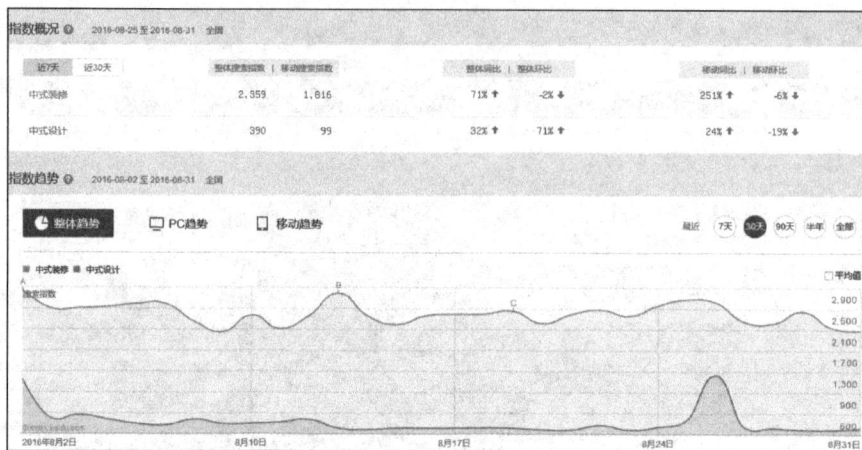

图 4-44

2. 关键词定位

前面讲过，关键词分为核心关键词、次要关键词和长尾关键词三类。核心关键词是经过关键词分析确定下来的网站"主打"关键词，通俗地讲，是指网站产品和服务的目标客户可能用来搜索的关键词。次要关键词是核心词的扩展词，它的重要程度仅次于核心词。长尾关键词是网站上非核心关键词和次要关键词，但也可以带来搜索流量的关键词。

该网站主要提供的是中式设计和中式装修等服务，那么，针对企业和网站的内容设定的核心关键词为中式设计、中式装修、中式风格等。

为了给网站增加流量，提高转化率，还需要挖掘次要关键词和长尾关键词。下面筛选设定了有效的次要关键词组合。

（1）产品＋中式装修：住宅中式装修、别墅中式装修、复式中式装修、四合院中式装修、茶楼中式装修、茶馆中式装修、酒店中式装修。

（2）产品＋设计：住宅中式设计、别墅中式设计、复式中式设计、四合院中式设计、茶楼中式设计、茶馆中式设计、酒店中式设计。

（3）产品＋装修效果图：住宅中式装修效果图、别墅中式装修效果图、复式中式装修效果图、四合院中式装修效果图、茶楼中式装修效果图、茶馆中式装修效果图、酒店中式装修设计。

（4）产品＋案例：住宅中式装修案例、别墅中式装修案例、复式中式装修案例。

（5）地区＋产品：武汉中式装修、太原中式装修、天津中式装修。

长尾关键词组合如下。

（1）产品＋哪家好：住宅中式装修哪家好、住宅中式装修哪里好等。

（2）装修常识、选材常识等大量的长尾关键词。

分布到各个页面中的效果如下。

首页标题：<title> 中式设计 _ 中式装修 _ 中式风格 _ 紫云轩中式装修设计机构 </title>。

产品栏目页标题：<title> 中式茶楼装修_茶馆装修_中式茶楼设计_茶楼中式装修效果图－紫云轩中式设计机构 </title>。

地区栏目页标题：<title> 天津中式装修 _ 天津酒店装修 _ 天津茶楼装修 </title>。

文章页标题：<title> 中式装修家居的木门的正确选择方案－紫云轩中式装修设计机构 </title>。

此案例主要针对三类关键词进行分析，将分析组合后的关键词分布到首页、栏目页、文章页的标题中，进而开始优化。

四、效果分析与总结

网站关键词排名展示如图 4-45 所示。（注：图 4-45 来源于爱站权重查询。）

关键字	排名	(PC)搜索量	收录量	网页标题	导出Excel + 添加新词
会所中式装修	第1位	98	3400000	中式设计_中式装修_中式风格_紫云轩中式装修设计...	
紫云轩	第1位	92	774000	中式设计_中式装修_中式风格_紫云轩中式装修设计...	
中式家装设计	第1位	74	9880000	中式设计_中式装修_中式风格_紫云轩中式装修设计...	
北京紫云轩	第1位	<10	395000	中式设计_中式装修_中式风格_紫云轩中式装修设计...	
中式设计	第2位	286	7300000	中式设计_中式装修_中式风格_紫云轩中式装修设计...	
中式装修	第3位	533	8220000	中式设计_中式装修_中式风格_紫云轩中式装修设计...	
茶楼装修	第3位	132	1720000	中式茶楼装修,茶馆装修,中式茶楼设计,茶楼中式装修...	
中式风格装修	第3位	77	3680000	中式设计_中式装修_中式风格_紫云轩中式装修设计...	
中式装饰	第3位	65	9920000	中式设计_中式装修_中式风格_紫云轩中式装修设计...	
会所装修设计	第4位	118	4010000	会所中式装修,会所中式设计,会所中式装修设计图片	
茶馆装修设计	第4位	78	1090000	茶楼中式装修,茶楼中式设计,茶楼中式装修设计图片	
中式古典装修风格	第4位	<10	1500000	中式设计_中式装修_中式风格_紫云轩中式装修设计...	
家庭中式装修	第4位	<10	1250000	中式设计_中式装修_中式风格_紫云轩中式装修设计...	
中式	第5位	188	74100000	中式设计_中式装修_中式风格_紫云轩中式装修设计...	

图 4-45

该学员对网站关键词进行了选择和优化，优化效果非常明显。据了解，经过优化工作后，整站关键词排名数量得到很大提升，达到 300 多个，流量提升 300% 以上，同时收录也大幅度增加，有效地提升了转化率，为企业带来更多的利润；同时，企业品牌的覆盖率和认知度也得到非常明显的提高，通过 SEO 优化，大大提高用户对品牌的认可和知名度。

本章小结

关键词是 SEO 的重中之重，关键词选择得不对，技术再牛，花费的时间精力再多，都可能事倍功半。因此，掌握核心关键词的选择、掌握次要关键词和长尾关键词的分布对 SEO 人员来说至关重要。

实训　核心关键词的选择与布局

【实训目的】

根据所学内容，学会如何在众多关键词中选出用户搜索量最大、最能代表用户需求的 3 ～ 5 个词作为网站的核心关键词，学会核心关键词的布局。

【实训要求】

1. 了解用户搜索需求。

2. 掌握关键词的布局。

【实训内容】

1. 写出 10 个用户会搜索你的产品的关键词：_____、_____、_____、_____、_____、_____、_____、_____、_____、_____。

2. 根据所讲内容确定 3 个核心关键词：_____、_____、_____。

3. 确定出标题，标题字数为 30 个汉字。

_____

4. 将核心关键词中难度最大的词在网站中进行合理布局，密度在 2% ～ 8%。写出你将核心关键词布局在哪些位置。

（1）_____

（2）_____

（3）_____

（4）_____

（5）_____

（6）_____

（7）_____

（8）_____

第5章

内容策略

　　搜索引擎的价值在于给用户提供一种方便、快捷、准确的网络信息服务。怎么才能让用户经常使用搜索引擎呢？很简单，让用户对搜索的结果满意，也就是所谓的搜索体验。只有搜索体验好了，用户才会经常使用搜索引擎。总结成一句话，就是"为用户提供最精准的优质内容"。而搜索引擎所谓的规则和算法，也一定是围绕这条核心思想设计的。因此，良好的内容建设对网站排名非常重要。本章讨论内容建设有哪些标准，什么样的内容更容易被搜索引擎收录等。

学习目标

　　≫　了解内容建设原则
　　≫　掌握内容质量衡量标准
　　≫　掌握原创文章写作技巧
　　≫　了解内容更新频率对 SEO 的重要性

5.1 内容建设的原则

5.1.1 什么是内容

内容就是在网站上有用户想要的信息，它不仅仅是文字，甚至只是一个小图片。对于一个视频网站来说，视频就是内容；对于购物网站来说，商品就是内容；对于设计网站来说，风格设计图片就是内容等。内容不一定等同于文字。只不过对 SEO 人员来说，更加喜爱的是文字内容，因为搜索引擎能很好地识别文字。

5.1.2 内容建设的原则

（1）网站内容建设以服务网站核心价值为主，提供给搜索引擎收录的也应该是对自己核心价值有帮助的内容。内容建设要符合网站的主题，如你的网站是一个 IT 新闻网站，就不要放一堆美女图片，除了浪费服务器资源外，对网站的核心价值不会有任何帮助，看美女图片的人，不会对 IT 新闻感兴趣。

（2）网站的内容应该是面向用户的，搜索引擎只是网站的一个普通访客，提供符合用户需求的原创内容至关重要。

（3）资源较丰富的内容，可以以专题等更丰富的内容组织形式提供给用户，让用户以最低的成本获取所有需要的信息。

（4）禁止采集作弊或发布违规信息。管理好 Web 2.0 等用户产生内容的产品，如果被作弊者利用，可能会影响整个站点的权重。

5.2 内容质量衡量标准

百度官方曾经发布过《百度搜索引擎网页质量白皮书》，其中提到"百度搜索引擎评价网页内容质量主要看其主体内容的好坏，以及主体内容是否可以让用户满意"。

不同类型网页的主体内容不同，搜索引擎判断不同网页的内容价值时，需要关注的点也有区别，如：

- 首页：导航链接和推荐内容是否清晰、有效。
- 文章页：能否提供清晰完整的内容，图文并茂更佳。
- 商品页：是否提供了完整真实的商品信息和有效的购买入口。
- 问答页：是否提供了有参考价值的答案。

内容质量衡量
标准

- 下载页：是否提供下载入口，是否有权限限制，资源是否有效。
- 文档页：是否可供用户阅读，是否有权限限制。
- 搜索结果页：搜索出的结果是否与标题相关。

搜索引擎考量网页内容质量的维度非常多，最重要的是：成本、内容完整、信息真实有效以及安全。下面举例感受一下百度搜索引擎是如何对网页的内容质量进行分类的，请站长对比自己站点的页面，站在搜索引擎和用户的角度为自己打分。

5.2.1 内容质量好

百度搜索引擎认为内容质量好的网页，花费了较多时间和精力编辑，倾注了编者的经验和专业知识；内容清晰、完整且丰富；资源有效且优质；信息真实有效；安全无毒；不含任何作弊行为和意图，对用户有较强的正收益。对这部分网页，百度搜索引擎会提高其展现在用户面前的概率。例如：

- 专业医疗机构发布的内容丰富的医疗专题页面；如图 5-1 所示，编者花费了较多的时间和精力进行编辑。
- 资深工程师发布的完整解决某个技术问题的专业文章。
- 专业视频网站上，播放清晰流畅的正版电影或影视全集页面。
- 知名 B2C 网站上，一个完整有效的商品购买页。
- 权威新闻站原创或经过编辑整理的热点新闻报道。
- 经过网友认真编辑，内容丰富的词条。
- 问答网站内，回答的内容可以完美解决提问者的问题。

内容质量好与坏的区别

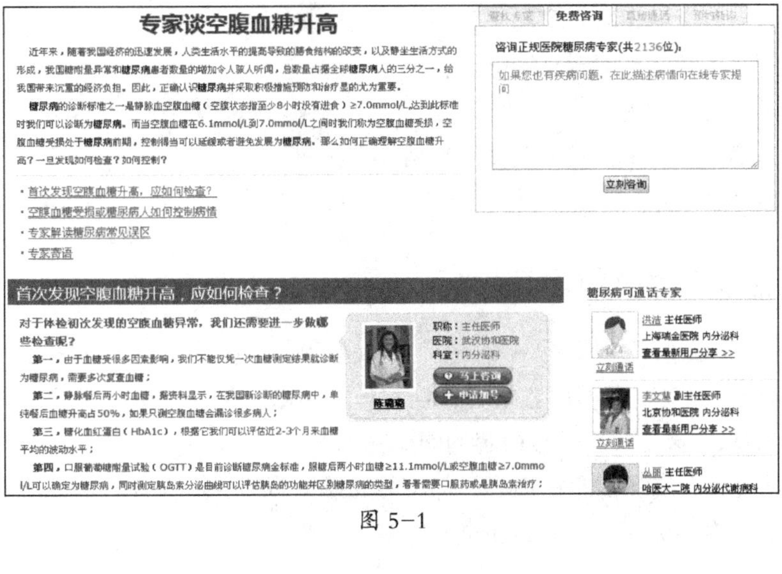

图 5-1

5.2.2　内容质量中等

内容质量中等的网页往往能满足用户需求，但未花费较多时间和精力进行编辑制作，不能体现出编者的经验和专业知识；内容完整，但并不丰富；资源有效，但质量欠佳；信息虽真实有效，但属采集得来；安全无毒；不含作弊行为和意图。在互联网中，中等质量的网页其实是一个比较大的数量集合，种类、面貌繁杂多样。百度搜索引擎评价这类网页时还要考虑其他非常多的因素。这里仅举部分例子让大家感受一下：

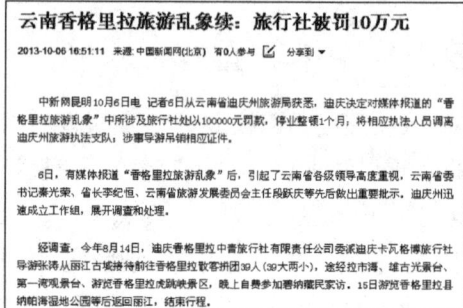

图 5-2

- 论坛类网站里一个普通的帖子。
- 一个普通的问答网页。
- 没有进行任何编辑，直接转载其他网站的新闻，如图 5-2 所示。
- 无版权信息的普通电影播放页。
- 采集知名小说网站的盗版小说页。

5.2.3　内容质量差

百度搜索引擎认为主体内容信息量较少，或无有效信息、信息失效过期的都属于内容质量差的网页，对用户没有什么实质性的帮助，应该减少其展现的机会。同时，如果一个网站内该类网页的占比过大，也会影响百度搜索引擎对站点的评级，UGC 网站、电商网站、黄页网站要尤其重视对过期、失效网页的管理。例如：

- 已下架的商品页，或已过期的团购页。
- 已过有效期的招聘、交易页面。
- 资源已失效，如视频已删除、软件下载后无法使用等。
- 论坛灌水帖、水帖及无意义回复帖，如图 5-3 所示。

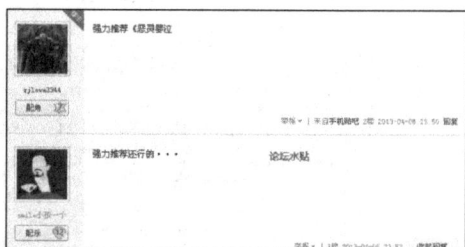

图 5-3

5.2.4　没有内容质量可言

没有内容质量可言的网页是指那些制作成本很低，粗制滥造；从别处采集来的内容未经最起码的编辑整理即放置线上；挂木马等病毒；含有作弊行为或意图；完全不能满足用户需求，甚至含有欺骗内容的网页。例如：

- 内容空短，有很少量的内容，却不能支撑页面的主要意图，如图 5-4 所示。
- 问答页有问无答，或回答完全不能解决问题。

- 站内搜索结果页，但没有给出相关信息。

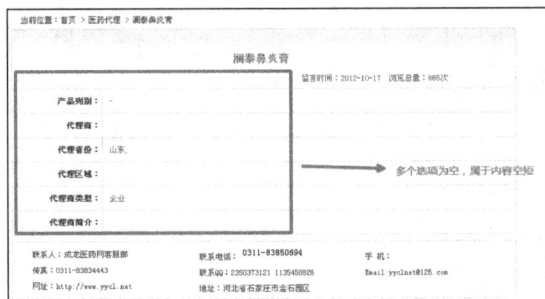

图 5-4

除上述网页外，欺骗用户和搜索引擎的网页在无内容质量可言集合里占很高比例。百度搜索引擎对作弊网页的定义是：不以满足用户需求为目的，通过不正当手段欺骗用户和搜索引擎，从而获利的网页。目前，互联网上这部分网页还属少数，但作弊网页的价值是负面的，对用户的伤害非常大，对这类网页，搜索引擎持坚决打击态度。图5-5所示为刻意堆积关键词作弊。

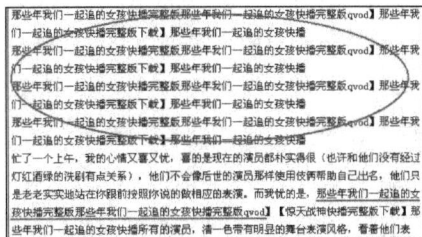

图 5-5

5.3 内容的制作

如何制作内容，才能让搜索引擎更好地收录和获得排名呢？本书4.5节中讲过长尾关键词的优化其实也提到了内容的优化技巧。本章节只讲内容制作策略。

5.3.1 如何制作原创内容

一般原创内容主要指一手的，并且从未发表过的内容。原创内容是最受搜索引擎欢迎的，写原创内容让很多人感觉是一件很困难的事情。

1. 搜索引擎认为的原创文章是什么样的

① 原创文章应该是自己写的，文章里面有你自己的思想和语法，一定不是整篇赤裸裸的复制和粘贴。

② 原创文章应该是网络中未曾出现的观点或者看法，或者对原来的观点和看法赋予了不同的理解。

③ 原创文章可以引用别人的内容，优秀的观点和词句必然会被引用，否则，何以有举例和引用一说。

④ 原创文章应该具有一定的可读性，若通篇是风马牛不相及的词语和句子的搭配，绝不会是搜索引擎的原创定义。

⑤ 自己写出的一定是原创文章，因为不会有人和你的思路完全相同，也不会有人和你的组词、断句结构完全相同。

2. 制作原创内容三大原则

（1）重点突出，主次分明

很多人写不好文章的原因大部分是没有明确一个主题，也就是此篇文章没有重点。有些文章还会每段出现一个主题，造成一篇文章书写多个主题，这样很多用户看了也不明就理的。写文章的目的就是为了与读者分享自己的点点滴滴，喜怒哀乐。只有真心换真心，才能得到读者的爱戴。不管你最初的目的是什么，即使你想用文章来得到读者的认同，就要站在读者的角度去思考。你喜欢看一篇语无伦次，连重点是什么都不知道的文章吗？你喜欢看该分段的不分段，不该分段又分段的文章吗？所以，一篇文章的重点一定要鲜明突出，这样才能使读者更容易理解文中的意思，清晰分明的段落有利于读者的阅读速度，谁也不喜欢一段文章读起来，平常用三分钟，今天居然用十五分钟，甚至更长时间，你有这时间，读者可没有。

（2）追求真实，摒弃虚假

很多人写文章的目的是引流量。用虚假的文章内容博得用户的喜欢，这种文章一次两次用户还喜欢，但是看多了，会让用户产生一个心理，那就是这个网站的文章怎么都这样？每篇文章都像编故事似的。一点真实性都没有。所以，写文章内容时，特别要注重的是内容的真实性，即使你不能保证全文都是真实的，那么90%真实的再加上一些修饰词语之类的，这样用户也会乐意接受的，因为只有这样的分配比例，才能使得一篇文章不会那么虚假，也不会那么枯燥无味。

在适当的地方加适当的夸张可以有。但是范围不要超过5%的比例，超出5%文章就没有说服力了。如果用户看了觉得是在看微小说或者故事，那么你的推广式销售的目的肯定达不到。一个缺乏真实感的文章，不会得到读者的拥护的，毕竟读者浏览文章时，心里只有一个概念，那就是希望可以通过此文章寻找到自己想要的东西，一篇不能帮助读者解决问题的文章，毫无作用可言，迟早会被读者遗忘。

（3）给文章内容注入灵魂

一篇好文章具备的画龙点睛作用是不可忽视的。不是说只要把自己的心得经验写出来就可以了，还要看此篇文章用户是否能读得懂？用户读起文章来会不会感到生硬。一篇文章最重要的是细节的描写，因为读者不是写文章的作者，不可能靠猜就能猜出作者写这篇文章的用意。只能按文章中出现的文字进行整理分析，得出大概的知识点。所以，写文章时，更要注重的是细节的描写，这可以让用户更轻松地理解到作者的用意，而作者也不是一味地使用一些很难理解或者根本无法理解的内容进行写作。这样会使你失去应有的读者，也使得文章少了栩栩如生的色彩。

3. 如何写原创内容

既然是原创内容，就需要自己每天写一些关于产品的文章或经验型文章，分享经验是最吸引用户的，如你是卖家具的，很多用户就很关注如何挑选家具，家具如何保养等经验和技巧。但自己写的话，也需要有素材可写。下面讲3个找素材的方法：

（1）新闻提取法

在互联网待久的朋友都知道新闻是一个十分具有时效性的资讯，作为一位站长，如果能够很好地利用新闻去写文章，带来的流量还是挺可观的。新闻提取就是当某一个事件出来时，我们可以去抓取某一个小细节来做深度剖析，例如，我除了看新闻了解某个事件之外，会把更多的精力用来看人们对此事的评论；因为我觉得这样的文章十分具有可阅读性，新闻只是了解某个事件的发生，所以停留在上面的时间比较短，如果这时你的新闻深度剖析能够第一时间出现，那对你网站权重、流量等都是一个提升。

提示：每个行业都有相关新闻，所以请保持新闻文章和你网站内容的相关性。

（2）论坛精华版

论坛是一个互动性比较强的交流场所，很多人喜欢去那里分享第一时间在哪里发生的事情。还有，论坛里有一些热门帖子、精华帖子等。写原创文章时，可以引用论坛的某个中心、观点来丰富自己的文章内容。复制＋粘贴这种事情是很多伪原创站长做的事情，这样一来，我们只需要开头写点东西，结尾写点看法，中心部分直接引用论坛相关帖子的中心内容进行相关延伸。

（3）百度知道提示

用过百度知道的朋友都知道，我们在生活、学习中遇到问题时，就会很不自觉地去百度知道提问，这些问题对于我们写文章是很有帮助的；原因是我可以去了解用户需求、有哪些问题还没有解决、哪些答案不完整。稀缺性大家都不陌生吧！百度喜欢互联网没有的东西、喜欢把帮用户解决问题的内容放在搜索结果中。另外，百度知道后面回复的答案也具有参考价值；可以用一句话、一个段落把它们串起来。

写原创文章的方法还有很多，如微博、百度百科、百度经验等都在写原创文章的过程中具有参考意义。我自己总结了写原创门道：借鉴、吸取、整合、创新。

5.3.2 如何让用户创造内容

除自己写文章外，还有更好的方法就是让用户创造内容。在网络中，许多用户有强烈的写作交流欲望，这时可以通过增加网站的相关功能，让用户参与到网站的内容建设中。例如，不定期地搞征文活动，可以设置一些奖项来增加用户的积极性；开设投稿接口，让用户通过接口把他们创作的内容提交至网站编辑人员发布，或者通过为网站开通论坛、博客等互动功能，让用户自发提问或撰写文章。

5.4　内容更新频率

内容的持续更新是网站得以生存与发展的最基本条件，是网站的根本，无论用户，还是搜索引擎，均不可能对一个长期不更新的网站投入过多的关注，抛弃这类"死站"或者"准死站"只是一个时间问题。内容更新的频率代表网站的活跃度，同时，内容更新的频率越高，意味着网站内容越丰富，这对于建立网站在行业内的权威性是相当重要的。

在 SEO 中，网站的更新是策略问题。搜索引擎蜘蛛对一个网站的爬行周期会因该站点的信息更新频率而改变，如果该网站的内容更新频率快，则搜索引擎蜘蛛就会经常光顾这个站点，爬行也勤快多了；反之，如果站点长时间不更新，搜索引擎蜘蛛也就来得少了。

当然，如果能每天给自己的站点更新内容，那是最好的做法。如果没有那么多的信息可以更新，可以在网站右侧或某个位置加一些排行榜等模块，每天根据用户的访问多少自动更新排行中的内容，让搜索引擎看起来网站是变化的。

一个网站如果一次性发布上万个页面，这是不合乎正常更新速度的，很容易引起搜索引擎的怀疑。上万个网页同时上线不一定有问题，但绝大多数情况下都是可疑的。所以，要是真有这么多的页面，最好尝试慢慢逐渐发布，这样可能不引起搜索引擎的不正常判断。一般企业网站一天发布 1 ~ 2 篇，资讯类网站每天至少 10 篇以上。

注意：企业网站在网站首页必须有最新文章更新模块，方便新文章能够在网站首页展示，吸引搜索引擎蜘蛛快速抓取。

实战案例　利用节日如何挖掘长尾关键词

一年中有很多节日，我们以中秋节为例，来解析如何挖掘长尾关键词，为网站带来流量。大家可以举一反三，挖掘更多节日关键词，或围绕自己产品挖掘长尾关键词。

在中秋节到来之前，用户搜索"中秋节"这个词的热度开始上升。大家看下图，

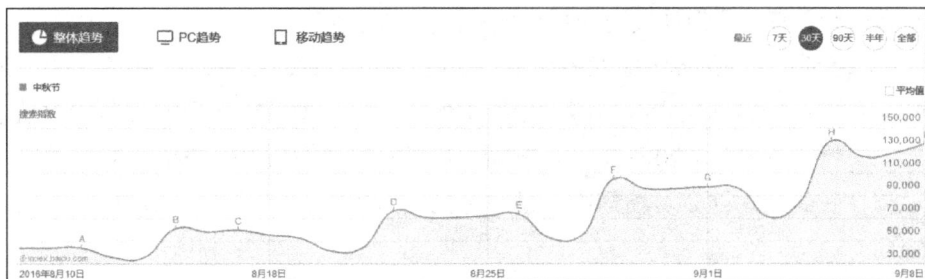

注：数据来源百度指数查询

2016 年中秋节日期为 9 月 15 日，百度指数关注中秋节的热度，8 月初为 2.4 万，9 月初已经上升到 12 万。站长要好好把握这个机会，通过这个节日利用长尾关键词为网站截取流量。长尾关键词一直是站长孜孜不倦追求的，而且是 SEO 的一个优化细节，在众多竞争对手当中，如果抓住了大量的长尾词，那我们就会在竞争中脱颖而出，拔得头筹。面对中秋节这个特殊的节日，我们该怎么做呢？

1. 利用百度指数中的需求图谱，查看最热长尾词

每个关键词一般在百度指数里面都会衍生出一些其他的长尾关键词，"中秋节"也不例外：

这些长尾关键词都是最火的词，而这些词都标志着人群搜索的风向标，所以我们一定要好好地利用百度指数来为我们截取流量。我们要对每个长尾关键词进行一个详细的布局，例如"中秋节放假安排 2016"这个长尾词的搜索量最近上升最快，我们就可以围绕这个词进行布局，第一，至少要有一篇关于这个话题的文章，第二，在一些主题相关的文章里面出现这个长尾关键词，让这个长尾词尽可能多地出现，但是要自然地插入，不要让人觉得刻意，重要的一点是把内容做精，吸引用户浏览，然后引导用户到其他的页面。

2. 分析用户长尾搜索习惯

从上面的那些关键词我们可以看出用户的很多长尾搜索习惯，例如带着疑问的语

句，正是这些独特的习惯让我们的长尾关键词越来越多。

（1）疑问习惯。例如大家对中秋节不了解，喜欢采取疑问的语句搜索一下，通过百度指数我们可以看到用户会搜索"中秋节的来历""中秋节放假安排""中秋节的由来""中秋节习俗""2016 年中秋节高速免费吗""中秋放假安排 2016"等，可见疑问习惯在我们用户搜索习惯当中是最常见的，所以大家完全可以抓住这一点来做长尾关键词。

（2）感情习惯。例如我们都想给朋友们发祝福信息，所以很多用户会搜索"中秋节祝福语"" 中秋节古诗"等。可见感情因素在长尾关键词里面也是非常有用的，大家在选择长尾的时候也可以从这方面着手。

（3）其他习惯。其他习惯有从"中秋节"这个主关键词拓展的，例如"中秋节策划""中秋节抄报""中秋节活动"等，还可以从这个词上再拓展，会有很多的相关关键词，只要我们能够想得到，就一定有人会搜索。

3. 如何利用长尾导流量

有了长尾关键词，大家根据本章讲的内容策略围绕长尾关键词撰写文章或伪原创，但长尾关键词需要的是一个长期的过程，需要不断地坚持，我们一般对长尾关键词的优化分两个目标：长期目标和短期目标。

（1）短期目标。利用长尾关键词做文章的标题，另外尽可能的在文章内容里面出现长尾关键词，为这些长尾关键词适当的做好锚文本，这个完全在短期内可以完成。例如我们在中秋节前后可以在网站上做一些关于中秋节的长尾关键词，吸引用户来网站浏览（如右图）。

1. 中秋节的传说、来历、习俗
2. 中秋节的习俗有哪些
3. 中秋节**手抄报资料**
4. 有关清明节、中秋节的古诗
5. 关于中秋节的来历，传说，故事
6. 中秋节**送什么礼物好？**
7. 中秋节的来源
8. 中秋节**祝福语**
9. 2011年中秋节放假安排？
10. 中秋节作文

（2）长期目标。长期的目标就是每天都坚持做 2 ~ 3 长尾关键词，不仅仅是关于节日的，也可以是围绕产品的关键词。一个星期增加 10 ~ 20 个长尾关键词，一个月增加 60 ~ 90 个长尾词，这样一年下来就有 700 ~ 1000 个长尾词了，几年下来你会有多少呢？如果你勤奋一点，每天多做几个长尾词，那你一年下来的积累就不只是这些了。长期目标就是坚持每天更新包含长尾关键词的文章。

总结：虽然长尾关键词搜索量不稳定，有的长尾词搜索的人多，有的长尾词搜索的人少，但是只要有用户搜索，就是对我们有价值。围绕节日、产品、用户搜索习惯来挖掘就能够挖掘出成千上万的长尾关键词，然后根据长尾关键词编写文章，发布到网站中，就能够获得大量流量。一般大网站比较重视长尾关键词的优化，中小企业网站只重视首页几个核心关键词的优化。

本章小结

为用户提供最精准的优质内容是搜索引擎的根本，不要为了 SEO，为了刻意增加流量制作垃圾内容，这样是不长久的。最近几年，百度等搜索引擎都在升级算法，对内容质量要求越来越高，还会通过用户在网站中的数据来分析网站内容的质量。所以，想要获得排名和流量，做好内容是基础。

实训　写一篇对用户有价值的原创文章

【实训目的】

根据所学内容，了解搜索引擎衡量内容好坏的标准，掌握原创文章的写作技巧及写伪原创文章的方法。

【实训要求】

1. 了解原创文章的写作技巧。

2. 了解不同网站内容更新频率。

【实训内容】

1. 内容建设的四个原则_____、_____、_____、_____。

2. 知名 B2C 网站上，一个_____算内容质量好的页面。

3. 专业医疗机构发布的_____算内容质量好的页面。

4. 没有进行任何编辑，直接_____其他网站的新闻算质量中的页面。

5. 问答页_____或回答_____算没有质量可言的页面，应避免。

6. 写原创文章的三个技巧_____、_____、_____。

7. 企业网站一天发布_____篇文章合宜。

8. 搜索引擎认为什么样的文章属于原创文章？

①_____

②_____

③_____

④_____

⑤_____

9. 写一篇对用户有帮助的原创文章。

_____。

CHAPTER

第6章
网站结构优化

网站结构在决定网站内部页面的重要性方面，起着非常关键的作用。例如，合理的内部链接可以对重要页面进行突出和权重传递。清晰的网站结构也可以帮助用户快速获取所需信息；反之，如果网站结构混乱，用户访问时就如同走进迷宫，很难找到自己想要的信息，只能离开。

一个合理的网站结构还可以引导搜索引擎抓取到更多、更有价值的网页。但是，如果网站结构混乱，往往会造成搜索引擎陷入死循环、抓取不到页面等问题。因此，本章将重点讲解网站结构如何优化，才有利于用户体验和搜索引擎排名。

学习目标

>>> 了解搜索引擎友好的网站结构
>>> 了解蜘蛛陷阱
>>> 掌握内部链接优化
>>> 掌握 URL 优化

6.1　搜索引擎友好的网站结构

清晰的网站结构能够引导用户快速找到需要的信息。《百度搜索引擎优化指南》中指出，建议搜索引擎优化的网站结构采用树状结构、网状结构，并且有简明、清晰的导航。

6.1.1　树状结构

网站结构建议采用树状结构。树状结构通常分为首页—栏目—文章页三个层次。像一棵大树一样，首先有一个树干（首页），然后再是树枝（频道），最后是树叶（普通内容页）。如：

http://www.tui18.com/【树干】

http://www.tui18.com/seo/【树枝】

http:// www.tui18.com/seo/23834870106680.shtml【树叶】

树状结构的扩展性更强，网站内容增多时，可以通过细分树枝（频道）来轻松应对。如图 6-1 所示，可以通过细分子栏目扩展内容。

理想的网站结构应该更扁平一些，从首页到内容页的层次尽量少，这样搜索引擎处理起来会更简单。扁平结构以网站首页为"根"，拓展出去的页面都是以网站主域名为基础的页面，如图 6-2 所示。

网站树状结构

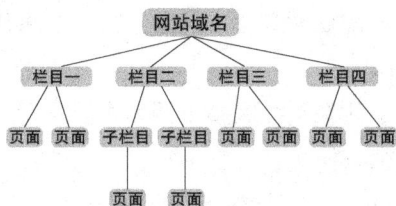

图 6-1

网站扁平结构

图 6-2

文章网址显示示例：

http:// www.tui18.com/a.shtml

http://www.tui18.com/b.html

http://www.tui18.com/c.html

网站的树状结构，其优点是：结构清楚，URL 语义明确，识别度高，搜索引擎处理内部链接的权值传递会比较容易，后期管理方便。但是，过深的树层次将导致收录速度下降，而且过密的网结构也会导致网站结构混乱，链接复杂，容易导致蜘蛛效率下降。所以，做好树状结构的栏目组织和链接优化至关重要。树状结构适合内容类别多、内容量大的网站。

网站的扁平结构，其优点是：结构层次短，蜘蛛效率高，URL 短，有利于搜索引擎的收录和排名。但其缺点是：URL 语义不明显，随着数据量的增加使网站变得难以组织，内链不好做，权重传递难以集中。所以，扁平结构适合简单垂直的中小型网站。

从以上两点看，如果要做内容型网站，并且要做得长久，建议使用标准的树形结构，如果是小网站，页面不多，想更快速地从搜索引擎获得流量，建议树状结构可以更扁平一些，这样更利于蜘蛛对网站的抓取。

6.1.2 网状结构

网站是一个网状结构，网站上每个网页都有指向上、下级网页以及相关内容的链接：首页有到频道页的链接，频道页有到首页和普通内容页的链接、普通内容页有到上级频道以及首页的链接、内容相关的网页间互相有链接，如图 6-3 所示。网状结构的最大好处是：减少孤立页面的数量，有利于内页的收录。

网站中的每一个网页都应该是网站结构的一部分，都应该能通过其他网页链接到。

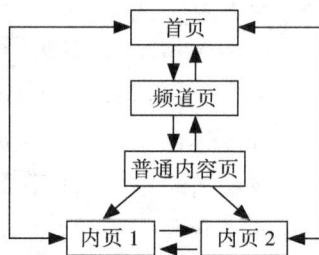

图 6-3

6.1.3 有简明、清晰的导航

网站应该有简明、清晰的导航，可以让用户快速找到自己需要的内容，同时也可以帮助搜索引擎更好地了解网站的结构。

- 为每个页面都加上导航栏，让用户可以方便地返回频道、网站首页，也可以让搜索引擎方便地定位网页在网结构中的层次。
- 通过面包屑导航，用户可以清楚地知道自己所在页面在整个网站中的位置，可以方便返回上一级频道，或者返回首页也很方便。

如图 6-4 所示，百度站长平台的导航栏中有首页、工具、学院、VIP 俱乐部 4 个栏目。"站长学院 > 文章列表 > 【大拿分享】新闻源站点防止被黑经验分享"为面包屑导航。关于导航和面包屑导航的优化，第 6.10.5 节将会详细讨论。

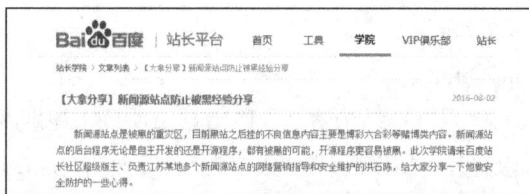

图 6-4

6.2 避免蜘蛛陷阱

"蜘蛛陷阱"是阻止蜘蛛程序爬行网站的障碍物，虽然网页界面看起来非常正常，但这些蜘蛛陷阱会对蜘蛛程序造成障碍。消除这些蜘蛛陷阱，可以使蜘蛛程序收录更多的网页。SEO工作中，网页被收录是基础工作，但对于搜索引擎来讲，极少情况会100%收录你网站的所有网页，搜索引擎的爬虫程序设计得再精巧，也难以逾越所谓的蜘蛛陷阱。

哪些做法不利于蜘蛛爬行和抓取呢？怎么去避免这些蜘蛛陷阱呢？

6.2.1 登录要求

有些企业站和个人站设置一定要用户注册登录后，才能看到相关的文章内容，这种对蜘蛛不是很友好，因为蜘蛛无法提交注册，更无法输入用户名和密码登录查看内容。对于蜘蛛来说，用户直接点击查看到的内容也是蜘蛛所能看到的内容。如果你的网站有这种情况，请取消这一功能，但网站如果有VIP用户或部分资源，是可以这样设置的。

6.2.2 动态URL

动态URL可以简单理解为在URL中加入过多的符号或者网址参数，虽然随着搜索引擎的技术发展，动态URL对于蜘蛛的抓取已经越来越不是问题了，但是从搜索引擎友好度上讲，静态哪怕是伪静态相对来说都比动态URL要好。URL优化将在本章第6节中讨论。

6.2.3 强制用Cookies

强制用Cookies对于搜索引擎来说相当于直接禁用了Cookies，而有些网站为了实现某些功能，会采取强制Cookies，例如跟踪用户访问路径，记住用户信息，甚至是盗取用户隐私等，如果用户访问这类站点时没有启用Cookies，所显示的页面就会不正常。所以，对于蜘蛛来讲，同样的网页无法正常访问。

6.2.4 框架结构

早期框架网页到处被泛滥使用，而现在很多网站已经很少使用了，一是因为现在随着各大CMS系统的开发问世，网站维护相对越来越简单了，早期网站使用框架是因为对网站页面的维护有一定的便利性，现在已经大可不必了，而且不利于搜索引擎收录也是框架越来越少被使用的原因之一。

6.2.5 各种跳转

对搜索引擎来说，只对 301 跳转相对来说比较友好，对其他形式的跳转都比较敏感，如 JavaScritp 跳转、MetaRefresh 跳转、Flash 跳转、302 跳转。

有些网站的做法很让人无奈，当打开网页后，会自动转向其他页面，如果打开的页面和你要找的页面主体相关，也算过得去，但是很大部分的网站转向让你无任何理由和目的，这种转向不推荐大家使用，如果非要做转向，只推荐用 301 永久跳转，可以将权重进行传递，除此转向其他都不推荐，因为很多其他转向欺骗用户和搜索引擎，也是黑帽的一种手段，建议大家不要使用。

6.2.6 Flash

有的网站页面使用 Flash 视觉效果是很正常的，例如用 Flash 做的 Logo、广告、图表等，这些对搜索引擎抓取和收录是没有问题的，但很多网站的首页是一个大的 Flash 文件，这种就叫蜘蛛陷阱。在蜘蛛抓取时，HTML 代码中只是一个链接，并没有文字，虽然大的 Flash 效果看上去很好，外观看着也很漂亮，但可惜搜索引擎看不到，无法读取任何内容，所以，为了能体现网站优化的最好效果，不提倡这种 Flash 作为首页图片。

6.2.7 采用 session id 的页面

有的销售类站点为了分析用户的某些信息，会采用会话 ID 来跟踪用户。访问站点时，每个用户访问都会增加一次 session id 而加入到 URL 中。同样，蜘蛛的每一次访问也会被当作一个新用户。每次蜘蛛访问的 URL 中都会加入一个 session id，产生同一个页面但 URL 不同的情况，这种情况会产生复制内容页面，造成高度重复的内容页，同时也是最常见的蜘蛛陷阱之一。

6.2.8 JavaScript 跳转

虽然现在搜索引擎对于 JavaScript 里的链接可以跟踪，甚至尝试拆解分析，但是我们最好不要寄望于搜索引擎自己克服困难。虽然通过 JavaScript 可以做一些效果不错的导航，但是 CSS 同样也可以做到。为了提高网站对搜索引擎的友好度，使网页能够更好地蜘蛛爬行，尽量不要采用 JavaScript。当然，在 SEO 中，JavaScript 有一个好处就是站长不希望被收录的页面或者友情链接可以采用 JavaScript。当然，有一种方法可以消除 JavaScript 蜘蛛程序陷阱，即使用 <noscript> 标签。<noscript> 标签是为不支持 JavaScript 的浏览器提供备选的代码。蜘蛛程序不会执行 JavaScript，因此，它们通过处理 <noscript> 代码来代替。在 SEO 中，JavaScript 也有一个好处就是站长不希望被收录的页面或者友情链接可以采用 JavaScript。

6.3 子域名和目录选择

建站初期，大部分站长朋友为了让子站点更加专业、易记，所以会选择子域名的形式，如论坛、新闻等。殊不知，可能因此而分散站点权重，让优化更加吃力，反而得不偿失。因为选择使用子域名还是目录来合理地分配网站内容对网站在搜索引擎中的表现会有较大的影响。

什么是子域名？例如：baidu.com 是一个一级域名，也叫主域名，而从一级域名延伸出的 www.baidu.com、zhidao.baidu.com、news.baidu.com 等都是二级域名，也叫 baidu.com 的子域名。我们习惯用 www 作为主网站域名，其实它们的级别都是一样的。需要明白的一点是：一级域名和二级域名都是相互独立的网站。

什么是目录？如 www.baidu.com/news、www.baidu.com/bbs 等属于 www.baidu.com 的二级目录，是 www 的一部分。

从 URL 角度分析，子域名比目录天生的权重和排名能力稍微高一点，但是从 SEO 优化的角度看，建议大家使用目录。因为无论是一级域名，还是二级域名，它们都是完全不同的网站。通常，做外链时都只会链接到 www.baidu.com，那就意味着和其他子域名没有任何关系，如果要同时做几个子域名，那你投入的时间和精力需要更多，无论是 PR 值或者是权重，都会被几个子域名所分散。一个子域名经过外链建设获得高权重，不代表其他子域名就获得了权重，子域名会使网站变多，每个子域名会把网站内容分得更少。如果使用目录，只做 www 一个网站，网站就会越做越大，内容也自然会很多，对 SEO 更加有利。

当然，这只是对一般网站而言的，在某些情况下，选择子域名更适当。例如，网站内容足够多，像新浪、搜狐等门户级的网站。跨国公司不同国家的分部或分公司，采取子域名有利于建立品牌，还有分类信息网站，如 58 同城的城市站等。

《百度搜索引擎优化指南》给站长的建议：

（1）在某个频道的内容没有丰富到可以当作一个独立站点存在前，使用目录形式；待频道下积累了足够的内容，再转换成子域名的形式。

一个网页能否排到搜索结果的前面，"出身"很重要，如果出自一个站点权重较高的网站，那排到前面的可能性就大，反之则小。通常情况下，主站点的权重最高，子站点会从主站点继承一部分权重，继承多少，视子站点质量而定。

在内容没有丰富到可以作为一个独立站点前，内容放到主站点下一个目录中能在搜索引擎中获得更好的表现。

（2）内容差异度较大、关联度不高的内容，使用子站点形式。

搜索引擎会识别站点的主题，如果站点中内容关联度不高，可能导致搜索引擎识别错误。关联度不高的内容放在不同的子域名下，可以帮助搜索引擎更好地理解站点的主题。

（3）域名间的内容做好权限，互相分开。a. example.com 下的内容不能通过 b.example.com 访问。

子域名间的内容可以互相访问，可能会被搜索引擎当作重复内容而进行除重处理，保留的 URL 不一定是正常域名下的。

（4）不要滥用子域名。

无丰富内容而滥用大量子域名，会被搜索引擎当作作弊行为而受到惩罚。

因此，建站或优化时，当一个网站没有足够多的内容时，将内容放在目录中更利于优化，整个网站显得内容更丰富。

6.4 robots 文件的使用

robots.txt 是一个协议。robots 协议（也称为爬虫协议、机器人协议等）的全称是"网络爬虫排除标准"（robots exclusion protocol）。网站通过 robots 协议告诉搜索引擎哪些页面可以抓取，哪些页面不能抓取。

6.4.1 robots.txt 文件的作用

当一个搜索蜘蛛访问一个站点时，它会首先检查该站点根目录下是否存在 robots.txt，如果存在，搜索机器人就会按照该文件中的内容确定访问的范围；如果该文件不存在，所有的搜索蜘蛛将能够访问网站上所有没有被口令保护的页面。

如果将网站视为酒店里的一个房间，robots.txt 就是主人在房间门口悬挂的"请勿打扰"的提示牌。这个文件告诉来访的搜索引擎哪些房间可以进入和参观，哪些房间因为存放贵重物品，或可能涉及住户及访客的隐私而不对搜索引擎开放。但是，robots.txt 不是命令，也不是防火墙，如同守门人无法阻止窃贼等恶意闯入者。

robots 协议可以屏蔽一些网站中比较大的文件，如图片、音乐、视频等内容，节省服务器带宽；也可以屏蔽站点的一些死链接，禁止搜索引擎抓取。

6.4.2 robots 文件的写法

1. robots 文件的简单写法

robots 文件最简单的写法只有两行：

第一行：user-agent: *

第二行：Disallow:（或 Allow:）

意思为：搜索引擎可以抓取网站的所有文件。

2. robots 文件的其他写法

user-agent: *　这里的 * 代表所有的搜索引擎种类，* 是一个通配符。

Disallow: /admin/　禁止抓取 admin 目录及目录下的文件。

Disallow: /require/　禁止抓取 require 目录及目录下的文件。

Disallow: /ABC/　禁止抓取 ABC 目录及目录下的文件。

Disallow: /*?*　禁止访问网站中所有包含问号 (?) 的网址。

Disallow:/ab/adc.html　禁止抓取 ab 文件夹下面的 adc.html 文件。

注意：在 robots 文件中，可以将网站地图的链接放在后面，方便搜索引擎首先访问并且抓取。

图 6-5 所示为 hao123 网站的 robots.txt 文件设置规则。

```
User-agent: Baiduspider
Allow: /
```

代表允许百度搜索抓取。

```
User-agent: Baiduspider-image
Allow: /
```

代表允许百度图片蜘蛛抓取。

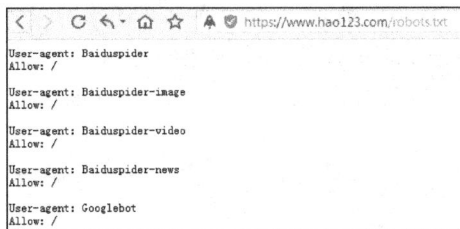

图 6-5

```
User-agent: Baiduspider-video
Allow: /
```

代表允许百度视频蜘蛛抓取。

```
User-agent: Baiduspider-news
Allow: /
```

代表允许百度新闻蜘蛛抓取。

6.4.3　robots 文件的设置

先检查网站是否有 robots 文件，直接在域名后输入 robots.txt 即可，如 https://www.hao123.com/robots.txt，如果没有，就按照以下步骤设置：

第一步：在桌面建立一个记事本，命名为 robots.txt。

第二步：写入以下两行英文代码，保存。

```
User-agent: *
Disallow
```

第三步：连接 FTP，将 robots.txt 文件上传到 FTP 根目录中，

第四步：通过访问域名 /robots.txt，检查是否正常访问。正常访问说明设置成功。

注意： robots.txt 的命名都是小写。

6.5 nofollow 的使用

6.5.1 什么是 nofollow

nofollow 是 HTML 页面中 a 标签的属性值。这个标签的意义是告诉搜索引擎"不要追踪此网页上的链接，或不要追踪此特定链接"。

简单地说，如果 A 网页上有一个链接指向 B 网页，但 A 网页给这个链接加上了 rel="nofollow" 标注，则搜索引擎不把 A 网页计入 B 网页的反向链接，也就无法为 B 网页传递权重，还有可能不抓取 B 网页。

6.5.2 nofollow 标签的使用方法

（1）将"nofollow"写在网页上的 meta 标签上，用来告诉搜索引擎不要抓取网页上的所有外部外链和内部链接。

```
<title> 标题 </title>
<meta name="description" content=" 描述 " />
<meta name="keywords" content=" 关键词 " />
<meta name="robots" content="nofollow" />
```

（2）将"nofollow"放在超链接中，告诉搜索引擎不要抓取特定的链接。

```
<a rel=" nofollow" href=" 链接 "><span> 内容 </span></a>
```

什么时候使用 nofollow 标签？例如，网站中有一些即使收录了不能为网站提供什么价值的页面，如联系我们、关于我们、隐私保护、公司简介、网站后台等链接，也可以把它们过滤掉，这样做，首页的权重就不会传递给他们。

还有一些大型网站的页面被重复抓取，为了让搜索引擎抓取更多的页面，会把这部分页面也过滤掉。

6.6 URL 优化

URL 是搜索引擎抓取网站的入口。URL 的长短和复杂程度影响网站的抓取和收录，也会影响排名。具体如何优化 URL，才能更利于搜索引擎快速抓取收录呢？

6.6.1 URL 首选域

URL 首选域是在几个 URL 中选取最佳 URL 的过程，这里通常指主页。

我们都知道，一个站点可以通过至少 2 个域名访问，带 www 的和不带 www 的。例如 ,tui18.com 就可以通过以下几个 URL 来访问：

① tui18.com；② www. tui18.com；③ www. tui18.com/index.html。

这是推一把的 3 个网址。不管选取这 3 个网址中的哪一个网址，打开的页面内容都一样。但在搜索引擎的算法中，这是 3 个不同的页面，如果不做首选，主域名权重会分散到其他域名，这一点请大家一定要注意。

既然在搜索引擎眼里，这是不同的页面，搜索引擎在排名中就会选择一个作为排名对象，选择哪一个，他会根据一定的原则来决定，例如哪个域名权重高，那个排名就好；哪个 URL 内部链接、外部链接数量多，那个 URL 排名就会比另一个 URL 排名好。也就是说，内部链接做得多，外部链接做得多的页面，就会获得良好排名。如果几个 URL 都做了外链，权重就会分散，每一个 URL 可能排名都不会很好。

所以，根据这个规则，优化时一定要确定一个 URL 作为要优化的对象，我们通常选择带 www 的，如 http://www.tui18.com/ 这个域名作为优化对象。具体如何让搜索引擎知道哪个是首选域呢？

方法： 在条件许可的情况下，采用 301 重定向的方式把不带 www 的转向到带 www 的域名。

（1）什么是 301 重定向

301 重定向（页面永久性移走）是一种非常重要的"自动转向"技术。当用户或搜索引擎向网站服务器发出浏览请求时，服务器返回的 HTTP 数据流中头信息（header）中的状态码的一种，表示本网页永久性转移到另一个地址。

简单来说，就是重新确定一个位置的意思。通过访问一个网址，运用重定向的方式，让其跳转到我们指定的网址或域名上。例如，有一个老域名因为与我们的产品不相关，现在不想要了，想换个新域名，但是老域名有排名、有权重，那怎么办呢？能不能让老域名的权重传到新域名呢？当然可以。就好比武侠小说中提到古人练武功，可以把内力传给其他人一样，301 重定向就可以实现这一效果。打开老域名直接跳到新域名，老域名的权重也会慢慢传递过来。

（2）什么时候使用301重定向

① 网站改版或者网站重要页面链接发生变动时，应该将改版前的页面301重定向到改版后的页面。

例如，网站要改版，很多URL要改变，以前的网址或者收录过的网址打不开了，可能有的页面还有排名，用户打开后，该页面不存在，就失去了用户，怎么办呢？可以通过301重定向把打不开的网址指向新的网址。这样，用户打开老的网址就会直接跳到新的网址。例如，打开www.tui18.com/peixun/仔细看，是不是跳到peixun.tui18.com上呢，这就是301重定向后的效果。

如果是整个网站要改变URL，就需要把每个URL全部指向对应的新URL上，这个需要技术人员来设置。

② 网站更换域名，应该将旧域名的所有页面301永久重定向到新域名对应的页面。

这个上面我们说过了，就好比古代人练武功，可以把内力传给其他人一样，301重定向就可以将老域名的权重传递给新域名。

③ 确定首选域，从几个域名中确定一个，告诉搜索引擎哪个是要排名的域名。

（3）301重定向的方法

① IIS服务器实现301重定向。

打开IIS中的网站，单击"右键"→"属性"→"主目录"，如图6-6所示。

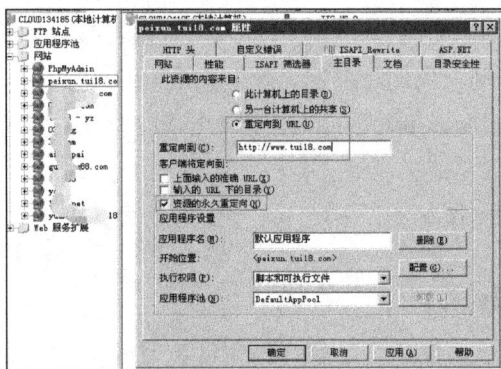

图6-6

选中"重定向到URL（U）"，在对话框中输入目标页面的地址，切记选中"资源的永久重定向（H）"，最后单击"应用"完成。

② Apache服务器实现301重定向。

在Apache中有个很重要的文件.htaccess。通过对它的设置，可以实现很多功能，301重定向只是其中之一。

找到 redirect permanent / http://www.tui18.com；

意思是将域名重定向到 http://www.tui18.com。

redirect permanent /old.html http://www.tui18.com/；

意思是将网页 old.html 内容重定向到 http://www.tui18.com/。

通过合理地配置重定向参数中的正则表达式，可以实现更复杂的匹配。有兴趣的朋友可参考 Apache 手册。

③ 在 .htaccess 文件中增加 301 重定向指令。

采用"mod_rewrite"技术，例如：

```
RewriteEngine on
RewriteRule ^(.*)$ http://www.tui18.com/$1 [R=301,L]
```

④ PHP 下的 301 重定向。

```
< ? Header( "HTTP/1.1 301 Moved Permanently" );
Header( "Location: http://www.tui18.com" );? >
exit();
```

⑤ ASP 下的 301 重定向。

```
Response.Status="301 Moved Permanently"
Response.AddHeader "Location","http://www.tui18.com/"
Response.End
```

以上为不同空间设置 301 的方法，大家可以根据自己空间的配置对号入座。

（4）检测 301 重定向是否成功

方法一：打开站长工具 http://tool.chinaz.com/pagestatus/，输入 tui18.com，结果如图 6-7 所示。

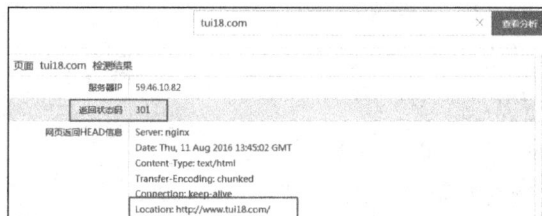

图 6-7

返回状态码显示 301，下面一行显示 Location: http://www.tui18.com/，说明 301 设置成功。

方法二：站内链接、站外锚文本时，是否指向首选域（URL）www 域名，即 http://www.tui18.com/。

6.6.2　URL 静态化

URL 静态化主要是分析网站是动态还是静态，如果是动态，就需要转成静态，这样可利于搜索引擎收录和排名。

1. 动态 URL 和静态 URL 的区别

怎么分辨是动态，还是静态呢？动态的 URL 如下：

http://www.semcity.cn/semcity/item.asp?id=20

http://shslintl.com/ProductShow.asp?ID=102

发现这两个网址有什么相似的地方吗？他们有一个共同点，就是网址中都带有问号。

简单来说，网址中包含问号"？""＝""％"，以及"＆""＄"的 URL 是动态的 URL，就好像带有疑问的语气一样。

再看下面两个网址：

http://www.xinfafloor.com/newsDetial_274.htm

http://www.wanrunsm.com/827.html

这两个网址里面都没有问号：

简单来说，URL 里没有包含"？"就可以算是静态化的 URL。再比较一下刚才的动态 URL 和静态 URL，可以发现有一个很明显的区别：静态 URL 结尾是 html 或 htm，但是动态 URL 没有。

2. 为什么要动态转静态

既然 URL 有动态和静态两种，哪种更好呢？答案是静态 URL 较好，更有利于网站的优化排名，如果大家发现自己网站的文章页，栏目页的 URL 是动态化的情况下，就需要动态转为静态。因为动态 URL 不利于搜索引擎抓取网页，会影响网站排名。

如图 6-8 所示，在百度中搜索"南京留学中介"，排名靠前的网站 URL 全部是静态的，因此静态 URL 较动态 URL 利于排名。

如果你的网站是动态的，通常需要通过网站技术人员将动态 URL 转化成静态 URL 形式，例

图 6-8

如：http://www.yoursite.com/messages.php?id=2&type=5 这个网址是动态的，要生成静态，可以转化为 http：//www.yoursite.com/messages/25.html，这需要技术人员来解决。

现在很多企业站都是动态的，不利于抓取，需要技术人员来开发静态化的功能。当网页静态化后，将静态页面制作成网站地图，让搜索引擎快速收录。过一个月，利用 robots 文件把动态 URL 屏蔽，让搜索引擎多抓取静态页面。

3. 特殊情况

还有一种特殊情况：有些企业网站只考虑用首页优化 3 ~ 5 个核心关键词，其他页面不考虑收录排名，这种情况下可以不用考虑 URL 静态化的问题。

如果网站规模较大，想增加大量流量，有成千上万个页面，想通过网站内页优化大量长尾关键词来增加流量，这时必须静态化，这样做对长尾关键词的排名是有帮助的。

6.6.3 URL 层次优化

1. 什么是 URL 层次

URL 层次就是 URL 的深度。层次越多，越复杂，搜索引擎抓取越难。通常说的 URL 层次指的是栏目页的 URL 和文章页的 URL。一般 URL 的层次保持在 3 层，即首页、栏目名、文章 ID。层次不要太深。

例如：http://www.tui18.com/201007/2711572.html，该链接 URL 为 3 层。

注意：这里说的是 URL 层次，不是网站的栏目分类。如果网站的分类层级比较多，目录层次也必然增多，但 URL 不要随着目录设置，要单独设置。这里以 DEDECMS 程序的后台为例，此设置需要登录 DEDECMS 后台 – 核心 – 网站栏目管理 – 增加顶级栏目，如图 6-9 所示。

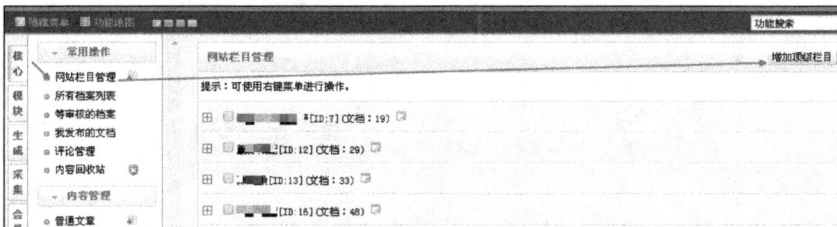

图 6-9

然后点击"高级选项"中的文章命名规则，如果按照 DEDECMS 原来的 URL 路径层次（{typedir}/{Y}/{M}{D}/{aid}.html，即栏目 / 年 / 月日 /ID）划分，首页 / 栏目 / 年 / 月日 /ID 一共是 5 层，如图 6-10 所示。

如果栏目有子分类，那么层次会更深，如 http://www.bigbook.com.cn/anli/zhengfu/2016/628/60.htm。此 URL 为 6 层，会严重影响搜索引擎的抓取，因此需要优化。

2. 如何优化 URL 层次

可以把斜杠（/）去掉几个，如图 6-11 所示，按照栏目 / 年月日 ID 划分，就是 3 层了，如 http://www.bigbook.com.cn/anli/201262860.htm。网址会比较长，也可以把年月日去掉，直接留 id，如 http://www.bigbook.com.cn/anli/60.htm，这样看起来 URL 就短多了，层次

也是 3 层，利于抓取。

图 6-10　　　　　　　　　　　　　　　图 6-11

注意：这里有两种情况：

第一种是新站，网站建好后，增加栏目时直接设置好 URL 层次。

第二种是老站，现在 URL 层次比较深，要修改 URL 层次，修改后，原来的 URL 将无法访问，如原来网站文章页面的 URL 是 http://www.dsjyh.com/html/shengtailvyou /jinyinhuashengtaiyuan/201106/05-29.html，这个网址太长，需要修改为 http://www. dsjyh.com/html/29.html，之前的网址就无法访问了，怎么办呢？这里就需要做 301 重定向。将长网址通过 301 的方式跳转到新的短网址。如果长网址有幸被搜索引擎收录了，或者用户之前访问过的网站收藏了网址，现在修改后用户再访问就打不开了，做了 301 重定向后，用户打开后就会直接显示是短网址，并能够留住用户。

6.7　canonical 标签优化

canonical 标签是 Google、微软等搜索引擎一起推出的一个标签，它的主要作用是用来解决由于网址形式不同、内容相同而造成的内容重复的问题。这个标签对搜索引擎作用非常大，以前网站上的 URL 不同会被搜索引擎认为是重复内容，利用该标签可以指定权威的某个链接，避免重复内容收录。百度也支持 canonical 标签。

为了避免重复内容的收录，搜索引擎会通过算法对网页内容及链接进行识别，对内容完全相同或者高度相似的网页，会计算出一个系统认为规范的网页结果建立索引，并供用户查询。支持 canonical 标签后，站长可以通过将 <link> 元素和 rel="canonical" 属性添加到该网页非规范版本的 <head> 部分，为搜索引擎指定规范网页。添加此链接和属性可以告诉搜索引擎："在内容相同或高度相似的所有网页中，该网页为最规范、最有价值的页面，推荐将该网页排在搜索结果中靠前的位置。"

举个简单的例子，来看下面的网址：

http://www.example.com/archives/2011-snow.html

http://www.example.com/archives/2011-snow.html?comments=true

http://www.example.com/archives/2011-snow.html?postcomment=true

这3个网址形式不同，但是打开它们网站的内容却是相同的，第一个才是我们想显示给搜索引擎和用户的网址。一般像这种状况，搜索引擎是很难分辨出哪一个才是网站主想要强调的网址，这样会直接造成搜索引擎在你的网站收录到大量重复的内容。现在通过canonical标签，可以解决这些棘手的问题。

像上面的状况，只需要在网址的head区域添加如下代码：

```
<link rel='canonical' href='http://www.example.com/
archives/2011-snow.html' />
```

这样，百度等搜索引擎最终都会只收录canonical标签指定的这个网址，搜索引擎会将其他页面作为重复内容，这些重复的内容不再参与页面的权重分配。

WordPress中使用canonical的方法是：添加以下代码到你使用主题的header.php文件的head区域：

```
<?php if(is_single()){?>
    <link rel="canonical" href="<?php echo get_permalink($post-
>ID);?>" />
<?php } ?>
```

WordPress 2.9及以上版本，默认支持canonical标签。

Z-blog中使用canonical的修改方法是：编辑single模板文件，在head上加入以下代码。

```
<link rel="canonical" href="<#article/url#>"/>
```

6.8　404页面

404页面的意义在本书第3.2.3节中提过，这里不再赘述。空间支持404页面后，还需要设置404页面，具体怎么做呢？

第一步：制作404页面。

404页面的页面内容没有一个统一的规定，制作成什么样子，可以根据自己的创意、喜好来确定。当不知道怎么去设置404页面内容时，可以找任何一个比较有名的网站，把它的404页面另存下来，然后修改上面的文字。

如图6-12所示，是百度的404页面，这个404页面里有一个百度的搜索框，可以在这里搜索你感兴趣的内容，继续使用百度，或者点击百度更多，已经被标注上蓝色，点击以后，就出现百度的很多产品，供用户选择使用，这些都可以更好地留住用户。

图 6-13 是"推一把"的 404 页面，有很多链接，用户点击以后就可以转到首页和论坛，继续浏览网站里面的内容，可以避免顾客因为点击到错误页面而流失。

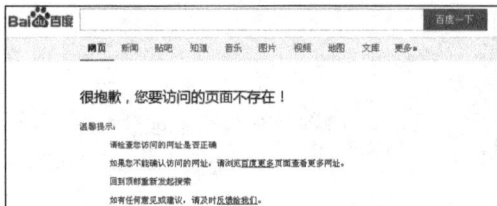

图 6-12

图 6-13

第二步：上传到 FTP 根目录或空间指定的目录下。

404 页面做好后，需要上传到 FTP 根目录或空间要求的目录，与 robots 文件上传的方法一样。

第三步：空间后台设置。

需要登录所购买空间的网站，找到主机管理，找到你所买的空间，然后点击管理。进入此空间的管理区域，找到自定义出错页，选择"使用 Web 目录中的 404.htm 文件来自定义内容"选项。这里要求上传 404 页面时，后缀也需要是 htm，如图 6-14 所示。不同的空间有可能设置方式不一样，但流程一样。

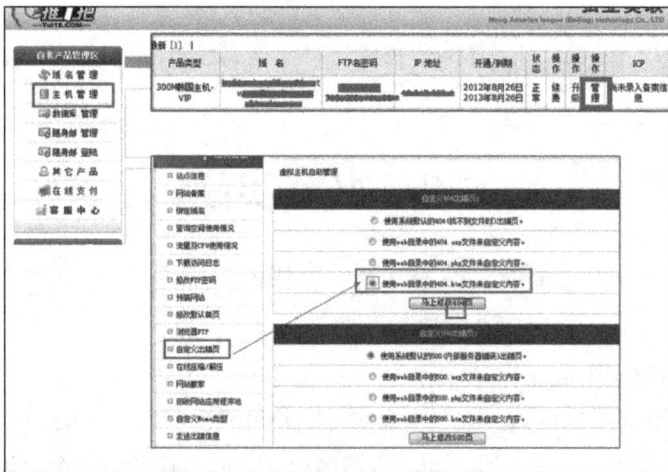

图 6-14

404 页面是网站必备的一个页面，它承载着用户体验与 SEO 优化的重任。如果站长没有设置 404 页面，会出现死链接、蜘蛛爬行这类网址时，不利于搜索引擎收录。

6.9　死链接

在网站日常运营中，难免会产生死链接，这样不仅会影响用户体验，还会影响搜索效果。死链接是网站建设中的专业术语，也就是无效链接，就是那些打不开的链接。

6.9.1　死链接的影响

（1）死链接率过高，会影响搜索引擎对网站的评分。

（2）搜索引擎对每个网站每天抓取的频次是限额的，若网站存在大量死链，会浪费掉抓取配额，并影响其他正常页面的抓取。

（3）过多的死链接对网站用户来讲也是体验不好的表现。

6.9.2　死链接是如何产生的

（1）编辑失误或者程序员的疏忽大意，导致产生不存在的页面，如网站在发布内容时添加了错误的内部链接。

（2）网站短暂，无法访问。因为服务器、空间或程序问题导致网站短暂无法访问，产生大量返回码为 5 开头的服务器错误页面。

（3）外部链接错误。用户或者站长在站外发布了错误 URL；别的网站复制或采集了含有错误链接的页面。

（4）爬虫提取了不完整的 URL。个别爬虫在提取页面 URL 时，因为 URL 中有不规则字符或者 URL 与后边的文字链接起来，导致 URL 失效。

（5）网站改版。如果你的网站已经改版或者将要改版，一定要注意死链接问题，很多网站改版后，之前的老页面直接删除，导致大量死链接。

（6）管理员删除页面。网站管理员删除被黑、广告、过时、被灌水页面导致很多死链接。死链接产生的方式有很多，在日常运营中要时常检查。

6.9.3　如何发现网站中存在的死链接

（1）百度站长工具中的抓取异常工具可以查看最近一个月产生的各种死链，并支持导出功能（本书第 11 章会详细介绍百度站长平台的使用）。

（2）使用相关爬虫软件，如 Xenu，此类工具可以抓取全站所有链接，并分析页面状态，分析完成后，支持导出功能，提取死链接即可。

在网站运营中，特别是论坛，经常需要删除某些页面，删除页面时一定要记录对应的 URL，以便后期提交死链。

通过上述两种办法提取的死链接列表，一定要经过删除和验证，例如用表格进行删除重复链接，然后再使用 HTTP 状态码批量查询工具验证下是否确实是死链接。

6.9.4 如何避免和处理死链接

（1）网站改版最容易产生死链接。改版前的页面如果有价值，尽量不要删除和修改 URL，若需要更换域名或 URL 分配规则，一定要将之前的 URL 进行 301 跳转到对应的 URL；若老的数据必须删除，那删除的所有页面 URL 要进行整理和提交死链。

（2）对发现的死链接如何处理。将收集好的所有死链接粘贴到网站根目录的一个文档中，再把文档地址提交到百度站长工具—网页抓取—死链提交—添加新数据—填写死链文件地址；若大量死链具有一定的规则，如某个目录下全部为死链接，则可提交规则死链。

6.10 内部链接

6.10.1 什么是内部链接

内部链接，顾名思义，就是指同一网站域名下的内容页面之间互相链接，如频道、栏目、终极内容页之间的链接，乃至站内关键词之间的 tag 链接都可以归类为内部链接。因此，内部链接也可以称为站内链接。对内部链接的优化其实就是对网站的站内链接的优化。

如图 6-15 所示，我在博客中发表了一篇文章为《百度 825 大更新后网站降权如何恢复》，这篇文章中提到另一篇文章《百度 823 排名最新算法大更新》，并带了该文章的链接，这就是文章链接，属于内部链接。

它与发布的这篇文章相关，是关于百度大更新的文章，于是我把 823 这个标题链接到对应文章页面，既方便用户点击浏览，又能通过内链相互传递权重。

如图 6-16 所示，京东网站首页顶部和左侧出现了其他页面的链接，如导航链接、分类链接、产品链接，这些都是从首页链接到站内其他页面，都属于内部链接。

百度825大更新后网站降权如何恢复

最近百度更新是一波接一波，跟踪的紧看着站长不放，不能有丝毫的松动，可能有想让站长把注意力转移到360搜索身上吧，但每次更新的确能提升百度的内容体验，也有很大一部分正规网站受到牵连，被误判，正所谓几家吹鼓几家愁。

百度823排名最新算法大更新，这篇文章百度在22号发布以后，让站长们期待、担心。

虽然这次百度更新来的有点迟，在8月25号周六早上来了，那天我起的比较早，和往常一样，习惯性的看群里的消息，发现大家都在讨论百度大更新排名消失了。在这里总结了一些常见问题：

图 6-15   图 6-16

6.10.2　内部链接的重要性

1.　加速蜘蛛爬行

对于搜索引擎蜘蛛来说，优秀的内部链接结构能加速对网站的索引，也能更深入爬行网站内容。搜索引擎来到网站的首页，看到网站首页有各种各样的链接，他就会顺着这些链接进入到更深层次的页面，如进入分类页、进入产品页、进入文章页，这样就有助于加速搜索引擎对我们网站这些页面的抓取，能够更加完整地抓取我们网站的所有页面。

内部链接就好比是网站的经脉，经脉不通，搜索引擎抓取会不畅，这样虽然网站有很多产品，有很多文章，但搜索引擎抓取不了，最终影响收录。如果把内部链接做好，打通网站的任督二脉，奇经八脉，那搜索引擎抓取就畅通无阻，就更利于去抓取网站的内容。

如图6-17所示，当用户进入京东商城后，要买电脑，看到左侧分类中有电脑这个分类，里面有平板电脑、笔记本等小分类，点击进入，就能够很好地找到产品，这也就有利于搜索引擎的抓取。

2.　增加用户体验

用户体验就是网站内容对用户有帮助，用户能够在网站上浏览多篇文章，停留时间长，就可以说是用户体验好。用户浏览的文章多了，就增加了网站的PV量（PV量就是浏览量的意思，如一个人是一个IP，看了5个页面，就是5个PV）与点击量，这样更利于网站整体排名的提升。

搜索引擎会认为你的网站内容对用户很有帮助，会给予良好的排名，所以网站的PV量越大，网站越有价值。

如图6-18所示，用户要购买新疆大枣，除了看到这个产品，看不到其他相关产品了，如果用户不购买这个产品，想要浏览其他产品，就必须点击网站导航，返回到导航页面，然后才能找到其他产品，这样是否会影响用户浏览体验呢？

图 6-17

图 6-18

如果在产品页面左侧展示一些相关产品，那将大大节省用户的时间，用户体验也会提升。

图 6-19

图6-19为京东的产品页面，左侧有一些相关分类，如相关分类、同类品牌，下面还有引导用户购买的一些元素，如浏览了该商品的用户还购买了等，产品下有一些搭配套餐，都是内部链接，都可以引导用户浏览更多的产品或者购买更多的产品。这也是良好用户体验的一种表现。

3. 提升关键词的排名

网站上的任何一个页面，包括首页、分类页、产品页、文章页等，都是有权重之分的，只是首页的权重会高一些，而产品页、分类页等其他页面的权重稍微低一些，但都是有权重的，都是可以把权重传递给其他页面的。

每一个内部链接也是站内的投票，为其他页面投票越多，越利于排名。例如，要优化某一个关键词，就可以把这个词在不同的文章页面增加出现的机会，然后加上链接，排名就会提升。

这是内部链接的重要性。良好的内部链接有利于让搜索引擎更好地抓取网站内容，提升用户体验和关键词的排名。

6.10.3 哪些属于内部链接

网站中的每个模块均属于内部链接，包括网站头部导航和侧导航、面包屑导航链接、锚文本链接、上一篇下一篇链接、文章相关链接、网站地图、tags 标签等，只要把这些模块优化了，就能够把内部链接做好。

6.10.4 头部导航优化

导航在本书第 4 章关键词中讲过。头部导航是网站非常重要的一块区域，我们可以在导航中布局关键词，增加关键词密度。

导航区域也是非常重要的内部链接区域，因为其位于网站顶部，搜索引擎会优先抓取，也会给予相当高的权重，栏目页面权重高了，也会把权重传递给栏目下面的文章页面，利于产品等页面的收录和排名。如图 6-20 所示，头部导航包括首页、关于我们、展示柜资讯、产品展示等栏目。

图 6-20

用户通过头部导航，可以很方便地点击进入相关页面，这样既有利于用户体验，又做了很好的内部链接。所以，我们要重视导航区域，要把网站重要的栏目放在导航区域。

导航优化注意事项：

（1）导航设置为图片或者 Flash，搜索引擎就没办法识别和抓取了，一定要是文字链接，这样才能提升分类页面排名。

（2）如果是产品站或商城，可以在网站左侧增加分类侧导航，方便优化更多分类页。如图 6-21 所示，该网站分类比较多，无法放在头部导航中，单独在左侧开设分类模块，可方便用户更容易地找到想了解的产品。

图 6-21

分类的具体位置也可以布局在主导航的下拉菜单中，但一定要是文字链接。

（3）网站导航应该从用户的角度出发。

网站导航中的文章链接如何放置从 UE（用户体验）角度来说是很有讲究的，这与网站频道的重要性或者网站的特色有关，一般是重要的频道放置在前面。当然，可以对频道做一个感官方面的分类，来加以区分。从 SEO 角度来说，频道名称的设想是一个复杂的过程，需要对频道内容做细致的了解，并对该频道的主要关键词进行调研。

6.10.5 面包屑导航优化

1. 面包屑导航

面包屑导航（bread crumb navigation）这个概念来自童话故事《汉赛尔和格莱特》，当汉赛尔和格莱特穿过森林时，不小心迷路了，但是他们发现在沿途走过的地方都撒下了面包屑，让这些面包屑来帮助他们找到回家的路。所以，面包屑导航的作用是告诉访问者他们目前在网站中的位置以及如何返回。

2. 面包屑导航在网站中的位置

如图 6-22 所示，当前位置：首页 > 站长 > 搜索优化 > 正文，这就是面包屑导航。为了让访问者知道他目前在网站中的什么位置，可以通过点击这里的分类进入首页或者其他页面。

图 6-22

3. 面包屑导航的作用

（1）方便用户和搜索引擎返回上一层目录或者进入下一层目录。

（2）方便搜索引擎抓取的深度和广度。

（3）搜索引擎会根据导航的不同层次，给予不同的排名。

（4）URL 更清晰，层次分明，利用网站 SEO 优化，对网站排名非常有帮助。

（5）通过该导航，可以建立起完善的、复杂的网站内部链接结构，方便搜索引擎通过一个页面，访问其他任何一个页面。

4. 面包屑导航的注意事项

（1）网站必须要有面包屑导航，如果没有面包屑导航，建议让建站人员或技术人员加上，根据产品的架构层次显示，增加面包屑导航。

（2）面包屑导航的关键词必须带链接，之前看过很多网站也做了面包屑导航，但是很多直接就是文字，没有设置链接，点击不进去，这样做是没有太大作用的，没办法让用户点击，搜索引擎也不能通过面包屑直接进入页面，提升不了关键词排名。

（3）面包屑导航出现的位置是在分类页、列表页、产品页和内容页，当用户进入分类页后，就开始了网站之旅，所以要给用户清晰的路线，不管用户进入哪个页面，都会清晰地知道自己在网站中的哪个位置，并且可以随时点击进入其他页面。

6.10.6 锚文本优化

1. 锚文本

锚文本也叫关键词链接，是链接的一种形式，就是把某个关键词加上链接，指向其他页面。如图 6-23 所示，一篇关于隐形眼镜的文章，文章中出现了"隐形眼镜"这个词，加上链接，链接到"隐形眼镜"页面，这个就是针对"隐形眼镜"做的关键词链接。

每个页面链接都是有权重的，不管是内链，还是外链，都可以把一个页面权重传递给另一个页面，如果是针对某个关键词做的链接，就有利于提升某个页面关键词的排名。

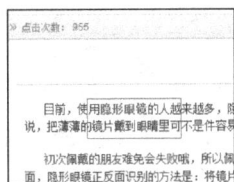

图 6-23

2. 锚文本的布局

本书第 4 章关键词中详细讲解了核心关键词、次要关键词和长尾关键词的选择和布局，网站首页为 3 ~ 5 个核心关键词，还有众多栏目页，每个栏目页面也有 3 个关键词，还有无数的文章页面的长尾关键词，但如何优化这么多的关键词呢？当关键词分布到网页的标题中后，很重要的事情就是关键词的优化。尽可能地将要优化的关键词出现在网站的页面中进行内链建设。具体如何布局呢？

3. 布局在文章中

在文章中布局是最常见的布局方式，就像刚提到的文章中出现了优化的核心关键词或次要关键词，带上对应的链接。开展 SEO 时，需要告诉编辑，让编辑在发布网站内容时加上关键词链接。

假如重点优化的关键词是"眼镜"，那发布文章时，文章中如果出现了"眼镜"，就为"眼镜"这个关键词加一个链接，链接到首页，这样可以提升"眼镜"这个关键词的排名。

图 6-24 所示是一篇如何保养眼镜的文章，文章中出现了眼镜和镜片的关键词，编辑人员把眼镜链接到首页，镜片链接到分类页面（注意：眼镜是核心关键词，镜片是网站的一个分类页面）。这样利于提升不同页面的关键词排名。

发布文章时，文章中的关键词链接到哪里，怎么链接，由我们说了算。也就是说，我们想优化哪个词，想提升哪个页面的排名，就把这个词链接到对应页面。当然，被链接页面的标题中必须包含这个词。

除了链接到首页和分类页，也可以链接到文章页，算是文章与文章之间互相链接。之前提到过，长尾词的优化，就是在其他文章中出现要优化长尾词的链接，提升这个长尾词的排名。

如图 6-25 所示，内容为"隐形眼镜可分为许多种类，从材料特性、配戴方式、使用周期、含水量、中心厚度和功能等方面进行分类"。根据不同的需求，可以选择不同的隐形眼镜。点击"参看隐形眼镜分类和特点"，里面提到了"隐形眼镜分类和特点"这篇文章标题，就可以把这个标题链接到对应的文章页面，而且链接的锚文本就是"隐形眼镜分类和特点"，同时就可以给那篇文章传递权重，就能够获得排名。

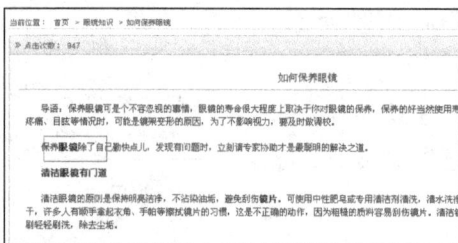

图 6-24

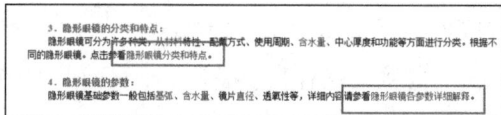

图 6-25

实际工作中，文章页关键词的链接很多都是由编辑人员完成的，编辑在更新文章时加上链接，但是很多编辑对这块儿不懂，不知道怎么设置，怎么办呢？这就需要对编辑进行培训，告诉他们怎么去设置、为什么要这么做、具体操作技巧，并且要给他一些指标进行量化。

例如，每天更新 10 篇文章，每篇文章中带哪些关键词的词链接，一共链接的数量，这些我们都需要事先规划好。

注意：

（1）一篇文章中的关键词链接不宜过多，一般不要超过 3 个。如果关键词链接很多，用户浏览文章时，鼠标一点，就经常有页面跳转，影响用户体验；其次，链接太多，传递给每个页面的权重就小了，会影响排名。

如图 6-26 所示，文章中出现核心关键词、次要关键词和长尾关键词，可以分别指向指定的优化页面。所以，做关键词链接时，最好一篇文章中不要超过 3 个关键词链接。

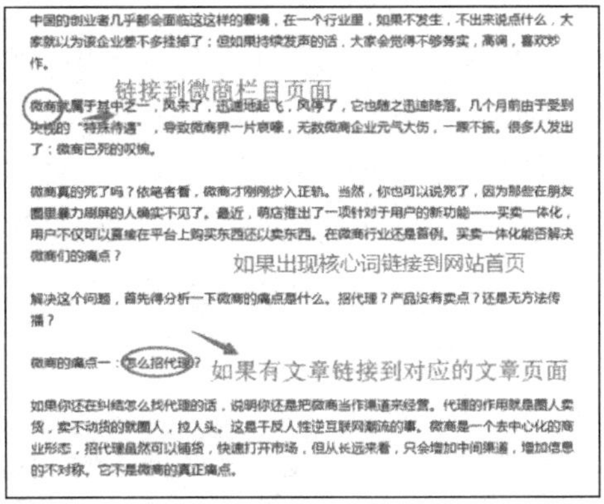

（2）文章中相同关键词只需要做一次链接。例如，文章中出现了两次"眼镜"这个词，那么只需要把一个链接到首页即可，另一个不需要做链接。

（3）同一个关键词不要链接到不同网页。有的 SEO 人员认为，首页出现了"眼镜"这个词，其他页面中也出现了"眼镜"这个词，

图 6-26

是不是也可以链接到其他页面呢，这是坚决不能的，会分散"眼镜"这个词的权重。

（4）做一个关键词优化表格。

关键词	链接
眼镜	http://www.cngla.com
眼镜商城	http://www.cngla.com
眼镜护理	http://www.cngla.com/channel-huli.html
功能眼镜	http://www.cngla.com/channel-gongneng.html

制作这么一个表格，然后给编辑，当编辑人员更新文章出现这些词时，主动加上链接，链接到对应页面，这样能省时、省力。但是如果一个网站要优化几十个、几千个，甚至更多的关键词，靠文章中的关键词链接是不行的，因为文章的数量增加缓慢，每篇文章内链有限，不能放太多的词，那么怎么办呢？

大型网站主要靠布局在侧导航中的关键词链接传递权重，提升成千上万关键词的排名。第 6.10.4 节中提到过在网页中做侧导航。如图 6-27 所示，京东商城在首页的侧导航中出现了大量的分类关键词链接，这是不是就可以布局几千个关键词呢，就可以为分类页面传递权重，提高每个分类页面的排名？

如果分类链接在网站首页只出现一次，这样权重还是很低的。为了进一步提升权重，还需要在其他页面布局更多的内链。下面来看分类页面。

如图 6-28 所示，这个页面是平板电视的分类页，在左侧有一个相关分类，里面除平板电视外，还有其他大家电产品，如洗衣机、热水器、冰箱之类的，它们和平板电视都归属于大家电分类，这些都是相关内链，都可以点击进入到其他分类页面。所以，京东的分类页通过在左侧显示相关分类及产品推荐增加了关键词链接。

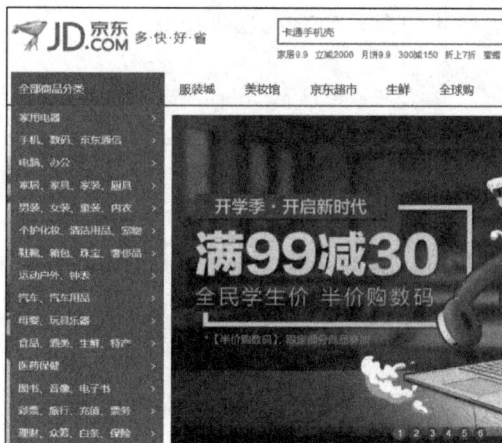

图 6-27

图 6-28

京东商城这样的分类有成千上万个，每个分类页面都有这些相关的分类，相互做了大量的关键词链接，每个内链权重都很高，相互提高权重，进而使它的大量分类关键词都能获得排名。

所以，大家经常搜索词时，看到京东很多分类关键词排名都很好，就是因为它有一个很强大的内链布局。

关于关键词链接，主要讲了两方面：一是在文章中出现，如果优化的关键词少，就在文章中加；二是有大量的关键词，需要在分类页面或产品页面的侧导航中布局，这也是内部链接的重点。

6.10.7 相关文章优化

1. 什么是相关文章

相关文章链接是存在于栏目页或内容页，调用与本页内容具有相同分类或者其他属性的内容。此功能有利于引导用户浏览更多的页面，并且为更多的页面传递权重。

相关文章也是内部链接优化的重要一部分，当用户看了这篇文章，但是还没有完全解决需求，那么它势必会再通过搜索引擎或本站查找相关的内容，如果这时有相关推荐模块，通过点击模块内的文章标题能及时准确地找到自己需要的内容，既为用户提供了方便、节约了时间，同时也增加了网站的浏览量，如果内容质量高，用户很可能就会多点击标题链接。这样既做了长尾文章的内链，又增加了用户体验。

如图 6-29 所示，每篇文章页面的底部或右侧都会推荐一些与该文章相关的文章，如相关日志、随机日志、最新文章、点击最多的文章、评论最多的文章等。

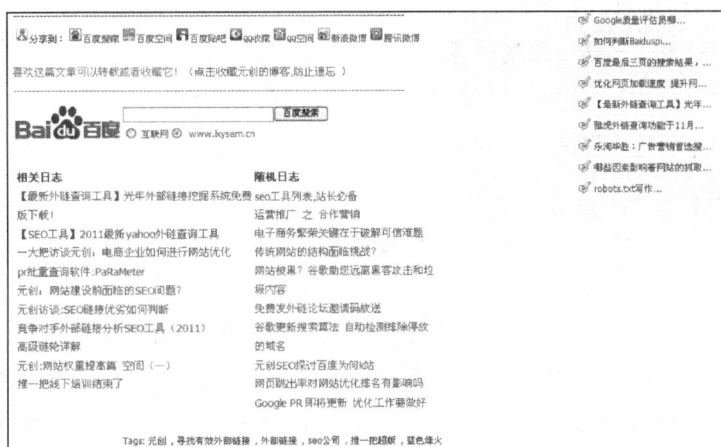

图 6-29

相关文章对于电商网站来说，也可以叫相关产品，如图 6-30 所示。这个产品页面左侧有很多相关链接，如相关分类、相关品牌、推荐配件、其他人买过的产品推荐、面包屑导航等，都可以引导用户购买更多的产品。

京东商城有几千万这样的产品页，页面左侧都出现了相关产品的内链，既有利于用户体验，又可以相互提高关键词排名。

图 6-30

2. 增加相关链接技巧

设计网页时，把这些相关链接模块融入网页中，让美工设计好页面布局，技术人员实现即可。我们可以在网站中增加最新文章、热门文章、本月推荐、本周推荐、相关文章等模块。

6.10.8 网站地图

1. 网站地图的概念

网站地图又称站点地图。它是在一个页面上放置了网站上所有页面的链接。网站地图就是根据网站的结构、框架、内容生成的导航网页文件，主要是为搜索引擎看的（常用 html 和 xml 格式）。

2. 网站地图的作用

（1）为搜索引擎蜘蛛提供可以浏览整个网站的链接。

（2）为搜索引擎蜘蛛提供一些链接，指向静态、动态页面或者蜘蛛比较难以到达的页面。

3. 什么样的网站需要网站地图

（1）超大型网站

超大型网站的页面太多，导致搜索引擎很难完全抓取，所以需要制作地图。由于页面太多，需要做栏目地图，就是把网站中的所有栏目放置在一个页面，也就是网站地图需要精细到每个栏目。图 6-31 所示为新浪的栏目地图导航。

新浪有太多的栏目，导致很多无法在导航中显示，为了让搜索引擎更好地抓取，就做了一个栏目网站地图。

（2）动态网站

动态网站结构比较乱，URL 中参数过多，会影响搜索引擎的抓取效率，所以最好做一个网站地图，这样能便于搜索引擎蜘蛛抓取。

（3）网站内容多

网站内容非常多，但搜索引擎收录不佳。

（4）网站结构复杂

网站结构比较深，因为路径太深，蜘蛛不容易抓取到。

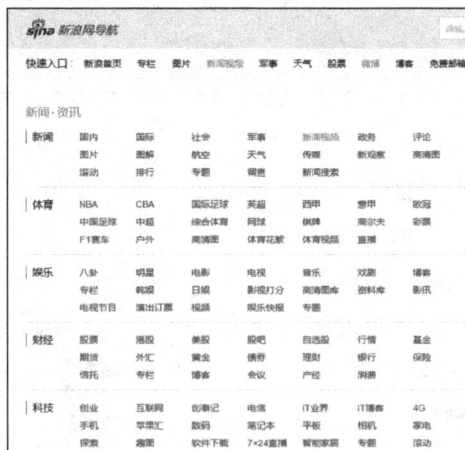

图 6-31

栏目非常多的中大型网站一般建栏目地图。小型企业网站做网站地图会把所有文章链接在一个页面出现，通常做成文章地图，方便搜索引擎快速抓取。如图 6-32 所示，网站中的所有文章都链接聚合在一个页面。

图 6-32

4．制作网站地图

下面介绍小型站点如何制作网站地图。需要使用网站地图工具，免费下载地址为 http://cn.sitemapx.com/。具体步骤如下：

第一步：下载网站地图工具，并安装，如图 6-33 所示。

图 6-33

第二步：新建项目，设置名称，如图 6-34 所示。

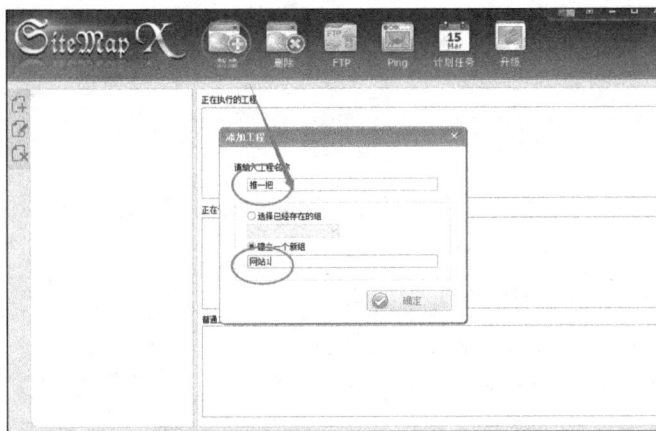

图 6-34

第三步：设置参数，点击抓取。抓取文件目录深度一般为 5 层，可以根据网站 URL 层次情况来设置，如图 6-35 所示。

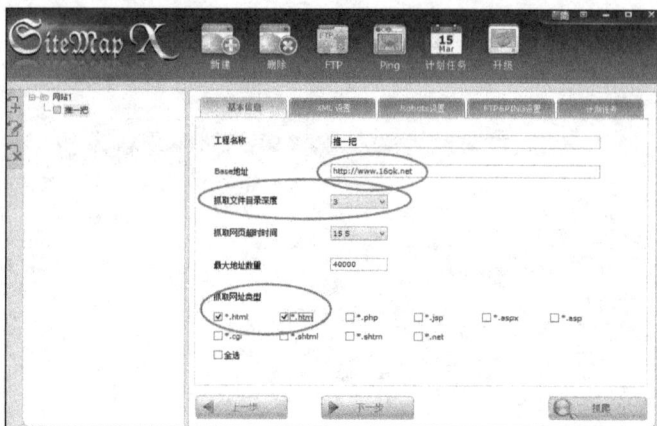

图 6-35

　　抓取类型可以全选，图 6-35 中只选了 *.html 和 *.htm，如果只设置了这两项，网站是动态的，就无法抓取。

　　第四步：生成 XML 文件，如图 6-36 所示。

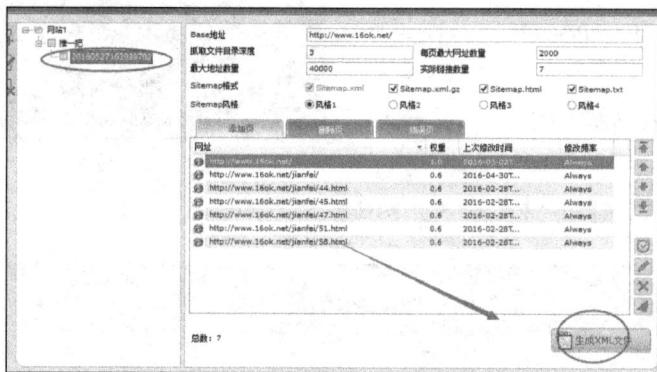

图 6-36

　　文件生成后，在网站地图的文件夹中会自动出现 sitemap.html、sitemap.txt 和 sitemap.xml 3 个文件，如图 6-37 所示。

　　第五步：上传网站地图到 FTP 中。将制作好的 sitemap.html、sitemap.txt 和 sitemap.xml 地图上传到网站根目录，将获取 3 个链接，如图 6-38 所示。

www.16ok.net/sitemap.txt

www.16ok.net/sitemap.html

www.16ok.net/sitemap.xml

图 6-37

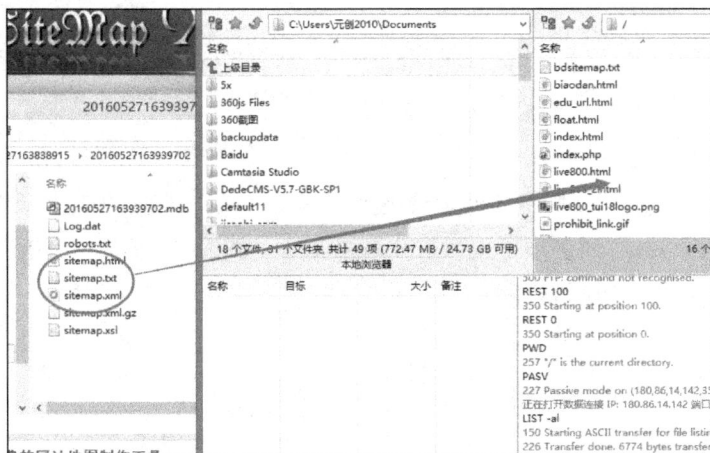

图 6-38

第六步：在网站底部增加网站地图链接，引导搜索引擎快速抓取。这个链接链接到 sitemap.html 即可。如图 6-39 所示，在底部导航中增加网站地图链接。

第七步：把网站地图链接放在 robots 文件中，如图 6-40 所示。

图 6-39

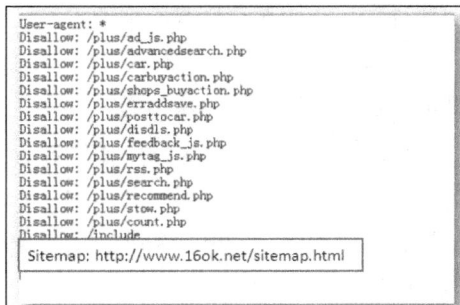

图 6-40

制作完成后，只需要每天保持更新文章和少量外链，吸引搜索引擎抓取，就能很快增加收录了。

网站地图有利于引导搜索引擎抓取网站的所有信息，内容越多的网站，越需要增加网站地图。

6.10.9 翻页、上下篇优化

翻页、上一篇、下一篇这样的链接很常见，一般出现在列表页和文章页内容的底部。一般网站均有这样的功能，用来增加收录和提升用户体验。

如图 6-41 所示，每篇文章结尾均有上一篇、下一篇，既方便搜索引擎按照文章顺序抓取，又利于用户浏览更多的文章。

如图 6-42 所示，每个栏目页均有翻页，如果文章数量多，列表页面翻页也会增多。这些都是网站程序自带功能。为了更好地让

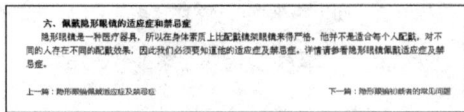

图 6-41

搜索引擎抓取，建议：① 尽量能够多展现列表翻页序号，图 6-42 现在只能显示 10 页，可以增加到 20 页；② 列表顶部也可以出现翻页，如图 6-43 所示，列表顶部也可以有翻页链接，但需要考虑美观度。

图 6-42

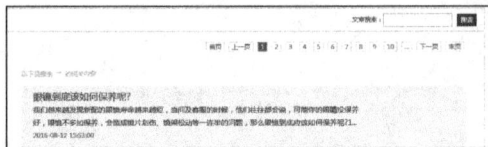

图 6-43

6.10.10　tags 标签优化

tags 指的是为文章设定一个具有某类主题的标签，通过设置此标签，可以提升网站内容量，增加内链数量。

如图 6-44 所示，文章底部有一块是标签阅读，右侧出现了阿里帝国和阿里两个关键词。这两个词就是 tags 标签。

tags 怎么才能出现在网站中呢？以 DEDECMS 程序为例，如图 6-45 所示，登录后台，发布文章，标题为"阿里帝国重创，单日市值缩水近 900 亿元"，下面有 tags 标签，把标题中的重要词汇填到此处，用半角逗号隔开即可。

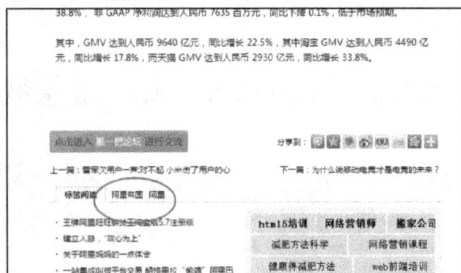

图 6-44

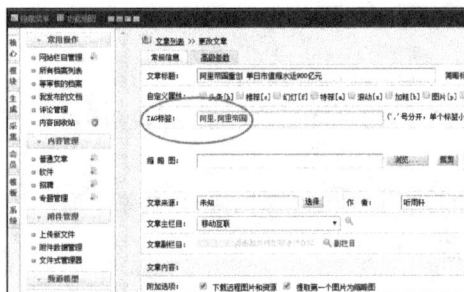

图 6-45

文章发布后，文章的 keywords 和文章页面底部就会出现 tags 标签。如图 6-46 所示，在文章的源代码中可以看到 keywords 标签中出现了这两个词。

如图 6-47 所示，文章底部的标签位置中出现了这两个词。

点击阿里帝国，会自动生成一个列表页面，这个列表页面会把 tags 标签中包含阿

里帝国的文章全部显示出来，如图6-48所示。类似于聚合页面，这样有利于优化更多热门关键词、热搜关键词和网站中其他页面不能优化的关键词。

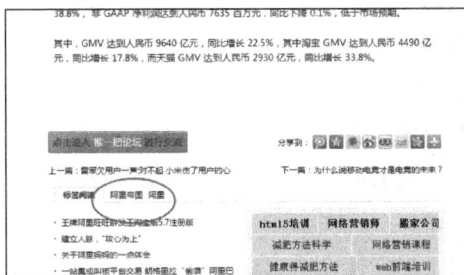
图 6-46

图 6-47

图 6-48

tags标签可以把相关内容聚合在一起，类似小专题。一般内容多的网站常用这种方式来增加关键词排名。但是tags标签在很多网站中是动态URL显示的，建议调整为伪静态。

6.10.11 内部链接优化的注意事项

内部链接优化应注意如下几个方面：

（1）尊重用户的体验

注意链接的相关性，内部链接不要太过泛滥。相关性高的链接有助于提高搜索引擎收录，并且有助于提升用户体验，增加用户的黏性，进而提升网站的浏览量。

（2）内部链接一定要保证URL的唯一性

特别是动态网站静态化处理过的，只能保留一个链接。链接到具体的页面都只能有一个链接。链接次数多了，不然很容易导致搜索引擎无法判断哪个是正确的链接页面，进而将之归入重复页面，从而无法获得任何权重。

（3）内部链接要注意防止死链

内部链接要防止死链接，避免影响用户浏览体验，死链接过多也会影响搜索引擎对网站的评分。

（4）每个页面的内部链接数量要有控制

如果页面中的内部链接数量超过限制，搜索引擎可能会忽略该页面，或者忽略该页面中超出限制的那部分链接所指向的目标页面。一般来说，一个页面的内部链接数要限制在100个以内。

这里再回顾一下网站中几处重要的内部链接：

如何做好
内部链接

（1）网站首页

一般来说，网站首页的权重是整个网站页面中最高的。首页内部链接设计的原则是在不影响用户体验的前提下给重点页面或更多的页面传递权重。

（2）网站导航

网站导航链接的更大意义是对站内信息页面的导航，能够让用户随意自如地浏览网站的信息。网站导航链接的设计需要考虑到用户体验。

（3）网站资讯正文内容

通常，网站资讯正文内容会包含很多网站重要的关键词。需要建立链接表格，方便编辑人员更新文章时快速加上链接，禁止使用自动内链工具。

（4）侧导航

通过针对大型网站或关键词非常多的网站，需要把关键词布局到网站的侧导航中，这样也有利于用户更容易地找到想要的信息。

（5）相关文章链接

相关文章链接的目的是为了 SEO，同时也是为了用户体验。相关文章链接需要文章内容之间高度相关，这样做可以推动文章页面的排名。

（6）tags 分类

tags 分类链接主要依据网站规模大小。如果网站的信息量非常大，就需要用到 tags 分类链接。如果是小规模的站点，基本不需要做 tags 分类链接。可以将 tags 分类链接理解为是相关内容的聚合。

内部链接如图 6-49 所示，是一个网状结构，页面之间相互链接，既利于用户体验，又利于搜索引擎抓取。

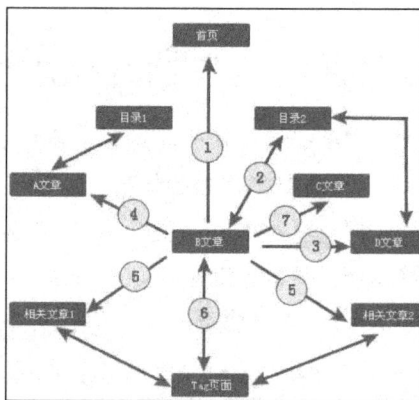

图 6-49

实战案例　美容整形网站诊断方案

我两年前对该网站进行过 SEO 诊断，现在网站相比当时已经优化得不错了，但该行业竞争异常激烈，还需要继续保持优化，才能维持和提升更多关键词排名。

一、背景介绍

"邦定"（Biotinge）创建于 1993 年。20 多年前，军事医学科学院教授杨志刚带领一批军旅战友在位于北京西长安街玉泉路的邦定大楼开始创业。凭借杨志刚教授自身深厚的科技研发优势、与时俱进的经营思维、完善整合的产业模式，其将"医美交融"确定为企业发展的核心，使邦定成长为一家集美容研发、制造、销售、服务于一体的企业。

邦定一直致力于生物医学高新技术在美容化妆品领域中的应用，先后开发出"邦定美肤霜""纳米保鲜护肤液""邦定修复面膜"等一系列生物美容产品。其中，"邦定美肤霜"诞生于1979年，其修护效果解决了众多的皮肤问题。经过几十年、多人市场的检验，成就了"邦定美肤霜"在美容专业修护市场的地位。精心研发的纳米保鲜护肤液与邦定美肤霜完美结合，达到了由浅入深的修护效果。

邦定汇集了国内外众多著名医学美容专家，将国外抗衰老治疗理念和技术引到中国，使邦定在医学美容抗衰老、美容整形、皮肤医学、m-spa等项目的发展上处于较高水准，使广大爱美人士不出国门就能享受国际化、标准化的医疗美容服务。

整形美容行业获取客户的主要渠道为搜索引擎。搜索引擎付费推广点击费用居高不下，众多美容机构在投入一定量付费广告的同时，选择对网站进行SEO，通过对网站进行整站优化，获得更多关键词排名，进而获得更多用户。

二、网站诊断分析

1. 首页标题关键词的确定

对方提供的关键词为：北京整形美容、美容整形中心、医疗美容机构、邦定整形美容、邦定注射美容。

现标题为：<title> 邦定美容 | 邦定整形 | 邦定医学美容连锁机构 </title>

修改为：<title> 北京整形美容 _ 注射美容中心 _ 北京专业美容整形 – 邦定医学美容机构 </title>

2. 该模块修改为文章列表形式，展示更多内容

修改为：将"热点资讯"下面文章的显示形式修改为列表形式，可以显示10篇文章标题，保持每天更新5～10篇文章，推送在这个位置，如图6-50所示。

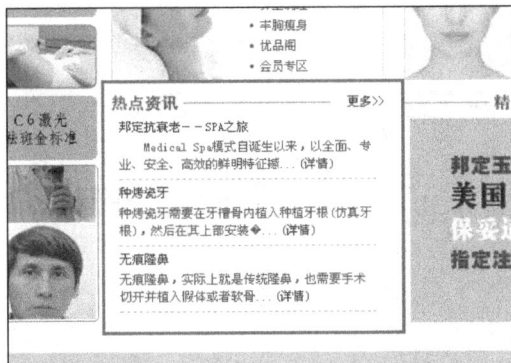

图 6-50

3. 修改图片的 alt 属性

修改：该图片原 title 与 alt 为"邦定玉泉院、万泉院、美国 Allergan、保妥适 botox、指定注射机构"，如图 6-51 所示。

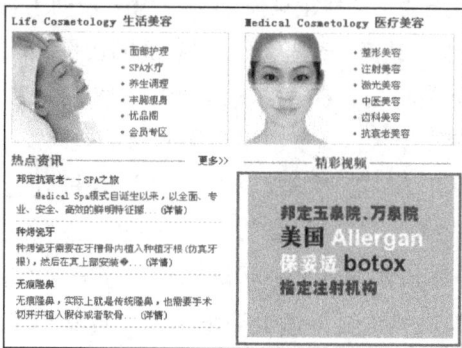

图 6-51

修改为："邦定整形美容机构"。

4. 为文章标题加链接

修改：为栏目 http://www.nicecare.com.cn/html/yimeizixun/ 每篇文章的标题加上对应的链接，如图 6-52 所示。

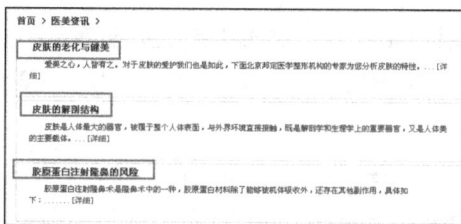

图 6-52

5. 面包屑导航关键词未加链接

修改：为面包屑导航添加对应链接，方便用户点击，如图 6-53 所示。

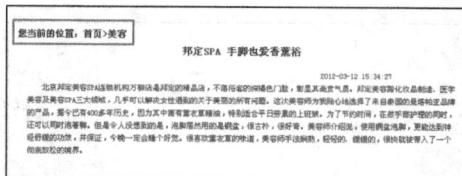

图 6-53

6. 在文章中增加关键词链接

将文章中出现的"邦定美容"链接到首页，若文章中多次出现，只链接第一个出现的即可，如图 6-54 所示。

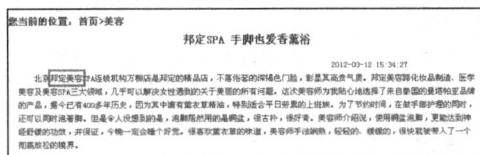

图 6-54

7. 增加相关文章模块

修改：在 6-55 所示的文章底部增加相关文章模块，如图 6-56 所示。

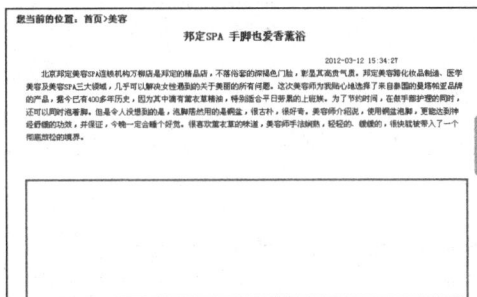

图 6-55

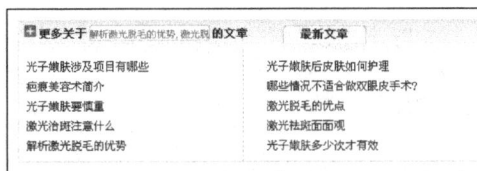

图 6-56

8. 图片无对应链接

修改：打开图片为本页面链接，检查每张图片的链接地址是否正确，并修改，如图 6-57 所示。

图 6-57

9. 网站无 404 页面

修改：为网站制作 404 页面，避免用户流失，如图 6-58 所示。

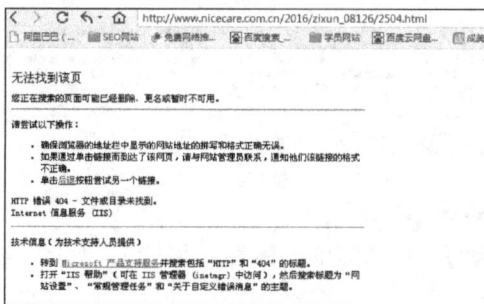

图 6-58

10. 无网站地图

修改：通过制作地图软件为网站制作地图，方便搜索引擎更快地抓取和收录页面，如图 6-59 所示。

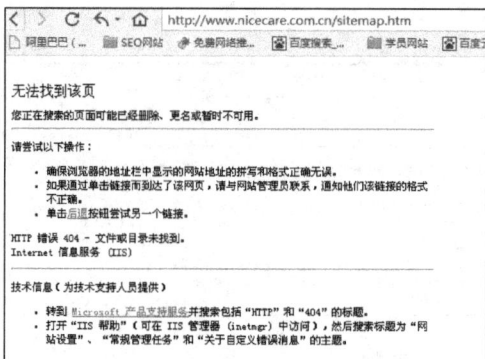

图 6-59

11. 在 robots 文件中加入地图的链接

修改：将制作好的地图链接添加到 robots 文件中，如图 6-60 所示。

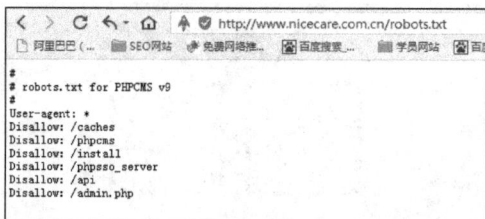

图 6-60

12. 未确定首选域

修改：将不带 www 域名 301 到 www 域名，集中权重，如图 6-61 所示。

图 6-61

三、总结

该网站通过优化，关键词获得了非常好的排名。核心关键词及产品关键词从没有排名，到优化后均达到搜索引擎首页。但是优化是一个长期的过程，诊断出问题，解决问题，并且还需要不断地进行内容维护、内链建设、外链建设等工作，才能让排名稳定持久，才能获得更多关键词排名，带来更多流量。

网站诊断不只是诊断本章所讲的内容，还包含诊断关键词、内容质量、外部链接等内容。本案例作为本章的一个样本，供大家参考。

本章小结

网站结构优化是一项复杂的功能，不能单靠 SEO 人员单独完成，需要网站策划人员、网站建设人员、编辑等配合，才能达到最好的效果。希望通过本章内容的学习，你对 SEO 能有更深刻的了解。

实训　对网站结构进行体检

【实训目的】

根据所学内容，学会对网站内部结构进行诊断，找出网站结构中优化不到位的地方，并对其进行改善，进而利于搜索引擎的抓取和排名。

【实训要求】

1. 了解蜘蛛陷阱
2. 了解 URL 优化

3. 掌握内部链接优化

4. 掌握其他优化细节

【实训内容】

1. 你的网站是树状结构吗? ＿＿＿＿＿＿（是或否）。

2. 你的网站存在哪些影响搜索引擎蜘蛛抓取的陷阱＿＿＿＿＿＿、＿＿＿＿＿＿、

＿＿＿＿＿＿、＿＿＿＿＿＿、＿＿＿＿＿＿、＿＿＿＿＿＿。

3. 你的网站是否有 Robots 文件? ＿＿＿＿＿＿（是或否）。

4. URL 优化包括哪几块? ＿＿＿＿＿＿、＿＿＿＿＿＿、＿＿＿＿＿＿。

5. 你的网站是否做了首选域? ＿＿＿＿＿＿（是或否）。

6. 你的网站 ULR 为＿＿＿＿＿＿层，一般网站 URL 层次为 3 层最佳 ，大型网站层次可以多一些。

7. 你的网站是动态，还是静态? ＿＿＿＿＿＿（是或否）。

8. 内部链接包括哪些? ＿＿＿＿＿＿、＿＿＿＿＿＿、＿＿＿＿＿＿、＿＿＿＿＿＿、

＿＿＿＿＿＿、＿＿＿＿＿＿、＿＿＿＿＿＿、＿＿＿＿＿＿。

9. 你的网站缺少哪些内部链接模块? ＿＿＿＿＿＿、＿＿＿＿＿＿、

＿＿＿＿＿＿。

10. 内部链接的三大作用是＿＿＿＿＿＿、＿＿＿＿＿＿、＿＿＿＿＿＿。

11. 你的网站导航中的栏目是文字，还是图片，如果是图片，需要增加＿＿＿＿＿＿，告诉搜索引擎此意思。

12. 你的网站面包屑导航的关键词是否带＿＿＿＿＿＿。

13. 一篇文章中，可以出现＿＿＿＿＿＿个关键词链接，你的出现了＿＿＿＿＿＿个。

14. 网站地图类型分为 XML 地图、＿＿＿＿＿＿、＿＿＿＿＿＿三种，你的网站制作网站地图了吗? （是或否）。

15. 网站地图可以加入到＿＿＿＿＿＿文件中。

16. 一个网站中的相关文章模块有＿＿＿＿＿＿、＿＿＿＿＿＿、＿＿＿＿＿＿、

＿＿＿＿＿＿、＿＿＿＿＿＿，你的网站相关文章有哪些?

17. 你的网站是否有死链接? ＿＿＿＿＿＿（是或否），如果有，应如何解决?

＿＿＿＿＿＿。

18. 你的网站是否有 404 页面? ＿＿＿＿＿＿（是或否）。

19. 你的网站代码中是否包含 nofollow 标签? ＿＿＿＿＿＿（是或否）。

第 7 章
页面优化

前面章节讲过站内优化的一些要素，本章主要针对网站每个页面优化的一些细节展开讨论。例如，每个页面标题的优化技巧；每个页面描述应该如何优化，如果网站图片、视频比较多，应该如何优化等问题。

学习目标

- ≫ 掌握标题优化规则
- ≫ 掌握页面描述优化规则
- ≫ 掌握图片优化技巧
- ≫ 了解 H 标签的作用

7.1 标题优化

标题优化是网站优化的重点。一个网站要开展 SEO，首先从标题优化开始。

7.1.1 页面标题顺序要有序

页面标题顺序即每个页面 title（标题）关键词显示的顺序。一般网站的页面分为三类：首页、栏目页、文章页。每个页面中的关键词前后位置的排序也是有讲究的，之前讲过首页标题中有 3 ~ 5 个核心关键词，我们把最重要、搜索量最大、最难优化的词放在第一位，其他词次之，因为搜索引擎的抓取顺序是从左至右，先抓取到的，搜索引擎会赋予这个词较高的权重，有利于优化，可能只需发少量的链接，就会取得良好的排名。

除了首页，还有栏目页、文章页，也一样需要把最重要的信息放在标题最前面。正确的标题顺序为：

- 首页标题写法：关键词 – 网站名称
- 栏目页写法：栏目名称 – 网站名称
- 文章页写法：文章标题 – 网站名称

如图 7-1 所示为推一把学院网站首页标题。

```
<meta http-equiv="X-UA-Compatible" content="IE=EmulateIE8" />
<title>北京实战网络营销培训 – 推一把网络营销师培训学院</title>
<meta name="keywords" content="北京网络营销培训,网络营销培训,网络
<meta name="description" content="推一把网络营销学院是国内第一家
4000-010-018" />
```

图 7-1

首页标题是：<title> 北京实战网络营销培训 – 推一把网络营销师培训学院 </title>，即关键词 – 网站名称。

注意： 北京实战网络营销培训是把几个关键词组合成了一个关键词。

如图 7-2 所示，打开导航中的 "课程体系" 栏目，可以看到标题是 <title> 网络营销课程，网络营销课程培训，网络营销精品课程 – 推一把网络营销学院 </title>，即栏目词（次要关键词）– 网站名称，如图 7-3 所示。

图 7-2

在网站中随便打开一篇文章，可以看到标题是：<title> 江礼坤：网络营销的几个阶段与境界 – 推一把网络营销工程师培训 </title>，是文章标题 – 网站名称，如图 7-4 所示。

```
<meta http-equiv="X-UA-Compatible" content="IE=EmulateIE8" />
<title>网络营销课程,网络营销课程培训,网络营销精品课程 - 推一把网络营销学院</title>
<meta name="keywords" content="网络营销课程,网络营销课程培训,网络营销精品课程" />
<meta name="description" content="【网络营销课程】栏目介绍推一把网络营销课程,网络营
销工作更容易。推一把,网络营销领域的黄埔军校。" />
```

图 7-3

```
<meta http-equiv="X-UA-Compatible" content="IE=EmulateIE8" />
<title>江礼坤,网络营销的几个阶段与境界 - 推一把网络营销工程师培训</title>
<meta name="keywords" content="江礼坤,网络,营销,几个,阶段,境界,理解,互联,发展,络多" />
<meta name="description" content="随着互联网的发展,越来越多的企业开始重视短网络营销的实施与应用。而很多
由于网络营销是个新兴行业,所以真正了解和掌握它的人并不多。不少人是精于其中一项,甚至把很多人" />
```

图 7-4

每个页面的重点信息不同,我们要把页面最重要的信息放在 title(标题)最前面,后面可以写品牌词或公司简称。这也是百度搜索引擎优化指南中明确建议的一条注意事项,但有些企业站或者个人博客由于程序原因,会出现这种错误。

图 7-5 所示的网站是做服装的,进入长袖的分类页面,看到分类标题是 "<title> 比梵高 - 乐活每一天!时尚男女装、运动休闲装、板鞋、跑鞋、帆布鞋、短裤、情侣装正品销售网购商城——长袖 </title>",这样的标题是错误的,因为这个分类最重要的信息是长袖,而这个标题把最重要的信息放在最后面,对排名来说是不友好的。

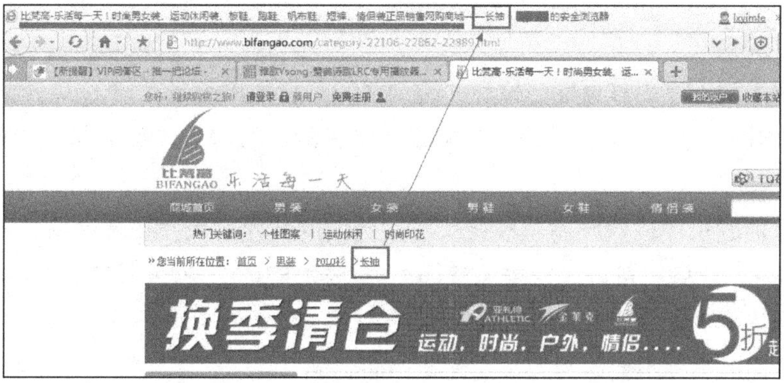

图 7-5

正确的标题可以写成:"长袖 _ 比梵高 - 乐活每一天",即栏目词(次要关键词)- 网站名称。这需要在后台修改或者让技术人员修改。

这部分讲的是网站的每个页面都有最重要的信息,我们要把最重要的信息放在最前面。

7.1.2 页面标题的长度

第 4 章中讲过,首页标题的字数要控制在 30 个字以内,为什么呢?

如图 7-6 所示,在百度中搜索"北京婚纱摄影",百度展示给用户的每个网站标题字数均在 30 个汉字以内,如果标题超过 30 个字,对于很多网站来说,多余的字是不显示的,而且由于字数多,还会从标题中把其他关键词权重分走一部分。之前已与大家解释过,标题写得越长,汉字越多,关键词越多,每个关键词分到的权重就越少,这样不利于每个关键词的优化。不仅仅是首页标题长度控制在 30 个汉字以内,栏目页面、文章页面标题也需要这样去控制。

所以，建议大家把标题的字数控制在30个汉字以内，写太多关键词，会影响到权重。

如图7-7所示，这个网站标题（title）中的关键词太多了，每个词的排名效果均不佳。

图 7-6

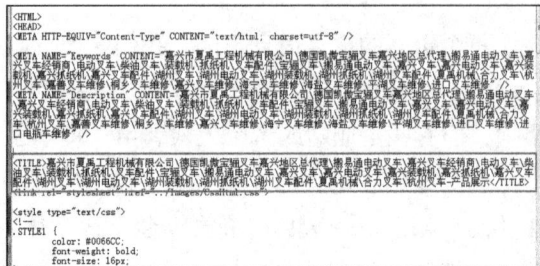

图 7-7

7.1.3 标题关键词符号的使用

本书第4章中提到首页标题核心关键词之间可以使用逗号（，）、下划线（_）和竖杠（Ⅰ）。用下划线对关键词进行分割是最常见的，写法是"关键词1_关键词2_关键词3-品牌词"。

栏目页标题也可以这样写，进行次要关键词的优化布局。正常网站是：栏目名称-网站名称，优化后，可以是次要关键词1_次要关键词2_次要关键词3-品牌词，这样每个栏目就可以多优化3个次要关键词。

文章页面的标题不变，为"文章标题-品牌词"。

7.1.4 标题重复

标题重复也就是网站每个页面的标题不要重复。前面说过，每个页面都需要有自己的重点信息，给用户展示的信息也是不一样的。

1．标题重复对排名的影响

如图7-8所示，在百度搜索框中查询哈尔滨工业大学网站的收录情况，如 site:www. hit.edu.cn，（site：域名）百度一下，百度搜索结果中出现哈尔滨工业大学网站的收录情况，我们会发现一个问题，就是它的网页标题（title）都一样。

前面讲过，每个页面标题中都可以布局关键词，首页是核心关键词，次要关键词可

图 7-8

以放在栏目页标题中，长尾关键词放到文章页标题中，但如果每个页面标题都一样，这样会导致以下结果。

（1）失去众多关键词展示的机会，标题中没有了用户搜索的词，用户在搜索相关信息时，百度肯定不会把网站展示给用户，即使收录了，用户搜索哈尔滨大学招生信息，也不会找哈尔滨大学了。因为哈尔滨大学的网站每个页面标题都是哈尔滨大学这个名称，没有包含招生信息。

（2）产生站内竞争，也就是内讧了。可以想象一下，当搜索引擎来到你的网站，发现每一个页面的名字都一样，那么他抓取了这些页面，但用户搜索关键词时，让哪个页面排在搜索引擎前面呢？例如，我们班有两位同学叫王鹏，老师一提问，让王鹏回答，这两位同学哪一个站起来呢，这样就影响了搜索引擎的判断。

每个网站都由一个首页、几个栏目页、大量文章页组成，每个页面都有自己的名字，是什么名字呢，标题就是每个页面的名字，既然是名字，就有一个特征，每个人都希望名字是独一无二的，这样可以与别人区分开。所以，同样的网站各页面标题都不要一样。

2. 标题重复的解决办法

（1）栏目页标题重复的解决办法

每个栏目页的标题不能一样，关键词尽量不能重复，如何设置栏目页面的标题在本书第 4.4 节已经详细讲解过。

（2）文章页标题重复的解决办法

图 7-9 所示是一张反映认证审核的文章，这篇新闻的标题是：德州亚太集团有限公司，是否正确呢？

图 7-9

正确标题显示应该是文章标题 – 品牌名，即 < title > 亚太集团顺利通过质量、环境、CCC 管理体系认证审核 – 德州亚太集团有限公司 </title>。

既然我们知道正确的是这个，那我们怎么改呢？可以把标题中各公司名称改为现在的文章标题＋公司名称，也就是把文章的标题放到 title 中，公司名称的前面。

每个页面都可以改成文章名加公司名字，这样，网站的每一个页面标题都是独一无二的，对于搜索引擎来说，每一个页面都是新颖的，就能够抓取更多的内容，这不需要自己修改一个个页面，可以让技术人员统一实现，我们只需直接告诉技术人员，说明标题和其他页面重复，需要调用文章当前的标题作为 title，技术就知道怎么修改了，不需要我们一篇一篇修改。这样就可以实现网站的每个页面的 title 是唯一的。现在一般程序都已经实现了发布文章后显示的文章标题为正确的形式。

标题的优化是页面优化的重中之重，是网站优化的第一步。做 SEO，首先需要将每个页面的标题进行优化。

7.2　描述优化

提示：

第 4 章中讲到过描述：

① 描述是网页内容的概括，是一段连贯的话，而不是关键词的堆砌。

② 尽可能地把标题中的 3 ～ 5 个核心关键词融入到描述中。

③ 建议描述不超过 80 个汉字。

这里针对每个页面优化,需要再补充的就是网站中每个页面的描述也不能一样。《百度搜索引擎优化指南》中提道："准确地描述网页，不要堆砌关键词；为每个网页创建不同的描述，避免所有网页都使用同样的描述；长度合理，不过长，也不过短。"

所以，我们需要设置好每个页面的描述。大家来看这个网站的两个页面：一个为网站首页；一个为栏目页面。他们的标题和描述都一样。这里重点说描述，如图 7-10 和图 7-11 所示。

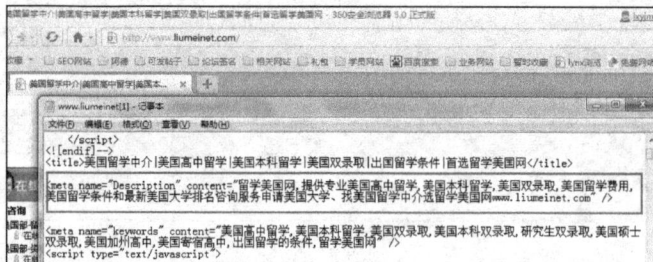

图 7-10

具体每个页面怎么设置呢？栏目页的描述需要围绕栏目标题撰写。如图 7-12 所示为易车网的奥迪 A4L 介绍页面，它的描述是围绕奥迪 A4L 撰写的。

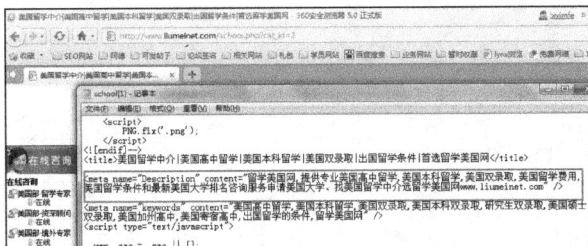

图 7-11

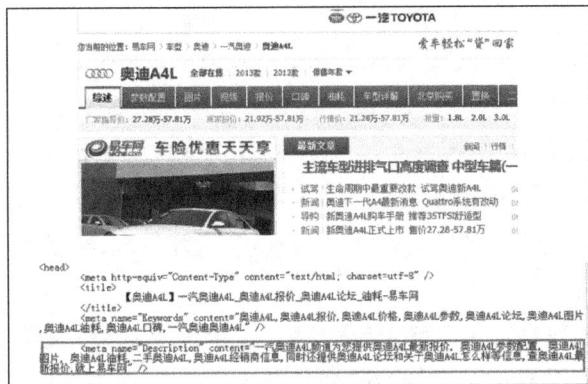

图 7-12

有人可能会问，如果栏目很多，每个栏目都需要一个一个地写描述，那会很累的，在我们实际工作中，网站每个栏目描述其实不需要一个一个地编写，一般只写一个描述，然后将中间关键词替换一下就可以了。

如图 7-13 所示，易车网的速腾汽车栏目是介绍速腾汽车的，它的描述里面出现了10 次速腾这个词。

如图 7-14 所示，易车网的君威汽车栏目，是介绍君威汽车的，它的描述里面出现了 10 次君威这个词。

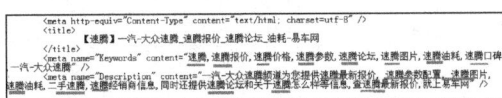

图 7-13

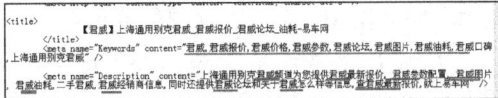

图 7-14

这两张图片有什么共同点和不同点呢？是不是描述基本一样，只是把栏目关键词替换了一下？所以，如果你的网站栏目多，只需要写一段话，替换中间关键词即可。

将栏目的描述设置好后，把每个描述直接复制到对应栏目页面的描述中即可，如图 7-15 所示。DEDECMS 后台的每个栏目都可以撰写描述。

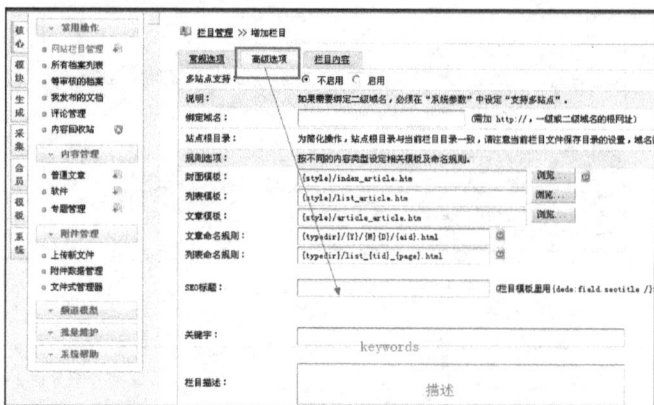

图 7-15

一个网站栏目如果不多，完全可以自己设置。这就需要先熟悉网站后台，如果后台不能添加，就需要改模板代码或我们写好描述，交给技术人员，让技术人员来做。

如果遇到大网站几千个栏目都需要编写描述，这时就需要我们写好一条规则，技术人员统一实现即可。

文章页的描述一般是发布文章后，程序会自动提取文章内容的前 70 个字作为描述，现在很多程序都有这个功能。即使你的文章页面没有描述，搜索引擎现在也会自动从内文中提取一段作为描述。

7.3　正文优化

正文优化也就是文章内容优化。本书第 4 章关键词和第 5 章内容策略也提到过内容优化，这里针对内容优化，再扩充几点。

（1）利用长尾关键词撰写标题。

（2）若长尾关键词在整篇文章中出现多于 3 次，就尽量在文章开头、中间、结尾或每段中均出现，第一次出现的需加粗。

（3）如文章中有段落标题，就需要给标题加粗，如图 7-16 所示。

（4）发布文章时，从标题中提取重要词汇，写入 tags 标签中。

（5）为文章写描述，从文章中找出能体现文章大意的一段话，也可以自己写，字数控制在 70 字内，中间包含

图 7-16

标题中的重要词汇。

（6）图文并茂、排版整齐，不仅为了优化，更需要让内容对用户有价值、有帮助，阅读体验要好，现在搜索引擎更重视内容对用户是否有帮助，用户体验是否愉悦。

（7）图片需要增加 alt 属性，告诉搜索引擎图片的含义，一般直接把文章标题作为 alt 即可（alt 将在 7.4 节中详细讨论）。如果没办法增加 alt，直接把标题放在图片下方居中即可。

（8）做好文章中的关键词链接，即出现核心关键词，或将次要关键词链接到对应页面；如果是转载的文章，注意删除导出链接。

（9）文章底部带上本文的原文链接。如图 7-17 所示，每篇文章底部都有该文章的链接，既方便用户转载，也能增加反链。

图 7-17

7.4 图片优化

精美的图片让人看着赏心悦目，增加美感，但如果网站大部分是图片，而且没有经过优化，就会影响到搜索引擎的收录和排名，也会损失不少流量。因为图片不能被搜索引擎很好地识别，无论图片内容是什么，哪怕是一个美女（如刘亦菲、范冰冰等），也很难吸引搜索引擎的抓取。因此，图片优化是 SEO 中重要的一部分。

百度在《百度搜索引擎优化指南》中强调，百度只能读懂文本内容，暂时不能处理 Flash、图片等非文本内容，如图 7-18 所示。

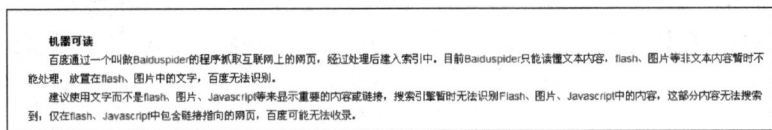

图 7-18

下面来看一个案例：图 7-19 所示为一个婚纱摄影网站，网站从上到下由漂亮的图片和 Flash 组成，大红色，很喜庆。虽然图片很漂亮，但文字信息均在图片、Falsh 中，搜索引擎读不懂。那么，这个网站对搜索引擎来讲，没有任何内容，如果要做 SEO，优化关键词还是有一定难度的，这时就需要对图片进行优化（注意：如果整个网站都是图片，就需要改版，多增加文字板块）。

如果你的网站图片比较多，需要针对网站中重要的图片进行优化，最简单的方式就是为图片添加 alt 属性（文本形式），也就是为每张图片起一个名字，告诉搜索引擎图片的意思，这样搜索引擎就能读懂图片的内容了。

141

图 7-19

7.4.1　图片优化的好处

（1）搜索引擎能够很好地识别图片的意思，方便抓取，利于在图片搜索中找到图片，为网站带来更多流量。如图 7-20 所示，在百度图片搜索中搜索元创，可以看到元创的照片，来源的网站。

图 7-20

除了在图片搜索中可以找到网站的图片，如果是一些热门关键词，也可以在百度搜索结果页展示，大大增加网站的流量。如图 7-21 所示，在百度中搜索"婚纱摄影"，搜索结果页第一位出现了百度图片，用户被漂亮的图片吸引，点开欣赏，进而进入图片所在网站。

图 7-21

（2）图片的 alt 属性中可以融入关键词，增加关键词的密度，利于提升关键词排名。

7.4.2　网站中哪些图片需要优化

网站中有很多图片，不是每张图片都需要优化，针对重要图片优化，能够让搜索引擎识别、抓取即可。

（1）公司 LOGO 图。

（2）网站首页第一屏幻灯图片（禁止使用 Flash）。

（3）网站首页公司介绍中的配图。

（4）每个产品图片。

（5）发布文章中的配图。

7.4.3　如何为图片增加 alt 属性

1. 公司 LOGO 图片

如图 7-22 所示，左侧顶部"山东久旺液压机械有限公司"为公司 LOGO 图片，通过在网页空白处右键查看源代码，发现 LOGO 没有 alt 文字属性，如图 7-23 所示。

图 7-22

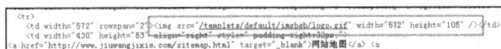

图 7-23

LOGO 图片代码为：<img src="/templets/default/imgbsb/logo.gif""width="572" height="105" /> 无 alt 文字说明

添加 alt 文字的正确写法为：<img src="/templets/default/imgbsb/logo.gif" width="572" height="105" alt="升降机平台公司 LOGO"/>

在"<>"中间加上"alt=LOGO"的说明性文字即可。具体修改位置需要在 FTP 中找到头部模板（head.htm），在模板中对 LOGO 图片代码添加 alt 属性。

2. 网站首页第一屏幻灯图片（禁止使用 Flash）

网站首页第一屏幻灯图片，即 LOGO 下面的大图，现在大部分企业网站均有这样的大图，通过大图展示企业的实力和产品的卖点。但部分企业这样的大图是 Flash 制作的，既影响打开速度，还无法进行优化。图 7-24 所示网站的幻灯图片即为 Flash 图片。建议换成图片展示，并增加 alt 文字属性，在 FTP 中找到首页模板，然后找到幻灯图片地址添加 alt 属性。如图 7-25 所示，以 DEDECMS 为例，head.htm 为头部模板文件，index.htm 为首页模板文件。

图 7-24

图 7-25

3. 网站首页公司介绍中的配图

企业网站首页必须要有企业介绍模块，一方面可以让用户直接了解你；另一方面在介绍中可以布局关键词，利于关键词排名。一般也会配一张公司的场景图片，但很多企业图片没有 alt，对于搜索引擎来说，没什么价值，需要添加 alt 属性，如图 7-26 所示。

通过在网页空白处右键查看源代码，发现公司介绍图片没有 alt 文字属性，如图 7-27 所示。

图 7-26

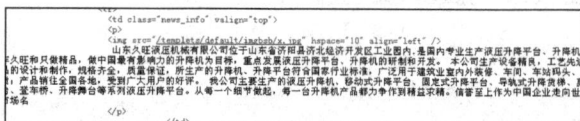

图 7-27

如果在这个位置添加 alt 属性，需要通过找到首页模板（index.htm）找到对应的图片代码，在代码中添加 alt 属性。例如：

```
<img src="/templets/default/imgbsb/x.jpg" hspace="10"
align="left"  alt="升降机平台公司介绍"/>
```

4. 每个产品图片

企业网站最重要的信息就是产品，产品图片相应地也会比较多。为每张产品图片增加关键词，可以增加关键词的密度，利于排名。以 DEDECMS 程序为例，发布产品介绍时要配产品图。如何做呢？

第一步：选择图片按钮；

第二步：点击上传；

第三步：选择文件上传图片；

第四步：填写替换文本（这里的替换文本是 alt 属性。把产品标题填进框中即可），如图 7-28 所示。

注意：图片不要太大，在页面中要能够全部显示，如果太大，可以修改图片显示尺寸。

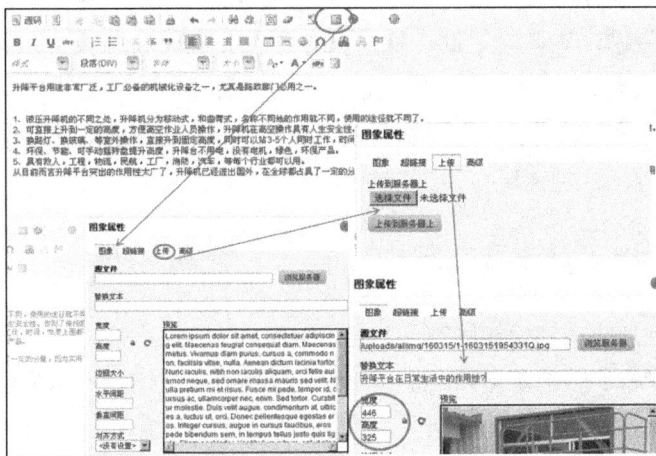

图 7-28

5. 发布文章中的配图

网站要吸引蜘蛛来抓取，增加网站收录，获得排名，就需要不断为网站更新文章。如果文章中有配图，则更容易收录和获得排名。具体如何添加 alt 属性，与产品图片增加 alt 一样。

除了 alt 文字属性，还可以考虑使用以下方法直接优化图像，使之能够被搜索到：

（1）在图片上方或下方加上包含关键词的描述文本。

（2）在图片下方增加文字描述。

总之，网页应尽量减少装饰性图片以及大图片。而 alt 属性中的文字对搜索引擎来说，其重要性比正文内容的文字要低。

7.4.4 图片加 alt 的注意事项

1. 每个图片都要有不同的名字

网站图片在加 alt 属性时，名字不能随便写，要根据图片的内容来写。如图 7-29 所示的 3 张图片，每张图片都要有自己的名字，不要全部写成小狗或斑点狗，不然会造成关键词恶意堆积。注意：哪怕图片相近，也需要取不同的名字，就好像看到一对双胞胎兄弟，虽然两个小孩长得很像，但是他俩的名字肯定是不一样的，父母要把他们的名字区分开，方便大家记忆。所以，搜索引擎也一样，会根据图片的 alt 说明来抓取图片的内容。

图 7-29

2. 不要为了提高关键词的密度，把很多关键词堆积到一起

如 <imgsrc="puppy.jpg" alt="猎狼犬赛特犬导盲犬杰克拉塞尔犬小猎犬便宜的狗粮"/>，由很多关键词堆积在一起，这就属于恶意关键词堆积，因为前面说过关键词的出现要合理，要让用户读起来自然通畅，用户能看懂的，才是搜索引擎认为有价值的信息，如果这段话我们自己读起来都费劲儿，那么搜索引擎也是不喜欢的，要避免（这样会被认为是作弊）这种情况。

7.4.5 图片如何营造最佳用户体验

1. 高质量相片比内容模糊的图片更能吸引用户

网站站长更倾向于链接至高质量的图片，这种图片可增加网站的访问量。在搜索结果中以缩略图版本形式显示的整洁、清晰的图片也会取得更好的效果，这样用户可能更愿意点击这些图片。

2. 每张图片创建一个单独的目标网页

确保在每个网页上提供唯一的信息，不要一张图片运用多次。

3. 将图片放在靠近网页顶部的位置

并不是所有用户都会浏览到网页的底部，因此将图片放在靠近网页顶部的位置，以便用户可以立即看到您的图片。

4. 结构化目录，以将类似图片保存在一起

为缩略图和完整大小的图片分别提供一个目录，或者为各种类别的图片创建单独的目录。

5. 指定所有图片的宽度和高度

指定上述尺寸，可以提高网页载入速度，从而改善用户体验。将图片控制在一定范围，放置在不同浏览器下显示的尺寸不一致。

图片优化只是图片细节方面需要注意，SEO 重在为用户着想，把用户体验放在第一位。

7.5 视频优化

视频搜索如今已经逐渐成为搜索的主流，现在视频网站也越来越火爆。但是，现在搜索出的视频内容大部分来自视频分享网站（如百度视频、优酷、酷 6、土豆、六间房等）和一些门户级的视频网站（如搜狐、网易视频等）。很少出现企业或个人站点上的视频，但现在也有一些垂直的提供大量视频内容的网站，通过优化也能获得不错的排名。

和图片一样，搜索引擎识别不了视频内容，只能通过视频的标题、简介、评论、分享、

顶、相关视频等元素来优化排名。

具体优化细节：

（1）标题

标题中包含关键词是有绝对优势的。此外，还要有视频的文字说明，要尽量在说明中设计好关键词的布局。

（2）播放次数

播放次数直接反映了该视频受欢迎的程度，搜索引擎自然也会给予比较高的权重。

（3）视频质量

这里的质量主要就是清晰度和相关性的问题了，主要体现在用户评分上。获得的分数越高，视频的内容质量就可能被认为越高。除此之外，用户评论及留言同样也非常重要。因此，留言数目在一定程度上也表明了视频的受欢迎程度。

（4）视频标签

标签通常是为了说明视频内容的，所以要尽量多地写几个内容相关的标签，这样做不仅是为了视频搜索排名，相关标签可以让该视频出现在其他视频的相关视频推荐中，如此一来，点击率也会同样增加。

（5）外部链接

只要是 SEO 优化，就必然少不了外部链接。外链直接反映了这个页面的权重。不过，相对于文字页面而言，视频的外链要求就低很多。

7.6　h 标签优化

h 标签是网页 HTML 中对文本标题进行的着重强调的一种标签，以标签 <h1> ~ <h6> 定义标题头的 6 个不同文字大小，本质是为了呈现内容结构。共有 6 对，文字从大到小，依此显示重要性的递减，也就是权重依次降低。

7.6.1　h 标签的作用

在 HTML 里的每一个标签都有其自身的意义，而 h 标签作为标题标签，意义更是至关重要。

（1）h 标签直观地告诉用户，网页哪部分重要，哪部分不那么重要。heading 标签通常用来为用户展现网页的结构。由于 heading 标签通常会使某些文字比普通文字大，对于用户来说，便于他们更直观地看出这些文字的重要性，而且可以帮助他们理解 heading 文字下方的内容。多种渐变大小的 heading 一开始主要为网页的内容创建分层结构，便于用户直观地浏览网站。

（2）h 标签引导搜索引擎，网页中哪些是重要内容。对搜索引擎来说，<h> 标签的主要意义是告诉搜索引擎，这是一段文字的标题或是主题，起强调作用。H 标签的权重会高于 Strong。因此，在搜索引擎优化中，h 标签的运用非常重要。因为搜索引擎需要在一堆文本中明白它写的是什么，所以也依照人们的阅读习惯，首先寻找文章的标题，然而，不像人们那样可以迅速确定标题是什么，搜索引擎是"盲人"，所以使用 <h> 标签指导搜索引擎标题在哪里，便于迅速掌握文本大意。标题（h1 ~ h6）标签是采用关键词的重要地方，这个标签应该包括文本中最重要的关键词。Google 算法指出，<h> 和 </h> 之间的题头文字一定比其他地方的文章具备更重要的意义。但是，过分使用题头文字容易产生不利影响。

7.6.2　h 标签的使用

h 标签作为标题标签，其本身就是按照每一个标题的重要性进行层次的传递。下面以腾讯网为例，介绍 h1、h2、h3 标签的使用。

h1 标签具有唯一性，一个页面只能使用一个。图 7-30 所示为腾讯网首页，查看腾讯首页源代码，LOGO 被标注了 h1。

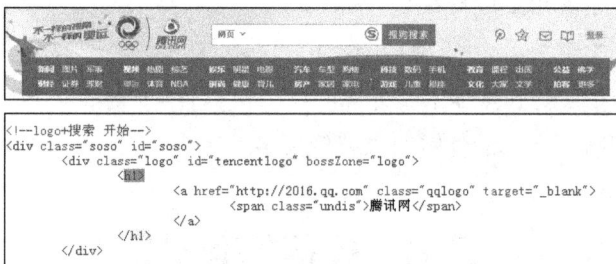

图 7-30

下面再看一下 h2 标签。腾讯网基本对重要栏目名称进行了 h2 标签的表述，如图 7-31 所示（可以在源代码中搜索 h2，看哪些信息被标注了）。

腾讯网对重要带图新闻进行了 h3 标签的表述，如图 7-32 所示。

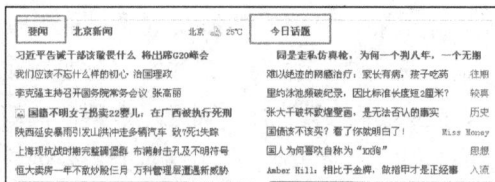

图 7-31

图 7-32

而在文章页，如图 7-33 所示，对内容标题进行了 h1 标签优化，来突出其重要性，提示搜索引擎。

注意：h1 标签是为重要标题进行的标注，如果多次频繁出现，则会影响搜索引擎对页面质量的判断。

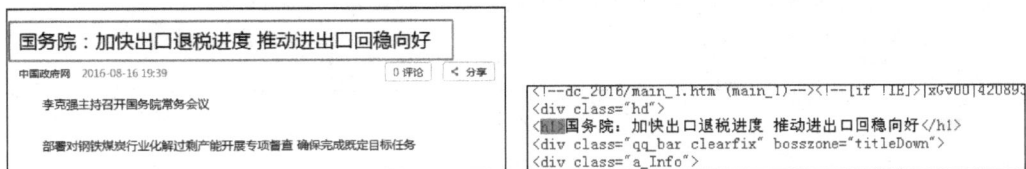

图 7-33

在文章的相关文章中，重要栏目名称用 h2，文章标题用 h3，如图 7-34 所示。

图 7-34

h4、h5、h6 这 3 个标签一般网站用得比较少，用好 h1、h2、h3 即可。

合理地使用 h 标签可以给网站带来好的效果。若使用不恰当，会给网站带来不利影响，严重的甚至导致 K 站。

7.7 精简网页代码

精简网页代码、快速网站加载是提供良好用户体验的前提。然而，一般的网页制作设计师在制作中通常会产生大量冗余代码，这些代码不仅会减慢页面下载，导致网站访问时影响打开速度，也会给搜索引擎检索一个坏印象。因此，要对网页进行代码减肥。

1. 启用 GZIP 压缩

根据 W3Techs.com 上的数据显示，近一半的网站都未进行过压缩。在购买空间的后台，通过简单的服务器设置即可开启 GZIP 压缩。可以通过站长工具查询是否开启了 GZIP 压缩功能。

如图 7-35 所示，通过站长工具查询网站 GZIP 开启压缩功能后，网页代码大小由

12 万减少到 1.5 万。

关键词	出现频率	2%≤密度≤8%	百度指数	百度排名[一屏首页]	排名变化	预估浏览流量(IP)
操作工	32	1.4%	271	查询	查询	查询
普工	31	0.9%	484	查询	查询	查询
打工	13	0.4%	1199	查询	查询	查询
招聘	107	3.1%	18683	查询	查询	查询
苏州打工	3	0.2%	查询	查询	查询	查询
蚂蚁网	14	0.6%	981	查询	查询	查询

服务器信息		网页压缩检测	
协议类型	HTTP/1.1 200 OK	网页是否压缩：是	
页面类型	text/html	原网页大小:120456	
服务器类型	Microsoft-IIS/6.0	压缩后大小:15770	
程序支持	ASP.NET	压缩比(估计值):86.91%	

图 7-35

2. 尽量采用 div+css 布局页面，放弃 table 的网页设计

div+css 布局的好处是让搜索引擎爬虫能够更顺利、更快、更友好地爬完您的页面；div+css 布局还可以大量缩减网页大小，提高浏览速度，使得代码更简洁、流畅，更容易放置更多内容，如图 7-36 所示，div 代码简洁。

table 是早期最受欢迎的网站制作，但无限嵌套网页布局，使代码变得极臃肿，这将影响到网站的打开速度，对蜘蛛搜索引擎也变得不够友好，如图 7-37 所示，每个模块均需要把各个参数代码体现在网页中。

```
<!--企业路径 E-->
<div class="com_shop_con clearfix">
    <div class="com_c_l">
        <div class="l_pis_box">
            <h3>产品分类目录</h3>
            <ul class="c_category">
                <li>该企业没有添加分类</li>
            </ul>
        </div>
```

图 7-36

```
<table border="0" cellspacing="0" cellpadding="0" width="1002" align="center" height="860">
    <tbody>
        <tr>
            <td valign="top" width="240"><table class="bk" border="0" cellspacing="0" cellpadding="0" width="240" align="center">
                <tbody>
                    <tr>
                        <td valign="top">
                            <table border="0" cellspacing="0" cellpadding="0" width="240" align="center" height="27" style="margin-bottom:8px;">
                                <tbody>
                                    <tr>
                                        <td class="baicu12" background="/templets/default/imgbsb/left01.jpg" width="90" align="middle">升降机产品</td>
                                        <td background="/templets/default/imgbsb/left02.jpg" width="100"> </td>
                                        <td background="/templets/default/imgbsb/left02.jpg" width="50" align="middle"><a href='/product/'><img border="0"
src="/templets/default/imgbsb/more.gif" width="40" height="12" /></a></td>
                                    </tr>
                                </tbody>
                            </table>
```

图 7-37

3. 尽量少用无用的图片和 Flash

内容索引派出的搜索引擎爬虫，不认识图片，只能根据图片"alt,title"等属性的内容判断图片的内容。对于 Flash，搜索引擎爬虫更是视而不见，并且图片和 Flash 一般比较大，影响网页的打开速度。

4. 减少或删除注释

代码中的注释只是给程序员和设计人员起到提示作用，如果不需要对网页经常做修改，完全可以将其删掉，使其尽量减少对搜索引擎作出噪声影响。

5. 尽量满足 W3C 标准

网页代码的编写满足 W3C 标准，能够提升网站和搜索引擎的友好度，因为搜索引

擎收录标准、排名算法都是在 W3C 标准的基础上开发的。

6. 精简网页代码

精简网页代码，缩减页面大小，一般建议 100KB 以下，越小越好，但不能小于 5KB。这样，用户的打开速度会提高，搜索引擎抓取也更方便，体验好了，对排名更有利。

7.8 页面广告体验

从整个互联网生态环境看，泛滥的低质量广告越来越多地出现在网站的各个角落，这已经严重影响了正常用户的浏览体验。想象一下，当你打开一个网页，看到的不是感兴趣的内容，反而是一个个垃圾弹窗广告，或者混淆、掩盖住主体内容的大面积广告，你的感受如何？不言自明。

我们经常可以在很多网站中看到以下情况：

（1）网站打开时右下角有弹窗，并且不容易关闭，还不停闪动。

（2）很多网站出现对联副广告的同时，还在页面中加入很多广告位。

（3）很多网站出现很多低俗的广告内容。

（4）很多下载网站的下载地址往往并不是真实的下载地址，而是其他推广软件的地址。

（5）很多内容中穿插广告，不小心就点了，并且影响阅读。

针对以上情况，百度推出"石榴算法"，主要针对很多网站的弹出广告，冒充内容的广告，影响用户阅读内容的广告以及混淆用户、误导用户点击广告的网站。如图 7-38 所示，页面中全是广告。

图 7-38

百度质量团队希望站长能够多从用户角度出发，朝着长远发展考虑，在不影响用户体验的前提下合理地放置广告。赢得用户的长期青睐，才是一个网站发展壮大的基础。

7.9 分享代码

分享按钮是一个提供网页地址收藏、分享及发送的 Web 2.0 按钮工具。网站的浏览者可以方便地分享到人人网、开心网、QQ 空间、新浪微博等一系列 SNS 站点。如图7-39 所示，内容结尾有"分享到微博等平台"按钮。

图 7-39

现在不论大平台，还是小网站，均安装了分享代码。那分享按钮有什么作用呢？

（1）引入社会化流量

用户将网站内容分享到第三方网站，第三方网站的用户点击专有的分享链接，从第三方网站带来社会化流量。

（2）提升网页抓取速度

用户将内容分享到第三方网站，相当于分享到了一条链接，也可以称为外链，如果分享得多，能够吸引搜索引擎蜘蛛对网站进行抓取。

使用百度分享的网页可以更快地被百度爬虫发现，从而帮助网站内容更快地被百度抓取。

（3）展示网页分享量

网页被用户分享后，可以使该网页被分享的次数展示在分享按钮上，辅助用户判断网页质量。

（4）提供多种风格按钮

提供多种风格的分享按钮，满足不同站长或网站管理员的个性化需求。

（5）免费查看数据统计

免费为站长或网站管理员提供详尽的分享数据分析，包括网站和网页的分享量、回流量，以及最热门的社会化网站排行。

常用的分享代码有百度分享等。在网站中安装分享代码，漂浮在右侧，或在文章页面内容的结尾处均可。如果使用百度分享，直接登录百度分享（http://share.baidu.com/），复制自己喜欢的分享代码的样式，然后将代码放在想出现在网站中的位置即可。

实战案例　南方企业新闻网页面优化分析

一、背景介绍

南方企业新闻网（South Enterprise NewsNet，SENN）是立足中国南方省市、辐射全国的以推动中国企业信息化发展为目标的综合性新闻网站。

南方企业新闻网下设产经、科技、创新、新品、应用、测评、渠道、公益、维权、评论、会展、人物、专题等栏目，覆盖食品、汽车、家居·家装、家电、厨卫、服装、时尚·潮流、运动·健康、旅游、医药、教育、能源、奢侈品、移动互联、互联网、IT、手机·数码、通信、金融、电商、支付、电子、物流、安防等 20 多个行业。

二、优化目标

南方企业新闻网坚持一切来源于企业，一切服务于企业，通过实名注册企业的自主、互动、即时、原创的新闻发布，及专业采编团队的审核编辑，达到低成本、高关注的宣传效果，以此助力企业品牌提升，为企业创造价值。

由于南方企业新闻网在搜索引擎中表现良好，网站的流量还是不错的，网站在没有做 SEO 前，百度权重就一直保持在 3 以上，后来被其他站长恶意镜像（网站模板和内容一模一样的网站），导致搜索引擎对网站的评分降低，权重下降。为了使百度权重恢复到 3，并且获得更多流量，得到更多企业的认可，将对网站全面实施 SEO。

三、页面优化

1. 标题诊断

本章节中讲到标题优化包括标题顺序、标题字数、标题符号、标题的重复。该网站每个页面的标题如下：

首页标题： <title> 南方企业新闻网 助力企业进步，提升品牌实力！ </title>

汽车栏目页标题： <title> 南方企业新闻网 助力企业进步，提升品牌实力！ </title>

房产栏目页标题： <title> 南方企业新闻网 助力企业进步，提升品牌实力！ </title>

文章页面标题： <title> 北京商住按暂停键 "商改住" 将被釜底抽薪？ – 南方企业

新闻网 </title>

从每个页面标题可以看出，栏目页的每个标题和首页标题一样，需要重新调整。调整如下：

首页标题：<title> 南方企业新闻网 助力企业进步，提升品牌实力！ </title>

汽车栏目页标题：<title> 最新汽车新闻 _ 汽车资讯 _ 汽车行业政策 - 南方企业新闻网 </title>

房产栏目页标题：<title> 最新房地产新闻 _ 房地产资讯 _ 房地产行业政策 - 南方企业新闻网 </title>

栏目页面标题规则：<title>【 ** 】地产新闻 _【 ** 】资讯 _【 ** 】行业政策 - 南方企业新闻网 </title>

2. 描述诊断

（1）首页描述

首页描述和 keywords 应放在 title（标题）下方，而图 7–40 的 keywords 和描述在 title（标题）上方。

```
<html xmlns="http://www.w3.org/1999/xhtml">
<head>
<meta http-equiv="Content-Type" content="text/html; charset=UTF-8" />
<meta content='南方企业新闻网，移动互联，食品，汽车，家居，家电，服装，时尚，旅游，支付，电商，安防，软件' name="Keywords" />
<meta content='南方企业新闻网是立足中国南方省市、辐射全国的以推动中国企业信息化发展为目标的综合性新闻网站。' name="Description" />
<title>南方企业新闻网 助力企业进步，提升品牌实力！</title>
<link href="/Template/Default/Skin/global.css" type="text/css" rel="stylesheet" />
<link href="/Template/Default/Skin/main.css" type="text/css" rel="stylesheet" />
```

图 7–40

如 58 同城的页面标题和描述在 title（标题）下方，如图 7–41 所示。

```
<meta http-equiv="Content-Type" content="text/html; charset=utf-8" />
<title>【58同城 58.com】北京分类信息 - 本地 免费 高效</title>
<meta name="Keywords"  content="北京分类信息,北京免费发布信息" />
<meta name="Description" content="58同城北京分类信息网，为你提供房产、招聘、黄页、团购、交友、二
58同城，最好的分类信息网。" />
```

图 7–41

<meta content=' 南方企业新闻网是立足中国南方省市、辐射全国的以推动中国企业信息化发展为目标的综合性新闻网站。' name="Description" />

（2）栏目页面描述为空

如汽车栏目，只有标题，描述为空（<meta content='' name="Description" />），如图 7–42 所示。

修改：应围绕每个栏目的主题撰写描述，字数在 80 个汉字以内的一段语意连贯的话。

规则：<meta content=' 南方企业新闻网【房产】栏目提供最新、最全、最准确的【 **** 】行业动态、【 **** 】行业资讯、独家报道、政策法规等【 **** 】新闻。足不

出户，掌握今日【****】行业最新新闻动态。' name="Description" />。

图 7-42

3. h 标签优化

内容页面标题未设置 h1 标签，如图 7-43 所示。

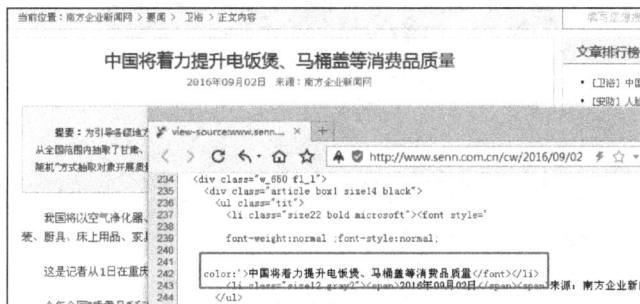

图 7-43

修改：为文章页面的内容标题添加 h1 标签，如 <h1> 中国将着力提升电饭煲、马桶盖等消费品质量 </h1>。

4. 页面中调用 JS 文件过多

图 7-44

修改：把图 7-44 中的 JS 文件封装在一个 JS 中，统一调用，减少页面代码加载时间。

5. 页面广告过多

修改：减少图 7-45 中页面的广告数量，增加相关文章模块。

图 7-45

四、总结

资讯网站由于栏目多、页面多，标题、描述的优化就至关重要，需要把握用户搜索需求，选出核心关键词、次要关键词、长尾关键词，然后组合成标题分布到各个页面标题中进行优化。资讯网站目前正在调整中。

资讯网站还遇到网站镜像问题。遇到这样的问题，一方面联系对方删除镜像网站；另一方面可以在百度站长平台（第 11 章详细介绍）进行举报和申诉。

什么是网站诊断及
网站诊断的作用

页面优化之
标题设置

页面优化之
url 设置

站内诊断
五大要点

本章小结

页面优化相对来说比较简单，因为页面中能优化的地方不多，只要做好这些细节，就会大大提升网页的收录，提高排名。

实训 找一个网站进行页面诊断

【实训目的】

根据所学内容，会对网站每个页面进行诊断、优化。

【实训要求】

1. 诊断标题

2. 诊断描述

3. 诊断正文优化

4. 诊断图片优化

5. 诊断网页代码

【实训内容】

1. 你的网站的首页标题为_____，标题顺序是否正确？_____（是或否），字数在_____汉字以内。

2. 你的网站栏目页标题为_____是否和首页标题一样_____（是或否），是否包含次要关键词？_____（是或否）

3. 你的网站文章页标题为_____，是否按照文章名称－品牌词规则显示？_____（是或否）

4. 你的网站首页描述、栏目页描述是否一样？_____（是或否）

5. 描述的撰写要求：

①_____

②_____

③_____

6. 文章页面正文中段落标题是否加粗？_____（是或否）

7. 文章页面正文中是否有关键词链接？_____（是或否）

8. 网站中哪些图片需要优化？_____、_____、_____、_____、_____。你的网站图片是否优化？_____（是或否）

9. 你的页面中是否包含 H1、H2？如果有，分别用在哪些位置？

_____

10. 网站是否启用了 GZIP 压缩？_____（是或否）

11. 你的网站广告是否影响用户体验？_____（是或否）

12. 你的网页代码是_____KB。

第8章

外部链接

在 SEO 定义中我们提到过，SEO 主要分为站内优化和站外优化。站内优化前面章节已经讲完，接下来开始讲站外优化。站外优化主要指的是外部链接建设。SEO 界一直被追崇的"内容为王，外链为皇"足以体现外链的重要性，特别是实际操作过程中，可以很清楚地认识到关键字排名确实与外部链接有关系，而且高质量外部链接对网站推广提供了最核心的资源。那么，外部链接到底对于优化排名有哪些作用，如何开展外链建设呢？

学习目标

>>> 了解外部链接的重要性

>>> 掌握外部链接的发布原则

>>> 掌握外部链接建设的方法

8.1　什么是外部链接

外部链接，顾名思义，就是通过其他网站链接到你的网站的链接。外部链接是支持关键词排名的重要因素，从百度 CEO 李彦宏的"超链分析专利"，就可看见链接对排名的作用。

如图 8-1 所示，用户在论坛发了一个帖子，问他的网站外链如何查询？帖子中带有他网站的链接，这样的链接很自然地出现，论坛其他用户还会很积极地帮忙回答。那么，对于这位用户的网站来说，在论坛发的这个帖子就是他网站的外链。也可以在其他网站发文章，然后留下自己网站的链接，这样有助于增加网站的收录，提升网站的关键词排名。

图 8-1

8.2　外部链接的形式

我们发的外部链接一般分为纯文本外链、超链接外链、锚文本外链 3 种形式。任何一种外链被搜索引擎收录对自身网站来说都会产生效果，但效果权重高低不同。

1.　纯文本外链

纯文本外链就是我们在发文章、做评论时留下的网址，像"http://www.xxx.com，转载请注明"这样的纯文本外链可以增加网站的相关域，在百度上用 domain：指令可以查出这些链接被收录。如果一篇软文写得足够吸引人，产生大量转载，就可以为网站带来非常好的相关域，从而提高网站的权重和排名。

2.　超链接外链

超链接外链是可以直接点击进入的网址链接，这种链接相对纯文本链接效果要好很多。放在软文中，不仅可以提高网站权重，还能给网站带来流量。善用这种链接为网站带来的转换率是很可观的。

3.　锚文本链接

锚文本链接是指带关键字的超链接。这是很多站长用来做关键词排名的好方法。不过，想做这种锚文本也并不容易，现在很多论坛只有账号达到一定级别，才能在文章中带锚文本链接。

如图 8-2 所示，这是元创在阿里学院论坛发的一篇关于网店如何提高转化率的文章。

在这篇文章里，元创分别做了纯文本外链和锚文本链接。第一个红线标注的"网络营销培训"这几个字做了锚文本链接。当点击"网络营销培训"这个关键词，会直接进入到对应的培训页面，这就是锚文本链接。第二个红线标注的地方是元创的博客网址，告诉大家这篇文章来源于元创的博客。这个网址就是网址外链，它是一个文本链接，不能点击。

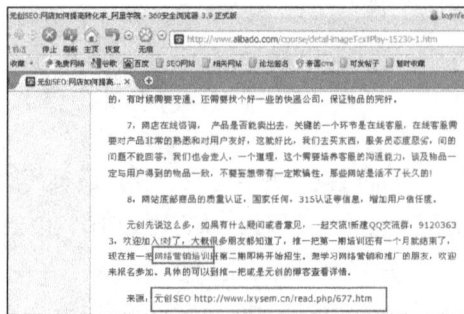

图 8-2

8.3 外部链接的重要性

互联网上提供相同内容和服务的网站有很多。内容相同时，哪个网站会排在搜索引擎前面呢？决定性的因素是推荐。我们常说的外链就是推荐的一种。

当网站上的内容对用户有帮助时，用户会推荐给别人，推荐的形式可能多种多样：在即时通信工具上发给自己的朋友、在自己常泡的论坛里转帖推荐、写博客很郑重地介绍、在自己网站上做友情链接推荐等。这些推荐信息都会被搜索引擎用来判断网页/网站价值的高低。适当地鼓励、引导用户推荐你的网站，对网站在搜索引擎中的表现有很大帮助。这就是为什么SEO人员每天要进行外链建设，发的外链就是推荐，是其他网站推荐了你的网站。那么，相应的外链越多，推荐的越多，在搜索引擎中排名就会越好。

1. 提升关键词的排名

大多数情况下，外链存在的形式都以锚文本的形式出现。一般情况下，最常见、也是最常用的外链方式是论坛的签名链接、文章中的锚文本链接、互相交换的友情链接（图片链接除外）。这三种方式都以锚文本的形式出现，可以直接提升关键词的排名。

2. 提高网址的曝光度

发外链时以纯网址链接出现，可以有效地提高网站的网址在互联网中的曝光度，也可以通过网址获得一定流量，有助于网站推广工作顺利进行。

3. 链接诱饵

钓鱼需要鱼饵，要想搜索引擎蜘蛛频繁地抓取我们的网站，就需要在比较活跃的网站发布外链，吸引蜘蛛来到我们的网站上抓取，增加网站内容的收录速度，便于网站优化的排名。

4. 提高谷歌 PR 值

PR 是 Google 用来标识网页等级的一种方法，是衡量网站好坏的一项重要标准。它

是通过一个数值来表示网站的权重高低，它的值
从 0 ~ 10。PR 数值越大，Google 认为你的网站
内容质量和外链质量越好。

怎么查自己网站的 PR 值呢？现在查 PR 值
的工具有很多，一般的站长工具都可以。如图
8-3 所示，通过爱站 SEO 工具查询推一把论坛
（bbs.tui18.com）的 PR 值，看到查询结果里面有
一栏是 SEO 信息，后面显示论坛的 PR 是 6。

图 8-3

想提升 PR 值最快的方式就是与高 PR 值网站做友情链接，就是
说让 PR 值高的网站链接你，或在高 PR 值的网站上做外链。但遗憾
的是，现在 Google 官方已经不再更新了，也就是你是新建设的网站，
无论怎么优化，PR 值都显示为 0，现在是无法再提升的，只能提升
百度权重值。

什么是外链及
外链的作用

网站外链是一个非常重要的因素，大量高质量的外链会带来很
好的网站排名。因此，在网站优化过程中，应该把外链建设当作一个重要的工作。

8.4 什么是好的外部链接

上面提到过，外链可以很好地提升网站的关键词排名。但是，自从搜索引擎给予
链接高度重视后，链接就完全变味了，成为网站试图提高自己在搜索引擎排名中的工具。
Google 认为，受到众人链接的网站，应该是不错的网站，要不怎么会有这么多人喜欢呢？
越多人喜欢它，它的 PR 值越高，这个网页的权重越大。在其他网站做链接可以带来更
多访问量。自从 Google 等主要搜索引擎将网站的链接广泛度作为排名参考的重要因素
后，越多的网站链接到你的网站，你的网站排名变高。同时，链接的质量也是搜索引
擎考虑的重要因素。链接在访问量高的网站比链接在访问量低的网站更有优势。但是，
具体还要视情况而定，如果在一些权重低、质量低的网站挂外链，对自身网站影响是比
较微小的，如果在一些被 K 过的和一些垃圾网站挂外链，则有可能对自身网站造成不
良影响！所以，外链在达到一定数量的同时，也要注意保证质量！

因此，开展外链建设不是只追求数量，还要严格控制外链的质量。到底符合哪些
要求才算好的外链呢？

1. 相关性强的外链

相关性强的外链就是和你的网站主题或者关键字相关的网站交换的链接。例如，
元创的网站是做 SEO 的，那就需要和 SEO 或者网络营销类的网站交换友情链接或在营

销类论坛发外链。

举个例子，大家都知道奥运冠军刘翔很厉害。但如果大家问他，谁的 SEO 最好呀，他肯定不知道，因为他不做这行。如果我们问网络营销行业的会长，他在网络营销行业里很专业，但不是很出名，他说元创 SEO 最好，大家感觉哪个人说话更靠谱呢？肯定是会长，因为他是这个行业的，对这个行业很了解，而刘翔只是行外人。这就是相关性。

2. 权重高的网站

一个网站权重越高，搜索引擎抓取就越频繁，如果我们在这些网站发链接，我们的链接也很容易被收录，进而搜索引擎顺着链接抓取我们的网站。但是，在相关的高权重网站发外链效果会更好。

3. 快照更新快的网站

国内大部分企业网站都主要针对百度作排名优化，那主要看百度快照时间，是隔日快照，还是一周前。快照更新越快，表明百度越喜欢该网站，而谷歌 PR 也是重要衡量标准之一。那么，我们就可以与这类收录快的网站换链接，这样我们的网站也能够被搜索引擎快速抓取。

图 8-4 为百度搜索结果页面网站的百度快照（百度快照是指每个被百度收录的网页，百度的服务器都会将这个页面的纯文本部分备份收藏起来）。2015 年 3 月前，百度搜索结果页面每个网站还会显示具体的快照时间，如图 8-5 所示。因此我们就能够知道百度什么时候抓取过我们的网站，但现在百度快照时间已经在搜索结果页面取消了。

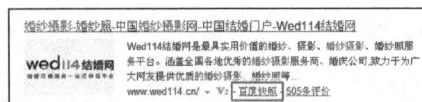

图 8-4

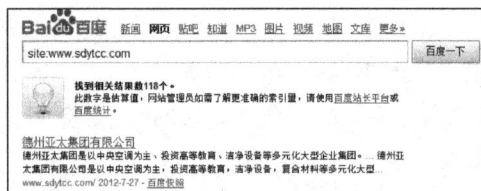

图 8-5

虽然现在百度在搜索结果页面已经取消了快照时间，但点开百度快照后，还是可以查看到时间的。图 8-6 所示的快照时间为 8 月 22 日 21 点 40 分 49 秒。

图 8-6

4. 导出链接少的网站

一个网站即使权重很高，但是如果导出的链接很多，最终分到的网站的权重也是很低的。其实，链接就相当于投票推荐，如果这个网站推荐了很多网站，那自然效果就要打折扣了。这好比一块蛋糕 10 个人吃，每个人能分到一小块，如果是 50 个人吃，每个人分到的就是一点点。

如图 8-7 所示，推一把论坛底部导出 40 个左右的链接，如果网站导出链接超过 60 个，就要考虑是否和对方交换链接。

39诊疗	中国站长论坛	A5交易	Discuz!官方网站	网络推广	股票论坛	站长团购	IT圈	手机论坛	SEO
安卓论坛	哈尔滨论坛	暴影论坛	汽车之家论坛	域名推广	牛长青-网站推广	搜外SEO论坛	铁血论坛	泰安分类信息	极牛
广告买卖网	28推论坛	HTC论坛	军转网	QQ表情大全	齐鲁社区	郑州论坛	广州论坛	旅游论坛	华声论坛
网上图书	卢松松博客	宁波论坛	广州房产网	高清时代网	安卓软件	极章	云服务器	微商怎么做	网络推广
更多友情链接	申请友情链接	微信营销							

图 8-7

5. 单向链接

所谓单向链接，就是他链你，而你不链他。我们经常做友情链接，友情链接是双向的，其效果比单向链接差。就像投票一样，你投我，我投你，这是交换，缺乏公信力。

6. 健康的外链

如果链接你的网站包含暴力、赌博等不健康的内容，或者包含大量弹窗广告等，那链接效果很差，如果你的网站也链到这类网站，那要小心被 K。这是绝对危险的。另外，需要说明的是，外部链接一定要做明链，千万不要做隐藏链接（隐藏链接就是在代码中可以看到，在浏览网页时看不到）。隐藏链接也是极其危险的。还有一些垃圾内容网站，如果过多的这类网站导入链接到你的网站，也有被 K 的危险。

7. 权威外链

如 eed、gov 等域名只能政府、公立学校等权威机构注册的网站，如果你的网站有一条或者几条这样的外链，就能大幅提升排名。

8. 新闻文章内的外链

新闻资讯类平台（如新浪、网易、搜狐、腾讯等）是搜索引擎赋予权重非常高的一类网站，如果你的网站有很多外链来自这类网站，那对排名的帮助也是很显著的。

如果上述的高质量外链特性符合三四条，那都是质量非常高的外链了。需要注意的是，外链一定注意广泛性，不能集中在几个网站，也不能都是友情链接。要在不同的网站、博客、论坛都有外链。广泛性的外链才能保证外链的健康性。另外，外链要长期增加，持之以恒，才能迅速持久地保持好的排名。

8.5　外部链接发布原则

上一节提到那些外链是好链接，但在发布链接时，还需要再次强调发布外链的原则。

发布外链其实也是要讲究技巧和策略的。介绍具体发外链前，首先探讨一下外链建设的原则。

1. 锚文本优先原则

发过外链的朋友都知道，外链可以分为锚文本、超级链接及纯文本链接3种形式。这3种形式各有不同，纯文本链接主要是增加百度相关域，超级链接是增加网站直接访问，锚文本链接则是增加网站目标关键词排名和提升权重。因此，外链发布要遵守锚文本优先原则。

2. 权重优先原则

权重优先原则是在高权重的网站发布外链。在高权重的网站发布外链对提升自己网站的权重有很大帮助，但是，高权重网站外链很难做，相对来说数量非常少，那么质量相对来说也会很高，这样对排名非常有帮助，所以网站发布要坚持高权重优先原则。

3. 相关性优先原则

众所周知，相关性高的网站外链质量相对来说比较高，利于排名。相关性高的网站会存在很多高质量用户群体，因此，外链中添加的链接更容易被用户点击，也可以给用户带来直接的价值。所以要遵守相关性优先原则。

4. 广泛性和用户体验原则

想要做好广泛性，不仅在选择外链时要更多、更广，还要求外链的锚文本要广泛，不能总是固定的词，外链的形式也要广泛，不能只是单纯的锚文本。用户体验主要是以用户的角度来做外链，不能只为了排名而做，如果是做一些欺骗用户点击或者是让搜索引擎抓取的外链，短时间内可能会获得排名，但是按照长久来说，对网站的发展非常不利。所以，网站外链发布一定要遵守用户体验和广泛性原则。

按照这些原则持续优化，网站排名效果才能健康稳定。具体如何做呢？外链建设的方法有很多，下面详细来讲如何开展外链建设！

8.6　友情链接

友情链接是指互相在自己的网站上放置对方网站的链接。必须能在网页代码中找到网址和网站名称，而且浏览网页时能显示网站名称，这样才叫友情链接。

图 8-8 为"推一把"网站底部的友情链接。

图 8-8

点击第五个链接"自媒体"，进入该网站。自媒体平台叫坤鹏论，分享互联网方面不一样的观点和经验干货的网站，他的底部友情链接位置也有"推一把"的关键词链接。这就是友情链接，如图 8-9 所示。

图 8-9

友情链接也称为网站交换链接、互惠链接、互换链接、联盟链接等，是具有一定资源互补优势的网站之间的简单合作形式，即分别在自己的网站上放置对方网站名称，并设置对方网站的超链接（点击后，切换或弹出另一个新的页面），使得用户可以从合作网站中发现自己的网站，达到互相推广的目的，是一种网站推广的基本手段。

一个好的友情链接，相当于几百个、几千个论坛外链，如果我们的网站把友情链接做好，一般网站做 30 个，关键词排名基本都能够到搜索引擎前面。对于一些企业网站，如果没有时间，没有人力去每天发外链，只需要做好友情链接就可以了，因为友情链接大部分是在其他网站首页显示的，首页是一个网站中权重最高的页面，能给我们传递的权重也会很高。因此，友请链接也成为外链中最重要、最核心的方式。

8.6.1 友情链接的交换原则

如果你准备开始交换友情链接，不要着急，先给自己制定一个交换标准，严格按照标准交换友情链接即可。考量链接优质的因素包括相关性、权重、收录、快照更新时间、导出链接数量这 5 个方面。

1. 相关性

之前提到过链接的相关性，这个大家应该都能明白。简单来说，就是同行业的网站。如果你的网站是做婚纱摄影，那么最好也找婚纱摄影行业的网站交换友情链接，因为同行业的话，百度的蜘蛛会认为你的网站在行业内拥有广泛度，有权威性！说明这个行业的人支持你、认可你，这样搜索引擎对你的印象会更加良好。

2. 权重

如果能和权重高的网站交换链接，不仅关键词排名能很快提升，权重也能提升。但很多同学可能会说，我是个新站，现在没有人愿意和我交换链接怎么办？

试想，现在新建的网站是不是也很多呢，我们可以去找这样的新网站做链接，一个月后，我们的关键词排名也会提升。因为新站也有一定的权重，只是权重很低而已，随着建站时间变久，权重也会慢慢提升。等交换了很多权重和你一样的网站后，你会发现过一段时间，你之前做的那批权重低的网站，只要优化的还不错，大部分都会提升。但是，如果我们能找到权重比你高的网站做友情链接，当然更好。

3. 收录

收录即网站内容的收录数量。对方网站收录页面越多，说明百度对该网站非常喜欢，权重就越高，搜索引擎会经常去它的网站抓取内容。与这样的网站交换链接，我们的收录也会加快。

4. 快照更新时间

上面提到过快照时间，如何查呢，下面再演示一遍。

第一步：在百度中找到网站。

第二步：点击百度快照，进入百度快照页面，可以看到百度什么时间抓取过该页面。如图8-10所示，百度抓取的推一把网络营销页面时间为2016年8月21日23点2分8秒。

图 8-10

快照时间离现在时间越近，说明百度经常来网站抓取，好像天天在网站蹲点一样，我们尽量找这样的网站做链接。如果网站的快照不是近期的，或者离现在的时间超过一个月以上，就尽量不要和对方做了，因为你和他做了链接，百度不抓取他的页面，也就没法抓取你的网站，就不会传到权重给你的网站。

我们找链接，快照一般在一周内是可以的，只要这个站每天或每周都有新内容更新，就会不断吸引百度蜘蛛有规律地来爬行，是非常有利于快照更新的，经过一段时间的坚持，快照肯定会更新。

5. 导出链接数量

导出链接即网站的友情链接。之前与大家说过，友情链接是外链中权重最高的一种方式，如果对方的网站链接其他网站的个数很多，那它传递给我们网站的权重就少了。

例如，一个网站如果是PR 5，有60个友情链接，那它的每个友情链接可能获得0.2的PR和权重。如果是100个友情链接，每个友情链接可能获得0.02的PR和权重，所以做友情链接时，尽量找对方友情链接少的网站来交换。友情链接数量越少，每个友情链接分到的权重越多，对自己的网站就越有利。如果对方的友情链接数量已经超过60个，那就不要和它做了。

这就是我们讲的交换友情链接的5个要求：内容要相关、权重高、收录多、快照更新快、对方的友情链接数量少。这里列一下推一把网站交换友情链接标准，大家可以参照一下。

"推一把"网站交换友情链接标准：

① 一定要是行业门户站点、知名站点，有影响力和权威性。

② PR>5，收录要超过 1 万。

③ 百度权重必须高于 4。

④ 快照隔夜或者是一周内。

⑤ 网站每天的更新量超过 10 篇，不更新、网站收录慢的就不进行交换。

⑥ Alexa 排名要小于 2 万。

大家给自己的网站做友情链接时，也需要制定一个标准。有一个衡量的准则，可以保证友情链接的质量。

8.6.2 如何寻找友情链接

寻找友情链接的方法非常多，包括站长类论坛、竞争对手、链接平台、QQ 群、友情链接工具等。下面一一介绍。

1. 站长类论坛友情链接版块

如图 8-11 所示，"推一把"论坛中有一个友情链接板块，在这个板块中，大家可以发布自己的交换链接信息，内容中可以带上自己网站的网址，写上网站权重、联系QQ 等信息，这样别人看到你的信息，若觉得你的网站符合他们的交换标准，就会联系你，进行链接交换。

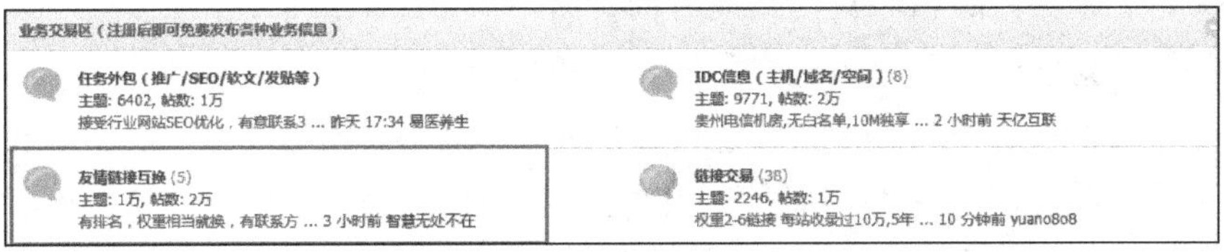

图 8-11

不仅"推一把"论坛有友情链接板块，这样的平台有很多，如 A5 论坛、chinaz 论坛、落伍者论坛等，很多站长论坛都有这样的板块。我们既可以发交换链接信息，还可以发外链。大家可以每天到这样的论坛板块发外链，不会被删。

2. 通过交换连接平台

在百度搜索"友情链接交换平台"，可以看到很多这样的网站，如图 8-12 所示。

在这些平台上，注册后就可以提交自己的网址了，吸引别人来与你交换友情链接。注意，哪怕你发信息后，没有人来找你做友情链接，但是你也得到了这个网站的一个单项链接，效果还是不错的，如图 8-13 所示。

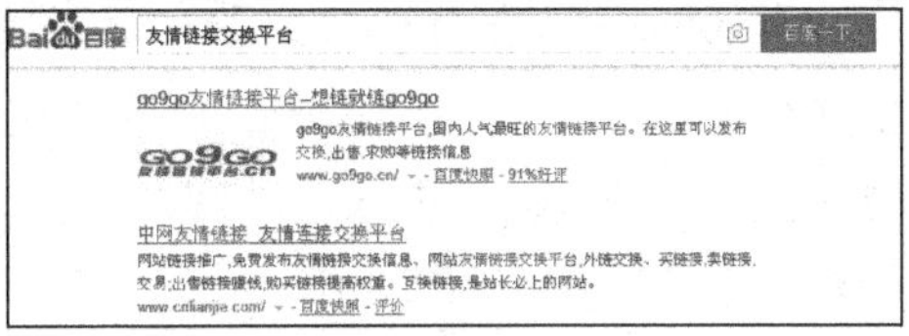

图 8-12

图 8-13

3. 交换友情链接 QQ 群

QQ 群大家都很熟悉，多加一些站长类群，在群中可以发一些交换链接的信息，别人看到后，觉得你的网站不错，就会联系你。图 8-14 所示为元创的一个交换链接 QQ 群。

4. 通过对手或相关网站的已有链接找友情链接

我们常说知己知彼，百战不殆。只有了解对方的动向和状态，才能够更好地提升自己。竞争对手就像一个灯塔，能够给自己指明方向，所以我们要学会从竞争对手那里去挖掘资源，当不知

图 8-14

道去哪儿找优质链接时，可以去看竞争对手的友情链接。因为当你在努力寻找友情链接的同时，你的竞争对手也在这样做，也在寻找优质的链接，所以你可以看看他们都与哪些站点做过友情链接，然后逐个检查下质量，觉得还不错的，符合交换条件的就主动去联系一下，采用这种方法更容易找到高质量的友情链接。

如果你的竞争对手排名不错，那肯定也会重视友情链接，会去交换高质量的友情链接，我们就主动出击，挖掘它的友情链接，自然能够找到高质量的友情链接。不过，这是有前提的，就是大家要把之前讲的内部优化做好，因为当你的网站在别人看来很不错时，别人才会愿意与你交换友情链接。

图 8-15 是元创的个人博客。博客的友情链接板块有很多与 SEO、营销相关的链接，如果想找网络营销 SEO 行业的友情链接，可以联系这些友情链接，这是一笔资源。不止这么多，还可以继续挖掘，如随便选取一个友情链接，选"网络推广 – 零才"这个网站，点击进去，会进入他的网站，看他的友情链接板块，这些友情链接都非常相关，都是网络营销这个行业的网站，如图 8-16 所示。

他的这些链接也是我们的资源，也可以去联系，进行交换链接。还可以再挖掘，依此类推，如果随意选取他友情链接板块的一个链接，点击进入对方的网站，也会有

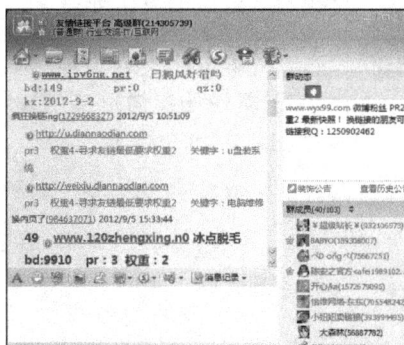

很多的友情链接，这样不断地挖掘，可以找到非常多的行业内链接。

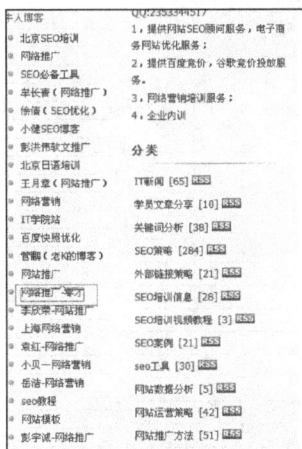

图 8-15

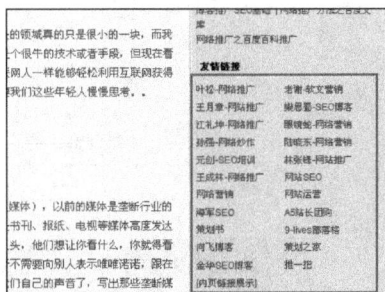

图 8-16

这种方法非常简单，只需要先选取一个竞争对手的网站，就可以顺藤摸瓜地找到很多相关的友情链接，这是一笔很大的资源，所以这个方式非常省心，找准一个，就可以挖掘出一大堆友情链接。

5. 换链神器

换链神器是站长友情链接交换的客户端，拥有近10万网站资源，并有先进的友情链接防作弊系统，是目前国内最活跃的友情链接平台，如想下载，百度直接搜索"换链神器"，如图8-17所示。

图 8-17

如何使用呢？

第一步：登录"换链神器"，进入"网站列表"，点击"添加网站"，设置换链匹配条件，添加完网站后，系统会在10分钟后自动更新所添加网站SEO数据，或者手工点击"更新"，如图8-18所示。

第二步：点击"互换大厅"，在"快速匹配"前选择已添加的网站，点击"快速匹配"。这样系统就会自动匹配出所有符合申请互换条件的网站，如图8-19所示。

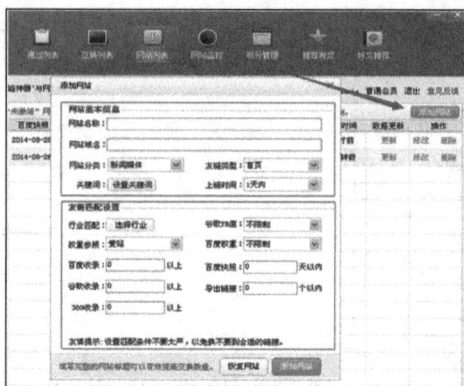

图 8-18

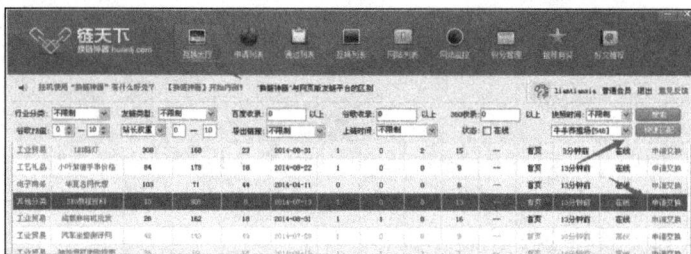

图 8-19

第三步：点击"申请交换"，弹出网站信息详细窗口，网站信息部分是对方网站的各项 SEO 数据，互换要求部分为对方网站友情链接互换的要求，申请网站部分为您所有符合对方互换条件的网站，如有多个网站，可下拉选择。关键词部分为申请网站对应的关键词。同样，如有多个关键词，可下拉选择，如图 8-20 所示。

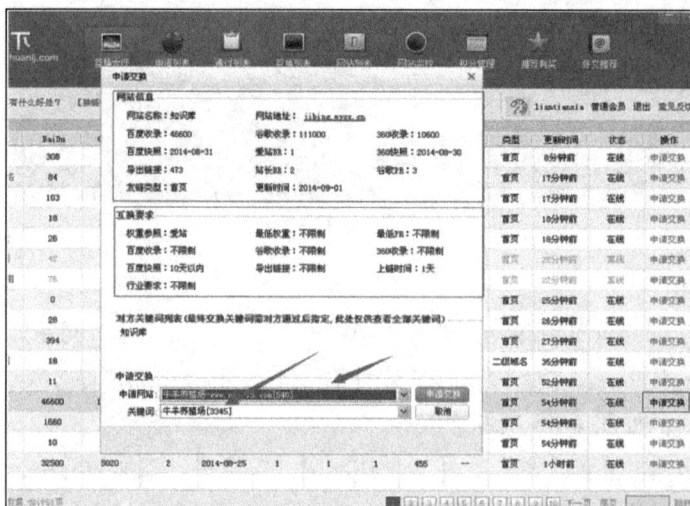

图 8-20

第四步：查看对方详细数据，觉得符合自己网站条件后，选择好申请交换的网站及关键词，点击"申请交换"，系统会向对方发送弹窗提示，如图8-21所示。

第五步：待对方同意后，您所登录客户端也会收到一个提示窗口，点击"查看"，客户端会跳转至"通过列表"，这里您可以按对方互换的关键词和网址添加友情链接，然后点击"确认上链"（关键词和网址可以直接在相应列表上右击进行复制粘贴操作），如图8-22所示。

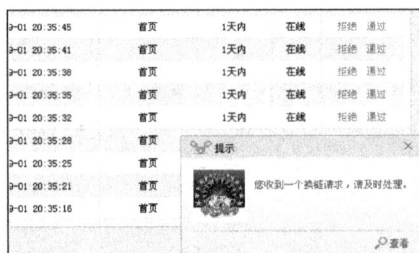

图 8-21

图 8-22

第六步：添好对方友情链接并点击"确认上链"后，系统会弹窗通知对方，等待对方添加友情链接，当对方也添加好友情链接后，系统会在双方客户端进行弹窗提示互换成功，如图8-23所示。

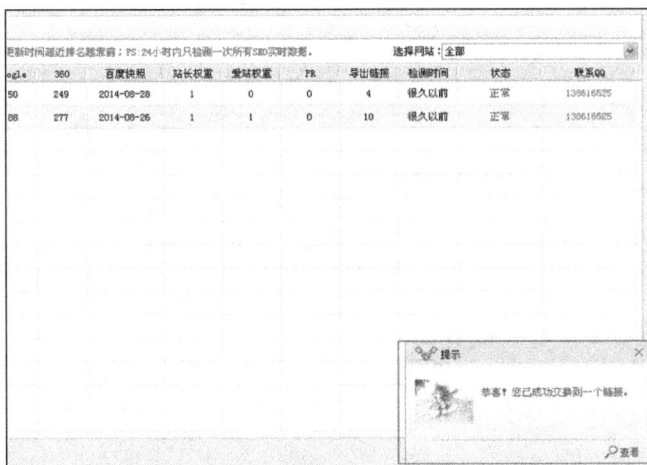

图 8-23

至此，链接交换完成。一周换 3 ~ 5 个友情链接，总数 30 个即可。

目前换链神器不仅这一款，爱站 SEO 工具包等 SEO 工具等均有换链功能，都可以下载使用。

以上是我们讲的找友情链接的几种方法。通过论坛的友情链接板块、交换连接平台、QQ 群交换、竞争对手挖掘以及换链神器，这些方法操作起来非常简单，目前效果最好的是竞争对手挖掘和换链神器这两种方法。

这里提醒大家，交换链接需要先了解对方的网站情况，不能来者不拒，这样容易鱼龙混杂，效果肯定不好。要看对方网站是否满足交换链接的要求，好的网站、搜索引擎认可的、对我们有帮助的，我们才能与对方进行交换。

8.6.3　交换友情链接注意事项

1. 检查对方网站是否被降权

检查对方网站是否被百度惩罚，如果被百度惩罚，这样的网站肯定是不能做友情链接的。不但不能提高自己网站的权重，而且很可能受影响。之前一位学员反馈他的网站最近一直都在坚持更新文章，也没有作弊，但网站被百度降权了，经分析他的友情链接，发现其中有一个网站被 K 了，百度一页也没有收录，连累到他的网站，他在调整后的一周多的时间里，网站就恢复权重了。因此，交换了不好的友情链接，会影响到百度对自己的印象。

怎么判别对方网站是否被降权了，最简单的方法是 site，冒号加网址，看对方网站首页是不是在搜索结果第一位或首页。

如图 8-24 所示，搜索 site:bbs.tui18.com，搜索结果的第一位就是推一把论坛的首页，这个就是正常的，如果说 site 后，发现网站首页不在第一位或不在搜索引擎搜索结果首页，那么就是降权了，就不建议交换友情链接。

图 8-24

2. 让对方链接要优化的词

例如，大家做整形网站，想重点优化"整形"这个关键词，就让对方友情链接的关键词设为"整形"，并链接到你网站的首页。

说到这里，就有朋友问了，那网站可以做 60 个链接，是不是全部可以让对方链接"整形"这个词呢？肯定不是，外部链接关键词要注意多样化。多样化就是使我们的关键词外链出现的种类多一些，让不同的网站链接不同的关键词。

这就需要计划好友情链接关键词分配数目，网站首页有哪几个核心关键词要做排名，如果是整形网站，做友情链接就不能让其他网站链接你的词都是整形，这样搜索引擎会认为外链发得不自然。

如图 8-25 所示，可以让对方链接整形、整形医院、北京整形、医院名称、自己的品牌名 5 个词。根据关键词的重要程度，像整形这个关键词，优化难度是最大的，搜索量最多、最热门，这就需要让 20 个网站链接这个词，给予最多的权重，像整形医院和北京整形，这两个搜索量也比较大，分别让 10 个网站链接这个词，最后的医院名称和品牌名相比前三个词搜索量较少，咱们就分别让 5 个网站链接这两个词。

按照这个方法，也要列出自己网站的核心关键词，根据优化难度，从前到后排序，然后设定链接个数，优化难度大的关键词，链接数量就要多一些，列好后，按照这个数目比例来操作，有利于优化。

关键词	对方连接个数
整形	20个
整形医院	10个
北京整形	10个
某某医院	5个
品牌名	5个

图 8-25

3. 大网站内页是否可以交换链接

如果遇到大网站栏目页面或者大网站内页和你交换链接，这是可以交换的。图 8-26 所示为 58 同城北京地区搬家公司栏目（http://bj.58.com/banjia/），该栏目底部与一些相关的网站交换了链接。大网站一般会通过内页或栏目页和其他相关网站交换链接。

友情链接： 沈阳汽车网 好帮家北京家政网 建筑世家网 搬家指南 北京搬家公司 北京搬家网 北京搬家工 北京交通 河北狗狗领养 北京汽车站 北京物流网 大众搬家 阳泉装修公司 阳泉网站建设 北京租车 北京交通违章查询 实木地板 北京最好家政公司 北京兄弟搬家公司 搬家注意事项 蚌埠搬家公司 北京搬家工 成都搬家公司 金州在线 成都搬家公司 58友链QQ:835743365 北京装修 北京搬家公司 搬家公司 转转 更多...

图 8-26

4. 建立网站链接表格，方便管理

做友情链接时，需要做好记录，如跟某某做的链接，对方的 QQ 是多少，是哪一天交换的链接等，这些资料都要记录。只有这些资料保存好了，以后当链接出现问题时，才能够更好地得到处理。

交换的友情链接不是一成不变的。例如，后期别人的网站有问题了，被百度降权了，你想去掉他的链接，这时不要直接把对方的链接去掉，应该通知一下对方，说明原因。如果是偷偷地去除对方链接，没有通知他，等对方发现后，就会认为你不靠谱，后期再合作就难了。

图 8-27 所示为某网站在交换友情链接时做的记录。大家也可以根据自己的需要整理一个表格，来保存友情链接的记录，方便管理。

	网址	时间	对方网址	对方关键词	对方网站br	百度收录数	QQ	交换时间	我方的关键词	备注
网站	http://www.verygrass.com/	第一周								
		第二周								每周4-5个友情链接**关键词**
		第三周								3个为**冬虫夏草**，2个为"**冬虫夏草功效**"。每个关键词做10个友情链接后，换成"**极草**""**极草5x**""**青海春天**"等随机选关键词
		第四周								

图 8-27

8.7　网站目录提交

分类目录网站是将各行各业的网站按照不同的分类由人工进行归类的网站列表组合。所以，分类目录也可说是网址导航网站的一种，只是更加细化和详细了，对每个网站都附有网站的内容说明或主题介绍。由于全是人工编辑并审核，相对于搜索引擎来说，具有更高的可信度。

大多数做网站推广的站长朋友基本都会到一些知名的分类网站目录提交自己的网站。最有名的分类目录就是国外的 DMOZ。网站加入 DMOZ 的重要性毋庸置疑，如果能有幸被其收录，就说明 DMOZ 已经向你投出一个支持票。但加入 DMOZ 的要求和条件也并不低，审核时间很漫长不说，能不能通过还是一个大问题。对于新站来说，更是难上加难。现在在国内高质量的分类目录很多，如 114 目录，知名度虽然不及 DMOZ，但对于提高网站搜索排名和权重的效果还是比较明显的。

8.7.1　收集网站目录站点

搜索"网站目录、免费网站目录、收费网站目录、网站目录提交"等关键词，就可以通过搜索引擎搜索到很多网站目录的站点，如图 8-28 所示。在百度文库中搜索"网站目录大全、最新的网站目录、高 PR 网站目录集"这类关键词可以搜索到别人收集整理好的文档，我们只需要下载提交即可。

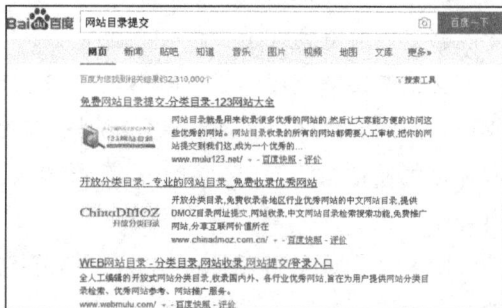

图 8-28

8.7.2　选择适合的网站目录

做网站目录的外链，最好选择高权重的站点进行。按照第一步收集好 50 个网站目录站点，然后利用一天的时间全部提交，即使提交了没被收录，也没有关系，影响不了我们多少时间的。

8.7.3　网站目录收录机制

首先需要了解的是网站目录的审核分为人工和机器审核两种情况。同时，网站目录的宗旨是按照一定的规则将所收录的网站放在相关的分类里面，以便于网民查阅。网站目录和搜索引擎的区别是它只记录网站站长所提交的网站信息。

了解了网站目录的审核机制和宗旨后，我们该如何提交，需要注意哪些方面？具体步骤如下：

（1）认真阅读提交栏目上方的注意事项，如有违反，立即修改。

（2）认真填写提交的资料，注意字数不要超过规定，只需要提交 1 ~ 2 次。

（3）填写过程中，简明扼要地讲述网站描述，切记不要有欺骗点击的描述。

（4）将网站目录站点的首页链接加到自己网站的友链板块。

（5）查找网站目录站点的站长 QQ，加对方好友。

（6）用谦逊的态度与站长沟通，说明自己已经提交网站信息，另外已经加了贵网站的首页链接，希望对方及时审核。

（7）适当地与站长沟通，了解对方，熟悉对方，取得对方的信任和支持。

图 8-29 所示为某目录网站收录网站的要求。

图 8-29

最后建议大家一定要把已经收录我们网站信息的网站目录列成一个表格，每周检查一下收录情况，主要看对方有没有清除我们的网站信息。在网络竞争日益加剧的今天，利用好分类目录这种工具，网站推广的工作会更加游刃有余，也算是多了一个推广网站的途径和方法。大家有机会不妨也去尝试一下提交网站到分类目录这种方法，实践才是检验真理的唯一标准！

8.8 论坛外链

论坛外链即在相关论坛发布帖子时留下链接，我们称之为论坛外链。发布论坛外链的目的是为了让我们网站的文章加快被搜索引擎抓取和收录。论坛外链是目前最常用的外链方式。具体如何进行论坛外链建设呢？

8.8.1 如何找论坛

1. 找论坛的标准

（1）选择百度权重高、流量大的论坛。人气越高的论坛，权重越高，相对来说，论坛帖子的权重也比较高，那么收录也比较快！

（2）选择相关的论坛，内容链接留在相关论坛，权重会更高。

（3）论坛可以留外链，如果注册了很多论坛，不能发外链，那就浪费了时间和精力。简单的方法是：打开论坛后，了解其他用户发布文章是否都带了链接，如果可以发，那我们也可以发链接。

2. 如何找论坛

第一步：打开中搜论坛搜索（http://www.zhongsou.com/bbsindex.html），如图 8-30 所示。

第二步：输入要查找的论坛类型的关键词，如要发关于养生内容的外链，就搜索"养生 com"，中搜会推荐很多相关的论坛，或者是可以发布养生方法等信息的论坛，并且是可以带网址的论坛，如图 8-31 所示。

图 8-30

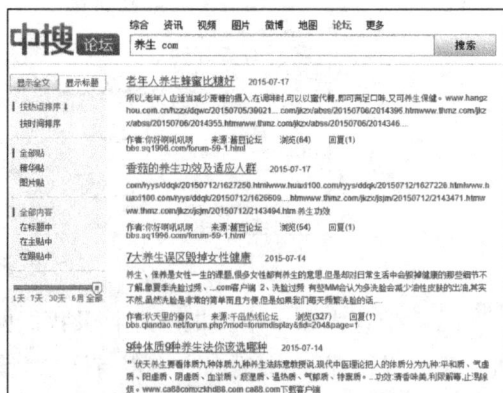

图 8-31

第三步：打开每个网站，查看帖子是否可以带链接。打开第一个网站，帖子中留了很多链接，如图 8-32 所示。

第四步：查看打开的帖子是否被百度收录，如图 8-33 所示，这条链接没有被百度收录（直接在百度输入该帖子的网址）。

图 8-32

图 8-33

在该论坛打开另一个帖子，如图 8-34 所示。在百度中查询该链接，已被百度收录，如图 8-35 所示。

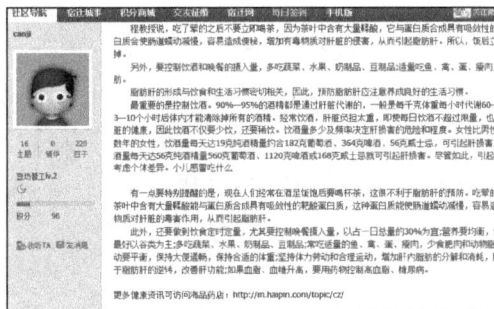

图 8-34

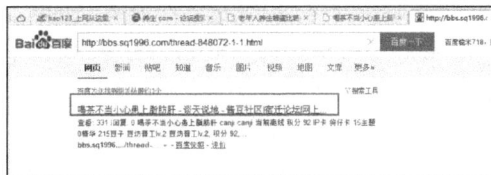

图 8-35

分析收录的原因：

第一条内容没被收录，是因为帖子内容太少，留的外链太多。

第二条内容被收录，是因为内容丰富，且内容对用户有帮助，而内容中只留了一条链接。

8.8.2 注册论坛

论坛注册流程大同小异，大多都需要填写用户名、密码、邮箱等信息。下面以推一把论坛为例，进入推一把论坛（bbs.tui18.com）。

第一步：点击右上角的注册会员，如图 8-36 所示。

图 8-36

第二步：进入注册页面后，按照论坛提示注册，用户名、密码、邮箱、验证问答及验证码，如图 8-37 所示。

图 8-37

第三步：提交资料后，会在注册邮箱中收到激活邮件，如图 8-38 所示。

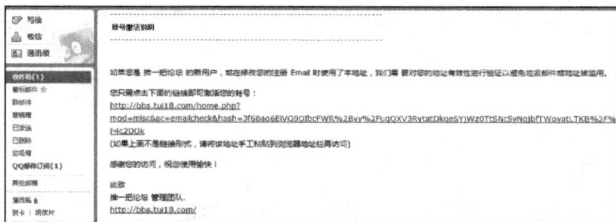

图 8-38

单击链接，提示验证激活成功，如图 8-39 所示。

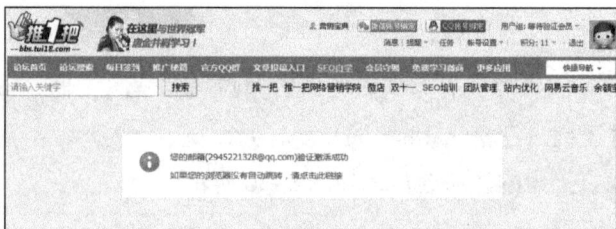

图 8-39

论坛注册成功后，很多论坛需要先在论坛新手区进行报道，或回复一定量的帖子、完成指定任务或进行签到等，获得一定积分才能发帖，主要目的是为了让新注册用户熟悉论坛。如图 8-40 所示，推一把论坛新手需要先完成基本资料信息，如上传头像后，才能发帖。

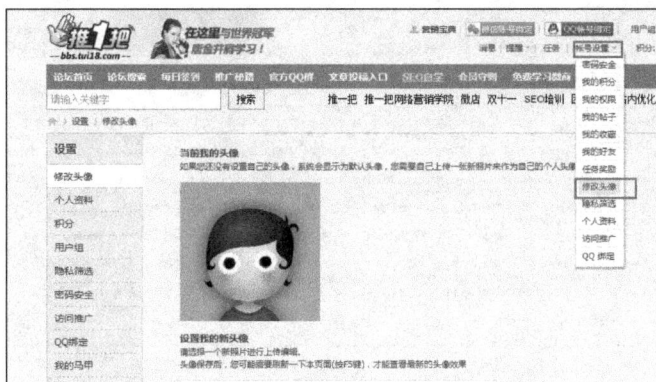

图 8-40

基本信息完成后，即可发帖。

8.8.3　发帖

刚注册论坛的新手，很多时候发帖还不能带链接，需要达到一定积分才可以，这就需要通过签到、完成论坛任务等方式来赚更多积分。如图 8-41 所示，每天签到可以赚积分。

达到一定积分，就可以发帖子带链接，但要选择好正确的板块或收录快的板块，如果是健康类文章，一般会选择健康类板块。但推一把论坛是营销推广类论坛，没有这样的板块，也可以在广告区发布帖子，但相关性不强。留链接的目的是让百度收录，抓取自己的网站，如图 8-42 所示。

图 8-41

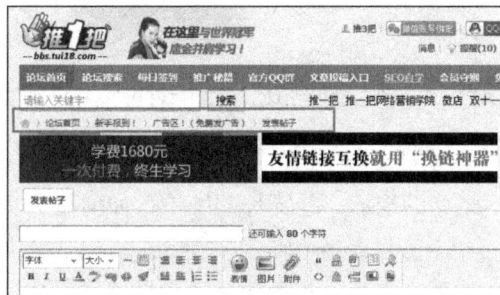

图 8-42

如何发外链呢？将网站内容或新闻稿内容复制过来，带上网站的文章来源地址，尽量带文章页面，让网站的外链多样化，不能全部集中在首页。发帖时要排版整齐，段落清晰，如图8-43所示。

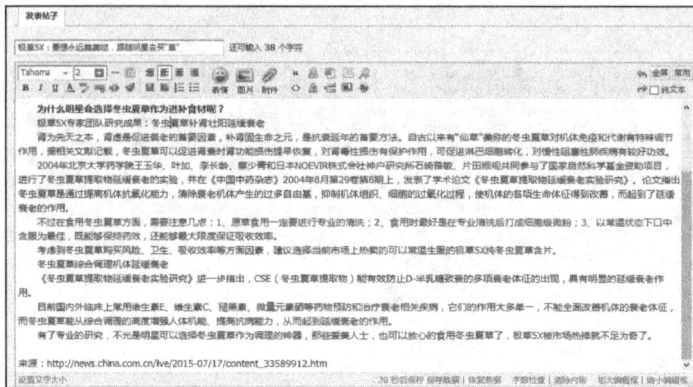

图 8-43

8.8.4 链接统计

用 Excel 制作论坛外链统计表格，将每天发的外链复制到表格中，如图 8-44 所示。

图 8-44

8.8.5 批量查论坛外链收录情况

每周查询一次外链的收录情况，如有的论坛收录差，即可放弃，保留收录快速、不删帖的论坛，并要长期维护。如何批量查外链收录情况呢？

注册并登录奏鸣网（http://www.zouming.cc/baidu/），然后将外链复制到框中，右下角随机选择 IP，单击查询，如图 8-45 所示。

之后在结果页会显示这些链接的收录情况，如图 8-46 所示。

图 8-45

图 8-46

论坛外链的目的是为了吸引百度等蜘蛛到官网抓取新页面，不要求量大，一天 3 条论坛外链即可。当网站排名稳定后，一周 3 ～ 5 条即可。现在很多网站为了让百度快速抓取和提高排名，每天发几百条外链，这样既累，效果也不会太好。

8.9 链接诱饵

随着 SEO 知识的普及，近几年传统外部链接建设手法变得越来越难。链接诱饵是目前比较有效，只要合理运用，就能快速、自然获得链接的方法。

链接诱饵简单来说是指创建有用、有趣、吸引眼球的内容，从而吸引其他站长、博主转载你的文章，并带上你的文章版权链接。

图 8-47 所示是我当时根据热点写的一篇文章，被众多网站转载，并带有原文的链接地址。这样就免费快速地获得了非常多相关的外链。

链接诱饵的种类很多，这里介绍以下 7 种。

1. 新闻诱饵

行业内有任何新闻，如果你能首先报道，这本身就是一种链接诱饵。以新闻作为链接诱饵必须具备两个特点：

一是够快、够新，无论事情大小，第一个报道的总是获得眼球和链接最多的网站。或者等其他网站都已经报道了，你进行评论后发布也可以。

二是够专业化，聚集于某个垂直领域，写行业的最新动态、新闻等。

图 8-47

2．资源型链接诱饵

这是最简单，也最有效的一类链接诱饵，提供某一个话题的全面、深入资源，吸引其他用户下载转发，可以是一篇深入探讨的教程或干货文章等。

3．争议性话题

带有争议性的话题显然可以吸引眼球，而且经常能吸引到争议双方你来我往地进行辩论，围观者的传播与评论。

4．线上工具

网上 SEO 方面的工具种类繁多，如查询 PR 值、查收录数、查外链、计算页面关键词密度、百度指数、长尾关键词等，既有搜索引擎提供的，也有站长们自己开发的工具。这些工具都是 SEO 人员需要的，所以好多站长会在自己的博客上、网站上、论坛里推荐给其他人。

5．插件

对有技术基础的公司或者 SEO 人员来说，写插件也是一个非常有效的链接诱饵。很多网站如果使用了插件，均会自动带上插件的链接。

6．利益吸引

这里说的好处并不是金钱，而是指其他方面的利益。例如，国内好多 SEO 网站免费给其他站长提供 SEO 诊断和咨询，唯一的条件是接受诊断网站需要提供一个单向链接，不过现在这种方式效果不如以前了，因为好多站长在诊断完后都会把单向链接去掉。

7．幽默搞笑

笑话和段子是网上传播最快的内容之一。幽默搞笑的内容也经常吸引到很多外部链接。

以上只是写出了构建完美链接诱饵策略的主体思路，只是抛砖引玉，希望能给大家一些启发！

8.10 购买链接

搜索引擎没有出现前，互联网上就出现了购买文字或图片广告链接的行为，这是一种最原始的网站推广方式。以 Google 为代表的第二代基于链接分析的网页搜索引擎出现后，有人通过购买大量高 PR 值网站的外链，使自己的网站排名能在短时期内获得提升，这种方法对于百度同样使用。但搜索引擎非常不欢迎这种行为，因为这有悖网站排名的公平性，一旦那些有链接买卖的网站被发现，搜索引擎会对其做相应惩罚，如降权或者从其数据库中删除网站数据。这里介绍什么是购买链接，防止大家进入误区。

8.10.1 什么是购买链接

在别人的网站上花钱做自己网站的链接，如图 8-48 所示，该网站底部出售的很多链接，均为站长花钱把链接展示在该网站底部的相应位置。

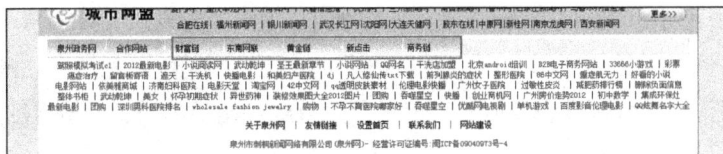

图 8-48

怎么才能将我们的网站链接展示在这里呢，要么一个一个联系网站管理员，这样会花费很多时间。一般 SEO 人员需要找一些中介，如图中看到的财富链，这些就是中介，他们和这些网站有合作，直接联系中介，就可以在很多网站上挂上链接，不需要我们一个一个找网站。

注意：现在这些中介已经被百度打击，百度将购买链接定义为作弊行为。

8.10.2 购买链接的种类

购买链接分为明链和黑链两类。

1. 明链
明链在网页中是可以看到的，类似友情链接一样，如图 8-49 所示。

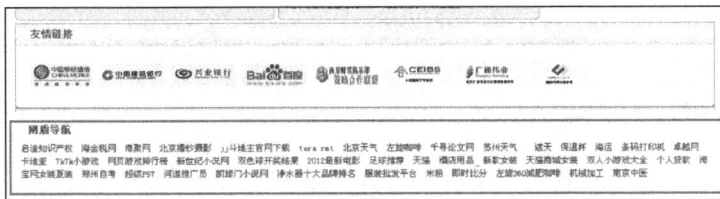

图 8-49

2. 黑链

黑链在网页中看不到，通过源文件可以查到。

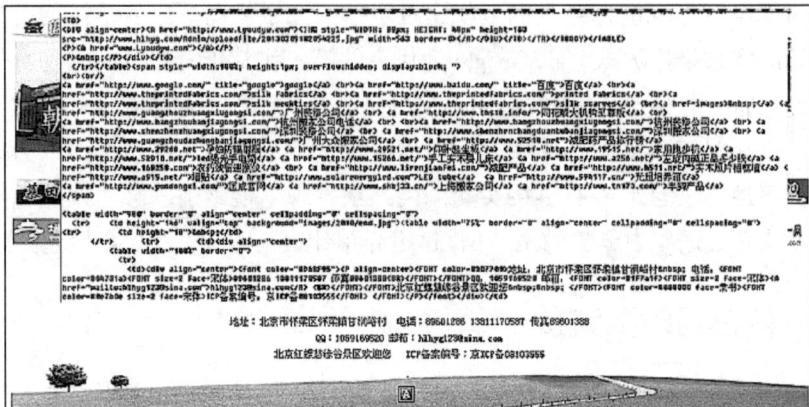

图 8-50

如图 8-50 所示，网页看着很正常，但是如果右键 -> 查看源文件，从上到下，看代码发现多了一些汉字（如装修公司、搬家公司的链接），这些不是该网站的内容，这是黑客破解了网站的后台账号或其他账号信息，没有经过站长的同意，擅自加上的链接。

8.10.3　什么情况适合购买链接

（1）权重值或 PR 值无法在自己能力下快速提升（如老板定了任务，要 PR 快速提升，该怎么办呢？有的人可能就会购买 PR 值高的网站链接，这样可以提升自己的 PR）。

（2）网站想在短时间内达到排名，获得盈利，如有些站长做暴利产品或季节性产品，一般会通过购买大量权重值不等的外链，几十个甚至几百个，来提高排名。但购买链接这是无底洞，每个月都要投钱，都要有预算来支撑。如图 8-51 所示，减肥产品一般也属于暴利产品。

（3）获得稳定排名。自己网站排名不稳定，总是在百度第 2、3 页徘徊，但又找不到合适的链接，怎么办？一般人会买几个高权重值网站的链接，这样有助于稳定排名（不在于多，而在于精）。购买链接不一定是买首页挂的链接，也可以在别人的文章中加链接。

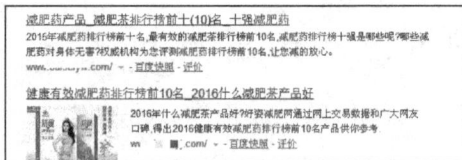

图 8-51

（4）自己没时间做链接，就会买链接。

8.10.4　百度绿萝算法

百度发布针对购买链接的绿萝算法，并在官方平台百度站长平台发文强调："买卖链接行为一方面影响用户体验，干扰搜索引擎算法；另一方面，投机建站者得利，超链中介者得利，真正勤勤恳恳做好站的站长却在这种恶劣的互联网超链环境中无法获得应有的回报。因此，针对买卖链接行为在清除外链计算的基础上，我们将对站点本身做出进一步调整。"

此次调整中，以下三个类型的网站将会受到不同程度的影响。

1．超链中介

超链本应该是互联网上相对优质的推荐，是普通用户及网站之间对页面内容、网站价值的肯定，但是现在种种超链作弊行为使得真实的肯定变成一些人谋取利益的垫脚石，用户无法根据链接的推荐找到需要的优质资源，并且严重干扰搜索引擎对网站的评价。超链中介便是这种畸形的超链市场下形成的恶之花，我们有义务维护超链的纯净，维护用户利益，也有责任引导站长朋友们不再支出无谓的花销。所以，超链中介将在我们的目标范围内。

2．出卖链接的网站

一个站点有许多种盈利方式，利用优质的原创内容吸引固定用户，引进优质广告资源，甚至举办线下活动，这些盈利方式都是我们乐于见到的，是一个网站的真正价值所在。但是，一些网站内容基本采集自网络，以出卖超链位置为生；一些机构类网站或被链接中介租用进行链接位置出售，使得超链市场泡沫越吹越多。此次的调整对这类站点同样有所影响。

3．购买链接的网站

一直以来，百度对优质站点都会加以保护和扶植，这是从用户需求以及创业站长的角度出发的必然结果。而部分站长不将精力用在提升网站质量上，而选择钻营取巧，以金钱换取超链，欺骗搜索引擎，进而欺骗用户。对于没有太多资源和金钱用于此类开销的创业站长来说，也是一种无形的伤害，如果不进行遏制，劣币驱逐良币，势必导致互联网环境愈加恶劣。此次调整，这类站点本身也将受到影响。

购买链接是作弊行为，如果想购买链接，请慎重考虑。

8.11　站群链接

站群，即一个人或一个团队操作多个网站，目的是通过搜索引擎获得大量流量，或者是将链接指向同一个网站，以提高搜索排名。

站群的目的是建立强大的链接资源库，推动网站关键词排名上升。建立站群的最终目的是从搜索引擎端获取到最大规模的流量，通过良好的商业模式，实现盈利。

例如，一个公司有很多产品，这些产品的词竞争都很大，靠内页优化排名不现实，那么就可以建立很多企业站用顶级域名优化这些词。例如，一个整形医院要优化整形、隆鼻、隆胸、拉皮、割双眼皮等关键词，但这些关键词优化难度都很大，那么就可以做很多独立的网站来优化。

站群分工要明确，做多少网站（如 30 个），多少人来做（外链 2 人，编辑 5 人，建站 1 人），如何管理（每天或者每周保持文章的更新，更新的数量，外链数量，收录量与排名等），这些工作都需要我们提前做好。这里以整形美容行业为例，来分析如何做站群。

如图 8-52 所示，网站要做站群（只是举例），那如何做呢？

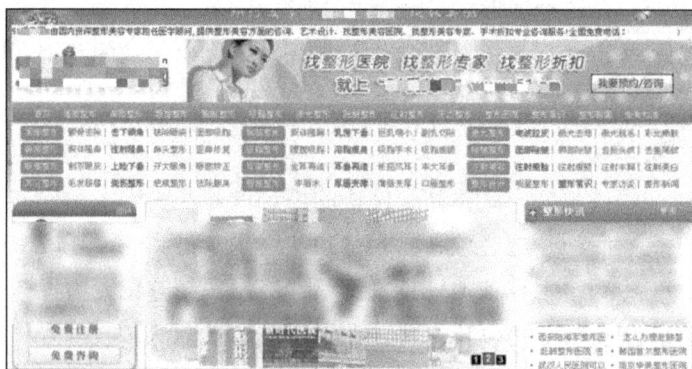

图 8-52

8.11.1 合理分配关键词、建立网站

做站群首先要考虑关键词如何分配，如这个站有很多栏目，内容非常庞大，首页主要核心词是整形美容等词，栏目包含隆鼻、双眼皮、隆胸等，但这个站如果要优化隆鼻、隆胸、双眼皮这样的词，就有一定难度，竞争力很大。那想获得排名怎么办？可以建独立网站来优化，这就需要有大量的网站。首先要确定哪些词需要独立建站。

图 8-53 所示是一个网站的大概结构，我们只列出 3 个栏目举例。

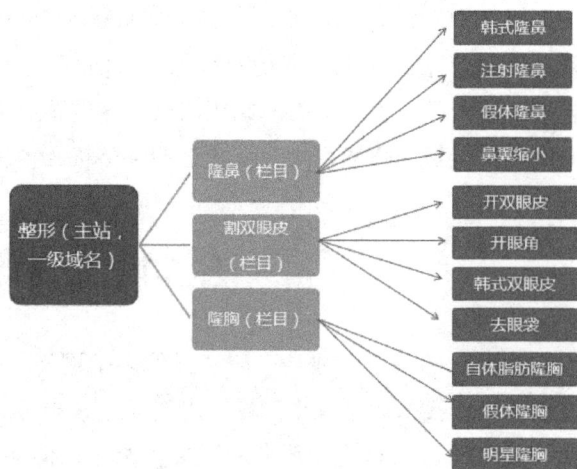

图 8-53

如果要优化隆鼻、隆胸等词,可以用一级域名资讯程序做独立网站,如果还想优化子栏目,也可以把隆鼻、隆胸栏目进一步细分。如隆鼻可以细分韩式隆鼻、注射隆鼻、假体隆鼻、鼻翼缩小为 4 个词,隆胸可以细分为自体脂肪隆胸、假体隆胸、明星隆胸、隆胸价格等。

这样,一个栏目加 4 个细分可以建 5 个网站,每个栏目网站用资讯类程序来建站(织梦,帝国,phpcms)。细分词用博客程序建站(wordprss,zblog,boblog)。这样,如果医院项目多(如 30 个栏目),每个栏目细分 4 个词,就是 150 个网站。大家根据自己的行业,自己的情况来规划,每个行业栏目的细分不同,但是都可以找到大量关键词来组建网站。

8.11.2　内容分配、制定优化策略

如果要建 150 个网站,不管是资讯站,还是博客,这么多网站怎么更新内容,谁来维护呢?大家在操作过程中对这些网站都需要一个合理的规划,每个网站的重要程度都不一样。

1. 官网大网站
每天更新 20 篇文章,外链每天按照前面讲的方式正常发(一天一个友情链接,10 个外链)。

2. 栏目词网站(资讯程序)(30 个)
每天更新 5 篇文章,坚持正常发外链(做友情链接可以一周 3 个,10 个外链)。

3. 栏目细分网站(博客程序)(120 个)
一周内更新 1 篇文章,少量发外链,保证收录即可。重点积累长尾关键词资源。

注意: 栏目词网站和细分网站上线后建议每天更新 10 篇文章,文章数量超过 100 篇后,再每天更新 1 ~ 5 篇。文章具体怎么写,从哪里挖掘,本书第 5 章讲过,大家再回顾一下。

8.11.3　链接建设

链接是站群很重要的一步。一般情况,每个网站独立运作是最好的,但很多人做站群都是互相链接,如果被搜索引擎识别到是刻意建站群来提升网站排名,轻者降权,重者所有网站被 K。所以,大家一定要做好链接分配。

(1)做站群的域名注册信息不一样,购买空间也不是一个 IP。但如果是一个企业只做 10 个或 8 个站,内容不一样,模板不一样,相互链接影响不大。

(2)每个网站独立运作,自己做自己的内容,做自己的外链。

(3)细分网站均可以链接到栏目网站。

(4)网站也均可以链接到主站。

站群如果做好了，链接集中在某几个网站，那么网站排名既快又稳定，如果做同一个关键词，还可以起到搜索引擎霸屏的效果。

8.12 其他常规外链建设方法

8.12.1 新闻源外链

新闻源是指符合百度、谷歌等搜索引擎种子新闻站的标准，站内信息第一时间被搜索引擎优先收录，且被网络媒体转载成为网络海量新闻的源头媒体。新闻源在网络领域内地位举足轻重，具有公信力与权威性，也是辐射传播至国内媒体网络的原点。如图 8-54 所示。打开百度，点击新闻，输入关键词，只要在新闻中能看到的网站，均属于新闻源网站，也就是为百度提供新闻的网站。

由于收录快、权重高，有些新闻源网站发文章可以带链接，也被众多 SEO 人员青睐。如图 8-55 所示，可以在文章中带锚文本和文本外链。

图 8-54

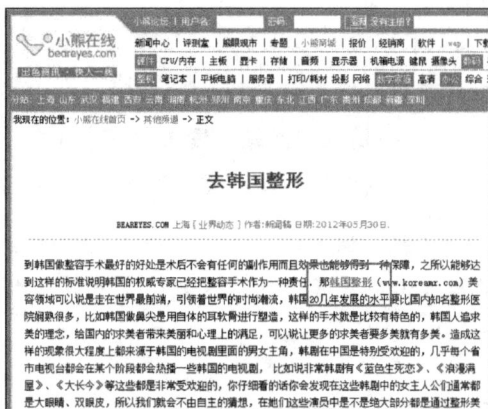

图 8-55

这里特别提示，只要内容好，新闻源网站会主动收录你的文章，但现在大部分新闻源网站可以付费发一些文章带上外链。

补充：

购买链接章节提到过绿萝算法 1.0，为了打击软文链接，百度质量团队再次推出绿萝算法 2.0，针对明显的推广性软文进行更大范围、更加严格的处理。

惩罚的重点对象是发布软文的新闻站点，同时包括软文交易平台、软文收益站点。惩罚方式包括：

① 针对软文交易平台，将被直接屏蔽。

② 针对软文发布站，将视不同程度进行处理。例如，一个新闻网站，存在发布软文的现象，但情节不严重，该网站在搜索系统中将被降低评价；利用子域大量发布软文的，该子域将被直接屏蔽，并且清理出百度新闻源；更有甚者创建大量子域用于发布软文，此种情况整个主域将被屏蔽。

③ 针对软文受益站，一个网站的外链中存在少量的软文外链，那么此时该外链将被过滤清除出权重计算体系，该受益站点将被观察一段时间后视情况进一步处理；一个网站的外链中存在大量的软文外链，那么此时该受益站点将被降低评价或直接屏蔽。

注意： 新闻源外链效果非常好，我们要选对平台，上面说的绿萝算法 2.0 主要针对的是医疗行业的软文链接，那我们在新闻源发文章带链接，注意相关、少量、链接要广泛性即可。

8.12.2　博客外链

博客链接是指在新浪、网易等博客平台注册博客发外链，早期做 SEO 时，博客外链效果是非常明显的，但现在很多 SEO 人员都采用这种方式，发外链门槛低，搜索引擎对博客类外链权重降低，效果没有以前那么好。虽然效果没之前好，但现在博客只要坚持发内容，内容多了，收录也会很好。发了外链还是有助于加快搜索引擎收录我们网站。如图 8-56 所示，博客的友情链接位置和文章中均可以带锚文本链接和超链接。

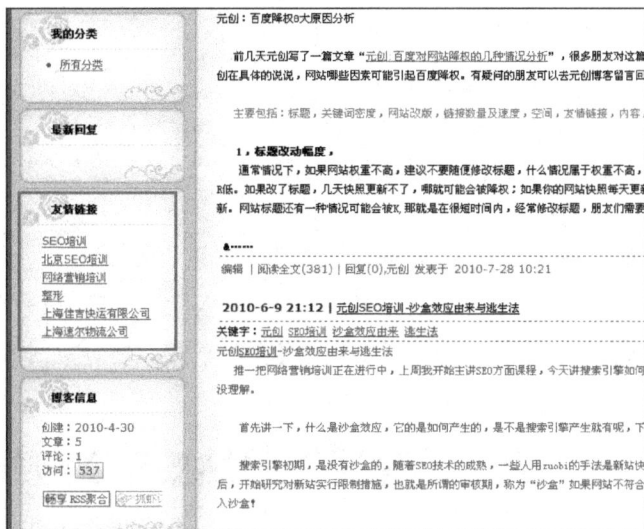

图 8-56

在博客中带链接，不能操之过急，需要慢慢养。每天更新一篇文章，等博客养得差不多后，再开始发带链接的文章。记住，我们做的这些博客是要永远为我们的站点服务的，也可以为以后建的新站做服务，所以一定要有耐心，循序渐进。万事开头难，当我们的博客在维护半年或者一年后，效果就会明显体现出来，不要急于一时。

8.12.3　分类信息链接

分类信息是一个免费的信息发布平台，你只要申请一个账号，就可以发布信息，这相对于审核严格、疯狂删帖的论坛来说，分类信息网站省去不少麻烦。下面以 58 同城为例。58 同城作为中国最著名的分类信息网站之一，无疑其网站权重非常高。通过 58 同城发帖也可以起到两方面的作用：一是做外链；二是 58 同城网站本身的人气比较大，在上面发布信息，还有机会让其网站用户看到我们留下的信息，如果我们留下的内容是某个用户需要的，这个用户肯定会从 58 同城到达我们的网站，这从某些角度讲也算是对网站的一种推广。如图 8-57 所示，某公司在 58 同城发信息，留下了网站的链接。

图 8-57

8.12.4　文库外链

文库外链主要是利用文库来做外链，可以在百度文库、豆丁文库、道客巴巴、新浪文库等平台上传文档，文档中包括我们的链接。如图 8-58 所示，推一把论坛在百度文库中有不少链接。

这是我们介绍的常见的几种外链方法，其实方法非常多，只要是能发文章的平台，均可以尝试在文章中带外链，但要遵循相关性、权威性、实用性的原则。

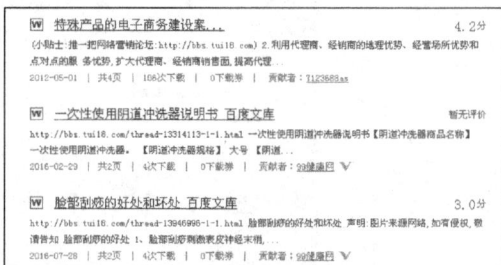

图 8-58

实战案例　瑶海展柜网站 SEO 分析

一、背景介绍

上海瑶海家具有限公司专业从事各类精品展示柜、大型品牌专卖店柜台、展览专用展示柜设计制作。本公司是集研发、销售、安装、售后一条龙服务型团队。

该公司展柜将传统展柜加工工艺和现代展柜设计创意理念完美地融合于一体，并且拥有一支专业展示柜设计团队，在展柜设计方面有领先的水平，在展柜制作工艺上精益求精。瑶海展柜的展柜客户已经遍布全国，在同行业中享有良好的口碑。

瑶海展柜成立至今已和许多国际知名品牌和大型广场进行了一系列友好合作，如相宜本草、中国联通、七匹狼实业、上海新世界、圣璐璘服饰、港汇广场、恒隆广场等国内知名品牌和大型广场，并获得客户的高度赞赏。图 8-59 为该网站首页截图。

图 8-59

互联网流量暴增，如何通过互联网营销带来更多客户，成为每个企业的诉求。搜索引擎营销因为流量精准，成本相对较低，成为每个企业营销重点。该公司非常重视搜索引擎营销，于是找专业的 SEO 公司为其建设网站，并对网站进行 SEO。

二、网站具体实施策略

1. 核心关键词。核心词为展示柜、展示柜定制、展柜制作。因为企业主要做展示柜，所以产品词作为核心关键词。标题为：<title> 展示柜 , 展示柜定制 , 展柜制作 – 上海瑶海展柜有限公司 </title>。

2. 描述。描述在 30 个字以内，语音连贯的一段话，包含核心关键词。描述为：<meta name="description" content="上海瑶海家具有限公司主要从事各类精品展示柜和品牌专卖店展示柜设计制作，同时提供办公空间展示柜设计装潢和展览展示柜、展柜设计制作等服务。" />。

3. 核心关键词在首页布局。展示柜关键词在网站导航、网站栏目、公司介绍、产品标题、文章标题、底部导航、版权信息等位置出现，密度在 2% ~ 8%。

4. 网站内容更新。网站上线后每天更新 10 篇文章，排名达到首页后，每天更新一篇文章。内容要原创或伪原创。

5. 公司介绍中配图增加 alt 属性，关键词为展示柜。

6. 文章中出现核心关键词链接到首页，如图 8-60 所示。

7. 为网站制作 404 页面。

8. 为网站制作网站地图。

9. 为网站制作 robots 文件。

10. 外链策略。

（1）友情链接

友情链接交换数量：每天找相关行业（展示柜、家具、展柜）的网站换友情链接，一天 1 ~ 2 个。交换 30 个友情链接为止，并建立友情链接交换表，如图 8-61 所示。

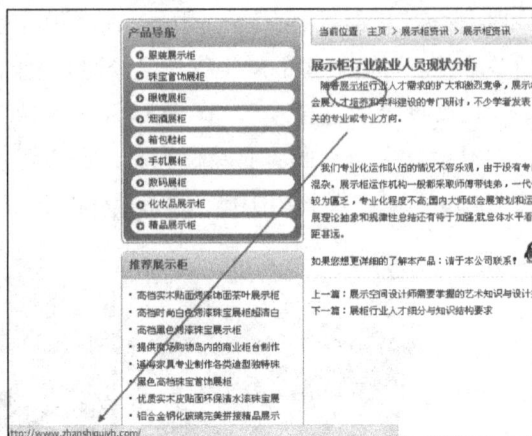

图 8-60

交换要求：找相关网站，要求百度权重 1 以上，快照半个月以内。

我方链接词：展示柜、展示柜定制

关键词	需链接个数	链接网址
展示柜	10 个	
展示柜定制	10 个	http://www.zhanshiguiyh.com/
展柜制作	5 个	
瑶海家具	5 个	

图 8-61

每周通过友情链接工具检查友情链接情况，如有未链接我站的网站，需删除。如果有权重下降或降权的网站，需联系该站长，然后删除链接。

（2）外链建设

要求：

每天将文章发布到装修、家具等相关论坛，带上文章来源地址，每天发布 10 条论坛外链。

每天将文章发布到新浪、天涯等博客，带上首页、栏目页或文章链接，每天 10 条论坛外链。

目录网站提交成功 30 个。

统计：

建立外链收集表格，如图 8-62 所示，将发布成功的外链收集到表格中，每周查询外链收录情况。

	外链地址	是否收录	是否带链接	内页或首页链接
1				
2				
3				
4				
5				

图 8-62

三、关键词排名统计

每周五对优化关键词排名进行统计，如图 8-63 所示。

百度关键词排名报表					
关键词	对应 URL	2015.9.4	2015.9.11	2015.9.18	2015.9.25
展示柜					
展示柜定制	http://www.zhanshiguiyh.com/				
展柜制作					

图 8-63

四、总结

该网站只针对网站首页的核心关键词进行优化，从建站到优化，一个半月就将展示柜等核心关键词优化到百度首页，为企业带来更多订单。企业网站大多重视首页的优化，将首页的 3 ~ 5 个核心关键词优化到搜索引擎首页作为目标，但想获取更多的流量，还需要加强次要关键词和长尾关键词的优化。

本章小结

外链的建设方法很多，每个人根据自己的实际情况开展外链建设。但随着搜索引擎对内容质量越来越重视，外链权重的得分与之前相比有所下降，并且现在外链的建设难度也越大，花的时间和精力比之前更多。

因此，SEO 重点还是要放在内容优化和关键词上面，同时研究用户体验，使用户尽可能留在站内或转化为客户。

如何进行外链建设（1）

如何进行外链建设（2）

实训　制定外链建设计划

【实训目的】

根据所学内容，了解优质外链的标准，会对网站实施外链建设。

【实训要求】

1. 掌握友情链接交换原则
2. 掌握论坛外链发布技巧
3. 掌握网站目录提交技巧
4. 掌握制作链接诱饵技巧

【实训内容】

1. 什么样的链接算好的外部链接：_____、_____、_____、_____、_____、_____、_____。

2. 外部链接包括_____、_____、_____三种形式，_____链接可以直接提升关键词排名。

3. 外部链接发布要遵循_____、_____、_____、_____四大原则。

4. 企业网站的外链建设应该重点放在交换_____这种方式，因为它会在其他网站的首页展示，利于提升关键词排名。

5. 给你的网站制定友情链接交换标准。

_____。

6. 为你的网站制定交换友情链接计划（包括交换数量、交换关键词和平台）。

_____。

7. 收集 20 个可以发外链的论坛。

_____。

8. 制定论坛外链发布计划（每天发链接数量、在哪些平台发、发哪些链接、收录效果如何检测）。

_____。

9. 将网站提交到 10 个网站目录。

_____。

10. 制定在博客、分类信息、文库等平台发布外链的计划。

_____。

11. 记录每天发布的链接。

_____。

第 9 章
手机站优化

在我国互联网的发展过程中，PC 互联网已日趋饱和，移动互联网却呈现井喷式发展。中国互联网络信息中心（CNNIC）发布的第 38 次《中国互联网络发展状况统计报告》显示，截至 2016 年 6 月，中国网民规模达 7.10 亿（其中农村网民 1.91 亿），手机网民规模 6.56 亿，并呈现爆发式增长。

伴随着使用手机搜索信息的人越来越多，搜索引擎百度每天响应移动搜索请求高达几十亿次，导向互联网的流量几十亿量级，且快速增长。面对移动用户的迅猛崛起，网站通过移动搜索来的流量越来越多，站长们纷纷涌入移动化建设的浪潮中。

但现阶段许多 PC 端网站复制成简单的移动版本的手机网站，基本没有做任何优化，影响在移动端的排名，更影响用户体验。因此，需要我们重视手机网站优化。如何建设手机网站，才能对搜索引擎友好，如何优化手机网站？本章节将重点讲解这方面的内容。

学习目标

>> 了解手机站的现状
>> 掌握影响手机站体验的 6 大因素
>> 掌握手机站优化要素

9.1 手机站与 PC 网站的差别

手机站也就是专门用于手机浏览的网站，通常以文字信息和简单的图片信息为主。随着手机智能化，安装了操作系统和浏览器的手机和电脑的功能很相似，通过上网可浏览几乎所有的网站，但由于手机的屏幕尺寸和网络速度等因素的影响，为方便用户更好地浏览体验，就对网站设计提出了新的要求，网站也要手机化。那么手机站和 PC 端网站有什么差别呢？如图 9-1 所示，用户通过 PC 端和手机端访问的页面不一样（左为 PC 网站，右为移动站），具体表现在页面尺寸、页面大小、页面结构、页面的浏览体验等方面都有所不同。

图 9-1

现在很多企业没有建设手机端网站，那么用户通过移动端搜索，打开的网站依然是 PC 端网站，或者是经过搜索引擎转码后的网站，用户浏览起来体验极差。

如图 9-2 所示，用户通过移动端搜索该企业信息，进入网站后页面排版凌乱，用户体验差，这就需要重视手机端网站的建设和优化。那么，如何建设手机站，才能对搜索引擎友好呢？

图 9-2

9.2 搜索引擎友好的手机站

搜索引擎作为网站的普通访客，对网站的抓取索引、对站点/页面的价值判定以及排序，都是从用户体验出发的。因此，原则上任何对用户体验的改进，都是对搜索引擎的改进。但是，限于当前整体的网络环境以及技术性原因，落实用户体验的具体手段也需要考虑对搜索引擎的友好性，使之在满足用户体验的前提下也会让搜索引擎更易理解、处理。

如搜索结果的加载时间、页面浏览体验、资源或功能的易用性、页面是否符合移动端适配等，都影响移动用户体验的满意度。这些因素相应地也影响着网站在移动端搜索引擎的排名。移动页浏览体验的友好度是一个重要的评价因子。百度官方发布了一份《百度搜索 Mobile Friendly（移动友好度）标准 V1.0》，这份标准旨在告诉广大站长，什么样的移动页是受用户欢迎的。

9.2.1 页面加载速度体验

移动互联网上，网页的加载速度对用户体验的影响日趋明显。百度用户体验部研究表明，用户期望且能够接受的页面加载时间在 3 秒内。若页面的加载时间超过 5 秒，78% 的用户会失去耐心而选择离开。页面加载速度是百度等搜索引擎中一个重要的排序因素。

9.2.2 页面结构

一个结构优质的页面，要让用户第一眼看到页面的主要内容，获取页面主体信息时没有多余的干扰，快速找到所需。用户能够通过页面布局结构，快速了解页面各模块的主要内容。要构建一个结构优质的移动页，需关注以下两方面：

（1）页面能够根据屏幕调整内容大小，用户不需要左右滚动，也不需要进行缩放操作，就能清晰辨识网页的内容。

（2）页面主体位于首屏且中心的位置，其他相关度低的内容对页面主体无干扰作用。百度会严厉打击应用恶意弹窗/浮层的行为。视对用户体验造成伤害程度的大小，在结果排序上会对以下情况减分：广告遮盖主体、广告动态抢夺用户视线、广告穿插主体等。

页面结构问题的相关示例如图 9-3 和图 9-4 所示。

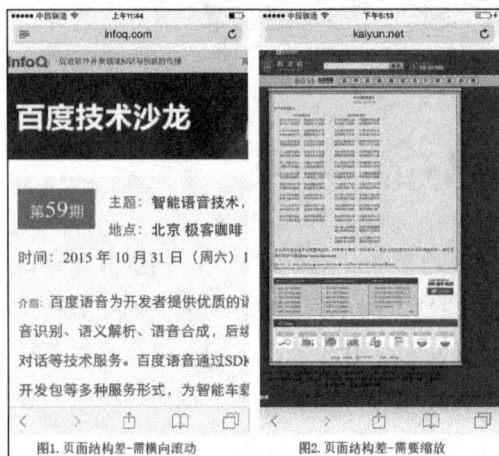

图 9-3

图 9-4

9.2.3 页面浏览体验

页面浏览体验和页面结构密切相关：页面结构差，浏览体验无从谈起；页面结构优质，能给用户更好的浏览体验。

注意：

（1）页面主体中的文本内容和背景色应有明显的区分度。

（2）页面主体中的文本内容应段落分明，排版精良。

百度用户体验部对移动页浏览体验的研究成果：

（1）主体内容含文本段落时，正文字号推荐 14px，行间距推荐（0.42 ~ 0.6）*字号，正文字号不小于 10px，行间距不小于 0.2* 字号。

（2）主体内容含多图时，除图片质量外，应设置图片宽度一致，位置统一。

（3）主体内容含多个文字链时，文字链字号推荐 14px 或 16px：字号为 14px 时，纵向间距推荐 13px；字号为 16px 时，纵向间距推荐 14px；文字链整体可点区域不小于 40px。

（4）主体内容中的其他可点区域，宽度和高度应大于 40px。

（5）此外，需注意交互一致性，同一页面不应使用相同手势完成不同功能。

页面浏览体验问题的相关示例如图 9-5 所示。

图 9-5

9.2.4　资源易用性

按照页面主体内容载体的不同，资源易用性的标准会有较大的不同。

（1）首页或索引页

页面提供的导航链接应清晰可点，页面推荐的内容应清晰有效。

（2）文本页面

页面提供的内容应清晰完整，有精良的排版。文本页面包括文章页、问答页、论坛页等。

（3）Flash

Flash 是移动设备上不常用的资源形式，应避免使用。

（4）音 / 视频页

音 / 视频应能够直接播放，且资源清晰优质。百度严厉打击欺诈性下载播放器的行为。

（5）App 下载

App 应提供直接下载，且下载的为最佳版本；百度严厉打击欺诈性下载手机助手和应用市场的行为。

（6）文档页

文档页应提供可直接阅读的文档，且文档阅读体验好。注意：将文档资源转化为图片资源的方式，不仅影响用户体验，对搜索引擎也不友好，应避免。

（7）服务页和功能页

提供的服务或功能应易用、好用，后面会详细介绍。

有些服务或功能，手机端不支持，如图 9-6 所示，手机端不支持 Flash 游戏。

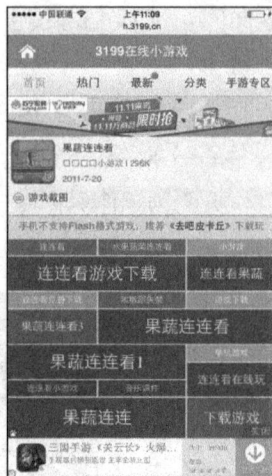

图 9-6

9.2.5 功能易用性

按照页面主体功能的不同，功能易用性的考量区别如下：

（1）商品页：页面应提供完整的商品信息和有效的购买路径。

（2）搜索结果页：页面罗列出的搜索结果应与搜索词密切相关。

（3）表单页：表单页主要指注册页、登录页、信息提交页等，页面应提供完整有效的功能。

9.2.6 体验增益性

这个维度属于增益项，只有当页面在可读性和资源及功能易用性上表现较好时，百度排序时才会考虑体验增益性，并给予额外的优待。

（1）提供访问路径上的增益，如页面提供有效的导航或面包屑，能够去往上一级或下一级页面。

（2）生活服务类网站，提供效率上的增益，如电话可拨打、地址可定位。

（3）查询类网站，提供输入方式上的增益，如支持语音输入、图像输入、扫码功能等。

（4）阅读类网站，提供体验增益，如夜间模式等。

体验增益性相关示例如图 9-7 所示。

图1，访问路径增益-有效的面包屑和导航   图2，输入增益-语音图像输入

图 9-7

在移动端，建议站长使用 Applink 服务并安装相应的 SDK，保障用户搜索体验，并实现 HTML5 和 App 内容的无缝打通。近年来，服务类 O2O 产品大量涌现，百度建议只有 App 或微信服务号的商户将 HTML5 资源提交给百度，实现更好的收益。

体验提升，标准先行。百度搜索会依据此标准在移动端推出移动友好度算法，将移动友好度作为移动搜索排名的一项重要参考因素。同时会不定期抽样移动页进行人工评估，评估后的结果会返回技术部门进行机器学习。百度搜索会继续完善标准，优化算法，不遗余力地提升移动用户体验，并更好地为移动站长服务。

9.3 手机站优化

随着移动互联网的发展，越来越多的用户使用移动设备访问网站，手机站优化也成为近几年 SEO 行业关注的话题。如何让自己的手机站能够在搜索引擎中获得好的排名呢？百度官方曾发布了一份《百度移动搜索优化指南 2.0》，帮助各位站长更好地优化手机站。

手机站优化和 PC 端网站优化技巧大同小异，也包括建站、内部优化、外部优化等因素，只是浏览方式发生了变化。

9.3.1 域名

与 PC 端网站一样，域名是用户对一个网站的第一印象。一个好的移动域名，不仅容易记忆、易于输入，还能方便用户向其他人推荐。

域名应尽量简短易懂，越短的域名，记忆成本越低，越容易理解的域名，越能让用户更直观了解网站主旨。PC 端使用的域名为 a.com，那么移动站域名建议多采用 m.a.com 或 3g.a.com 或 wap.a.com 等，避免使用过于复杂或技术性的形式，如 adcbxxx.a.com 或 html5.a.com 等。

9.3.2 服务器

选择正规空间服务商，避免与大量垃圾网站共用 IP，保证网站的访问速度和稳定性。这里不再赘述，可以和 PC 端网站空间一致。

9.3.3 网站语言

PC 端网站使用 HTML 作为建站语言，移动端网站强烈建议使用 HTML5 作为移动站建站语言，并且根据不同终端机型进行自动适配。

9.3.4　图片和 Flash

本书第 7 章讨论过图片和 Flash 的问题，与 PC 端一样，移动端网站使用了过多的图片和 Flash，不仅打开网站缓慢，搜索引擎也难以抓取。

以下为《百度移动搜索优化指南 2.0》关于图片和 Flash 的说明。

与 PC spider 一样，百度通过一个叫 Baiduspider2.0 的程序抓取移动互联网上的网页，经过处理后建入移动索引中。当前 Baiduspider 只能读懂文本内容，Flash、图片等非文本内容暂时不能很好地处理，放置在 Flash、图片中的文字，百度只能简单识别。建议使用文本，而不是 Flash、图片、JavaScript 等来显示重要的内容或链接，搜索引擎暂时无法识别 Flash、图片、复杂 JavaScript 中的内容；同时仅存在于 Flash、JavaScript 中包含链接指向的网页，百度移动搜索同样可能无法收录。不要在希望搜索引擎可读的地方使用 Ajax 技术，如标题、导航、内容等。

9.3.5　网站结构

PC 端网站常见的网站结构类型包括树状结构和扁平结构，前面我们对这两种结构进行过讨论，使用树状结构有利于网站长远发展，也不影响优化排名。移动端网站和 PC 端网站一样，为了能使搜索引擎快速理解网站中的每一个页面所处的结构层次，建议移动端网站采用树状结构，即首页—栏目—详情页。

9.3.6　网状链接

用户来到网站是为了快速找到想要的信息，因此从首页到内容页的层级尽量少，这样更有利于用户快速找到内容，也有利于搜索引擎进行抓取。同时，网站内的链接也应该采用网状结构，网站上每个网页都要有指向上、下级网页以及相关内容的链接；首页有到频道页的链接，频道页有到首页和普通内容页的链接、普通内容页有到上级频道以及首页的链接、内容相关的网页间互相有链接，避免出现链接孤岛。

网站中每一个网页，都应该是网站结构的一部分，都应该能通过其他网页链接到，这样才能使搜索引擎蜘蛛尽可能多地抓取网站内容。同时，重要内容应该距离首页更近，这样有利于价值传递。

9.3.7　URL 优化

本书第 6 章讨论过 PC 端的 URL 优化，手机站与 PC 端网站页面优化的方法一致，全站需使用静态化链接，避免使用带"？"、带参数的动态 URL 作为超链接。这里建议网站设计时就应该有合理的 URL 规划。

《百度移动搜索优化指南 2.0》建议。

① 对于移动端网站首页，一般采用 m.a.com/3g.a.com/wap.a.com。

② 栏目页采用 m.a.com/n1/、m.a.com/n2/（其对应于 PC 站点的频道 n2.a.com）。当然，n1、n2 直接可读更佳。

③ 详情页的 URL 尽量短，减少无效参数，如统计参数等，保证同一页面只有一套 URL 地址，不同形式的 URL301 跳转到正常 URL 上。

9.3.8　制作移动端网站地图

如何制作 PC 端网站地图，前面讨论过。同样，也需要为移动站点制作网站地图，让搜索引擎快速抓取收录页面。

做好地图后，可以提交到百度站长平台，此平台是百度与站长交流的官方平台，提供了移动 sitemap 提交工具，通过提交 sitemap，可以使百度更快、更全地抓取收录网站内容。关于百度站长平台的介绍和使用，将在本书第 11 章展开讨论，更细节的问题也可以到百度站长学院 http://zhanzhang.baidu.com/college/index 查询。

9.3.9　标题优化

网页的标题（title）用于告诉用户和搜索引擎这个网页的主题是什么。搜索引擎判断一个页面内容权重时，标题是主要因素之一。每个页面的内容都不同，都应该有独一无二的标题。

（1）《百度移动搜索优化指南 2.0》建议移动站的标题应该注意如下几个方面：

① 主题明确，涵盖页面主旨内容。

② 不罗列关键词，使用户能够快速分辨出主题，最好不超过 17 个中文汉字，否则在搜索结果中会被折行，超过 24 个中文汉字会被截断。

③ 重要内容往左放，保持语义通顺；如果品牌知名度高，品牌词最好能够展现出来。

④ 使用用户熟知或习惯用语。

（2）命名规则

① 首页：网站名称 _ 核心服务或核心产品。

② 频道页：（频道核心服务 _）频道名称 _ 网站名称。

③ 详情页：文章标题 _ 频道名称 _ 网站名称。

9.3.10　描述优化

作为搜索结果摘要的重要选择目标之一，一定不要采用默认形式，用适当的语言对页面进行进一步描述，对标题进一步补充，能够使用户更进一步理解页面的内容与其需求是否匹配，让目标用户更快地找到你、点击你。

（1）进一步补充标题，准确描述页面内容，但不堆砌关键词，否则可能被认为有作弊嫌疑。

（2）每个页面要有不同的描述，尽量不使用默认语言。

（3）适当的长度，超出会被截断。

9.3.11 优质的原创内容建设

不管是 PC 端网站，还是手机站，只要参与搜索引擎排名，都需要给用户不断提供优质内容，吸引搜索引擎抓取，才能获得良好的排名。同样，移动端网站如果很多内容使用图片，搜索引擎目前无法理解复杂图片，请使用 alt 标签进行标记。

9.3.12 终端适配

终端适配也就是将 PC 端网站适配到移动端，用户通过手机访问网站时，展示给用户的是手机站，适配后也更利于手机站的排名。

《百度移动搜索优化指南 2.0》建议。

（1）做好自适配，将移动终端的访问自主适配跳转至移动版站点。

（2）为了更快地告知百度移动搜索您 PC 端网站与手机站内容的一一对应关系，建议使用站长平台移动适配工具进行适配关系提交。

（3）同时还可以使用如下 Meta 标签协议规范。

① 如果该网页只适合在电脑上进行浏览，如（http://www.sina.com.cn/），在 HTML 中加入如下 meta：

```
<meta name="applicable-device" content="pc">
```

② 如果该网页只适合在移动设备上进行浏览，如（http://3g.sina.com.cn/），在 HTML 中加入如下 meta：

```
<meta name="applicable-device" content="mobile">
```

③ 如果网页采用了响应式网页设计，如（http://cdc.tencent.com/），不需要经过 URL 自适配跳转，就可以根据浏览器的屏幕大小自适应地展现合适的效果，同时适合在移动设备和电脑上进行浏览，在 HTML 中加入如下 meta：

```
<meta name="applicable-device" content="pc,mobile">
```

（4）地理信息标注有助于获得更精准的流量。

为了方便用户根据自身位置查找或使用本地信息与服务，百度移动搜索将根据用户地理位置信息优先将具有地域属性的内容展现给用户。如果是提供地域性信息服务的站点，可以通过为自己网页添加地理位置信息 Meta 标注，让目标用户在百度移动搜索中更快地找到网站的内容。

现在常见的 PC 端网站和移动站适配方式有三种，分别为跳转适配、代码适配和自适应。

（1）跳转适配

该方法会利用单独的网址向每种设备提供不同的代码。这种配置会尝试检测用户使用的设备或 ua，然后使用 HTTP 重定向和 Vary HTTP 标头重定向到相应的页面。

（2）代码适配

该方法使用相同的网址（不考虑用户使用的设备），但会根据服务器对用户所用浏览器的了解（ua），针对不同设备类型生成不同版本的 HTML。

（3）自适应

自适应是通过同一网址提供相同 HTML 代码的网站设计方法。该方法不考虑用户使用的设备（PC、平板电脑、移动设备），但可以根据屏幕尺寸以不同方式呈现（即自适应）显示屏。

	跳转适配	代码适配	自适应
复杂程度	简单到中等。开发独立网站的速度可以非常快。小型企业可选用多种自动方案，以近乎实时的速度生成移动网站	中到高，取决于网站的复杂程度和您需要创建的代码库数量。代码适配所需的开发时间可能较长，且要求服务器端编程	中等。需要使用能随屏幕尺寸而变的流体网格从头开始创建。如果网站需求较简单，有许多开源模板供选择。如要构建包含额外编程的、复杂的自适应网站，所需的时间会比较长
性能	中。图片和其他网站内容可轻松针对小屏幕优化，但网站重定向经常会导致延迟问题	高。可以简化为只包含为相应设备优化的内容，以实现最佳性能	高。无任何重定向，但需要有周全的计划，才能实现最优效果。数据量膨胀是最常见的错误
维护需求	中到高。更新主网站后，还必须单独在移动网站上进行更新	如果人工维护，将需要大量的资源。许多网站使用内容管理系统来避免这一问题，并自动在所有模板上发布内容	低。创建后，更新内容会流向所有设备，维护工作量极低

续表

	跳转适配	代码适配	自适应
设备	可专门针对移动用户优化网站	单独的文件和服务器端代码（会在向用户传递网页前在您的服务器上运行）可以提供依设备而定的体验	所有设备上的用户体验保持一致（一些设备专属的选项可通过服务器端程序添加）
是否支持扩展至新平台	不支持。这是智能手机专用的独立移动网站。新平台无法轻松集成到现有架构中	支持。可轻松针对具体的设备（如智能电视）创建模板，并通过同一个网址投放	支持。使用指定的断点和流体网格，可轻松扩展到新平台和新设备

相对来说，跳转适配和自适应这两种方式使用得多一些，企业如果要搭建手机站，利用手机域名访问，如 m.a.com，需要选择跳转适配方式；如果 PC 端和移动端域名不变，网站根据用户访问设置进行适配，那么选择自适应方式。

实战案例　织梦程序移动站搭建方法

织梦程序以简单、实用、开源而闻名，是目前国内用户使用较多的一种 cms 管理系统。考虑到中小型网站中 Dedecms 使用频率较高，针对站长反馈移动化中出现的种种问题，百度站长学院整理了关于织梦的移动站搭建方法（原文网址：http://zhanzhang.baidu.com/college/courseinfo?id=750），供站长参考。

一、安装 Dedecms 移动站点的两种方式

（1）下载新版本直接安装使用，Dedecms 版本：V5.7SP1 正式版 (2015-06-18) 该版本包含旧版本所没有的移动站点功能。

（2）老版本升级（仅针对增加移动站点功能），下载最新版本（注意网站编码需与原站一致），复制压缩包中以下文件到原站对应目录下：

移动站主文件:	/m/
移动端默认模板:	/templets/default/index_m.htm 首页 /templets/default/header_m.htm 通用头部 /templets/default/footer_m.htm 通用底部 /templets/default/list_default_m.htm 列表栏目页 /templets/default/index_article_m.htm 频道栏目页 /templets/default/article_article_m.htm 文章内容页
系统文件:	/include/

注意：如果原站有非默认模板，如某栏目模板为 /templets/defaultst_default_news.htm，可将 /templets/defaultst_default_m.htm 复制一份改名为 list_default_news_m.html。

即：pc端网站模板需有对应的移动端网站模板，后者文件名为前者文件名后"_m"。

安装或升级dedecms完成，此时应该就可以进行移动跳转适配了，但dedecms20150618版本提供的移动站点功能在使用过程中发现一些问题，需要进行修改后才可正常使用，所以有了下面的dedecms修改步骤。

二、修改Dedecms

（1）原站做了将DATA移到根目录外的安全设置，需修改/m/index.php代码：

```
if(!file_exists(dirname(__FILE__).'/../data/common.inc.php'))
{
header('Location:install/index.php');
exit();
}
```

将其中/../data/common.inc.php改为/../../data/common.inc.php，或直接将以上5行代码删除。

（2）移动站点首页会在第一次访问时自动生成首页静态文件，前提是/m/目录需设置为可写权限，否则将无法正常更新。之后更新首页静态文件需登录后台手动更新：在"更新主页HTML"中将"选择主页模板"改为"default/index_m.htm"，将"主页位置"改为"../m/index.html"，再生成主页静态文件。

注意：该版本号称"自动生成HTML版"，但默认移动站模板里却有<ahref="index.php">的动态首页链接，需替换为<ahref="index.html">静态链接形式。

※ 如觉得使用静态页面麻烦，想将首页设置为动态浏览，可修改/m/index.php：

```
$row['showmod']= isset($row['showmod'])? $row['showmod'] : 0;
if ($row['showmod'] == 1)
{
$pv->SaveToHtml(dirname(__FILE__).'/index.html');
include(dirname(__FILE__).'/index.html');
exit();
}
```

```
else {
$pv->Display();
exit();
}
```

以上代码替换为一行：$pv–>Display();

三、首页"图文资讯"部分的 url 为 pc 端链接，修改为移动端链接

搜索模板 /templets/default/index_m.htm 中所有 <a href="[field:arcurl/]">，替换为 <ahref=" view.php?aid=[field:id/]">

四、通用头部含有搜索框，搜索跳转至 pc 端搜索页面，建议删除

在 /templets/default/header_m.htm 中删除以下代码：

```
<form class="am-topbar-form am-topbar-leftam-form-inline am-topbar-
right" role="search"action="{dede:global.cfg_cmsurl/}/plus/search.php">
<input type="hidden" name="mobile"value="1" />
<input type="hidden" name="kwtype"value="0" />
<div class="am-form-group">
<input name="q" type="text"class="am-form-field am-input-sm"
placeholder=" 输入关键词 ">
</div>
<button type="submit" class="am-btnam-btn-default am-btn-
sm"> 搜索 </button>
</form>
```

五、设置二级域名

移动站点默认使用二级目录，但目前移动适配需要使用二级域名（前段时间是可以使用二级目录的，但目前已调整，不能再提交二级目录），所以我们要设置移动站可通过二级域名访问，解析二级域名至网站所在服务器 IP，并在服务器 / 空间上将二级域名绑定到 /m/ 目录。

成功设置二级域名后，通过二级域名浏览网站会发现图片均无法显示，原因是图片路径有误——图片路径为 "/uploads/x/y.jpg"。

相对根目录路径形式，在 pc 站页面中显示正常，因为 PC 站域名下存在该目录，而二级域名绑定的是二级目录，其中并不存在该目录。

所以访问图片会返回 404 错误。对此，有多种解决方案，下面提供几个思路（示例 PC 站：www.nt090.com；移动站：m.nt090.com）：

（1）设置 DEDECMS 使用绝对路径

进入管理后台后，点击"系统"→"系统基本参数"→"核心设置"，将其中"（是 /

否）支持多站点，开启此项后附件、栏目连接、arclist 内容启用绝对网址："（默认为"否"）
设置为"是"。

（2）修改模板路径

在所有移动端模板中的 \<head>\</head> 中增加：

```
<basehref="http://www.nt090.com" />
```

再将代码中的

"\<ahref=" list.php" 改为完整路径 "\<a href=" http://m.nt090.com/list.php"

"\<ahref=" viewphp" 改为完整路径 "\<a href=http://m.nt090.com/view.php"

（3）URL 重写

将对 http://m.nt090.com/uploads/ 的访问重写至 http://www.nt090.com/uploads/，apache
环境下，在 /m/ 目录中的 .htaccess（如无则需新建）中增加以下代码即可：

```
RewriteEngineon
RewriteCond %{http_host} ^m.nt090.com [NC]
RewriteRule ^uploads/(.*)$ http://www.nt090.com/uploads/$1 [L]
```

iis 环境下类似规则。

另：需将根目录下的 /images/defaultpic.gif（缩略图默认图片）复制到 /m/ 目录下，
否则列表页中如存在无缩略图的文章，对应缩略图位置会无法正常显示图片。

至此，移动站架设基本成型。

本章小结

随着移动互联网流量增加，越来越多的企业开始搭建手机站点，并对网站进行优
化排名来抢夺移动端的流量。

实训　掌握手机站优化要素

【实训目的】

根据所学内容，掌握手机站建设要求和手机站优化技巧。

【实训要求】

1. 掌握手机站优化 12 条法则。

2. 掌握手机站建设 6 大标准。

【实训内容】

1. 手机站优化要素包括_____、_____、_____、_____、_____、_____、_____、_____、_____、_____、_____、_____12 条。

2. 手机站标题字数为_____个汉字。

3. 手机站域名建议多采用_____或_____或 wap.a.com 等，避免使用过于复杂或技术性的形式。

4. 手机站网站结构建议采用_____结构。

5. 搜索引擎目前无法理解复杂图片，请使用_____标签进行标记。

6. 现在常见的 PC 端网站和移动站适配方式有三种，分别为_____、_____和自适应。

7. 手机站有三种适配方式，中小型企业网站建议采用_____。

8. 百度用户体验部研究表明，用户期望且能够接受的页面加载时间在_____秒以内。若页面的加载时间超过_____秒，78% 的用户会失去耐心而选择离开。

9. 移动端网站强烈建议使用_____作为移动站建站语言。

10. 手机站中避免使用_____，因为它是移动设备上不常用的资源形式。

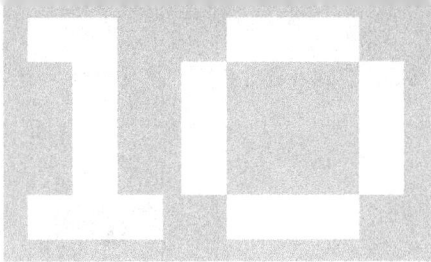

第 10 章
SEO 常用工具

俗话说："工欲善其事，必先利其器。"在开展 SEO 的过程中，需要使用到非常多的 SEO 工具，对网站优化效果进行检测和数据分析。也可以通过工具很容易地获得其他网站的数据，如网站的收录数量、网站外链数据、网站的基本信息、权重、网站的排名、网站的大概流量等，对改进自身网站有非常大的借鉴意义。

站长常用的 SEO 工具平台，一个是 CHINAZ 站长工具（http://seo.chinaz.com/），一个是爱站 SEO 工具 http://www.aizhan.com/。这两者的工具大同小异，在个别功能上各有优势。本章主要以 CHINAZ 站长工具为例来介绍。

学习目标

>> 熟悉站长工具的各项功能
>> 掌握网站 SEO 数据分析
>> 掌握百度权重提升技巧
>> 了解关键词挖掘工具

10.1　SEO 综合查询

SEO 综合查询是站长最常用的集合工具，只要输入网址，即可了解到网站大致的 SEO 数据。如图 10-1 所示，打开 http://seo.chinaz.com/，输入 jd.com 即可获得京东商城的 SEO 数据。

图 10-1

SEO 数据包括 Alexa 排名、百度权重、360 权重、Google PR 值、反链数、出站链接、站内链接、空间速度、域名年龄、域名备案、安全联盟认证、关键词词库、百度流量预计。通过这些数据大致可以了解自己或者其他网站在百度等搜索引擎中的表现，对于自身网站优化有非常重要的指导意义。

SEO 人员写 SEO 方案时，需要将自己网站的这些数据与竞争对手网站的数据进行对比，然后找出自己的不足，加以改进。

10.1.1　Alexa 排名

Alexa 排名是指网站的世界排名，主要分为综合排名和分类排名。Alexa 提供了包括综合排名、到访量排名、页面访问量排名等多个评价指标信息，大多数人把它当作当前较权威的网站访问量评价指标。但 Alexa 世界排名，站长一般只关心世界排名数据，其他数据仅供参考。如图 10-1 所示，京东商城的 Alexa 世界排名为第 73 位。Alexa 排名第 1 位的网站为 www.google.com。

10.1.2　百度权重、360 权重、谷歌 PR

百度权重、360 权重是站长工具推出的第三方网站欢迎度评估数据，划分出 0 ~ 9

十个等级。网站 SEO 流量（自然排名获得的流量）越大，权重数值越大。SEO 流量大，需要排名的关键词数量越多，关键词排名相对靠前，积累的权重也会越高。不过，这还要看关键词的搜索量，如果关键词的搜索量非常低，即便排名很靠前，权重也不会积累到很多，但可以积少成多。

所以，要提升百度权重，不只是靠发外链，需要提升的是 SEO 流量。如图 10-2 所示，网站百度权重与流量有关，流量越大，百度权重越高。这个流量指的是工具中给出的百度流量预计（百度预估流量）的 IP 数。

百度权重的规则：			
权重0	无	权重1	百度预计流量1~99
权重2	百度预计流量100~499	权重3	百度预计流量500~999
权重4	百度预计流量1000~4999	权重5	百度预计流量5000~9999
权重6	百度预计流量10000~49999	权重7	百度预计流量50000~199999
权重8	百度预计流量200000~999999	权重9	百度预计流量1000000以上

图 10-2

京东商城百度权重为 9，360 搜索权重为 9，谷歌 PR 值为 7。

点击百度权重 9 这个数值，可以查询到京东商城在百度前五页关键词排名的个数。

图 10-3 所示给出了京东商城关键词排名数量为 222648，预估百度流量为 1930856IP。还给出了排名的关键词以及每个关键词的搜索量、在百度中的排名位置和对应网站中的网页。如果你的网站想要优化更多关键词，可以借鉴对手网站的这些数据。这也是挖掘关键词非常好的方法。

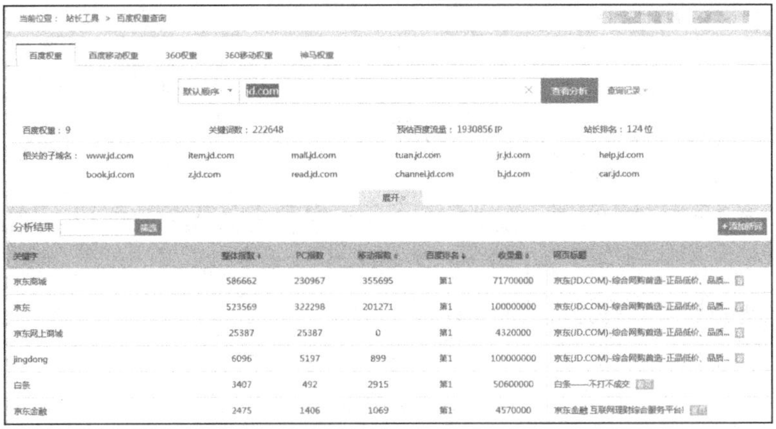

图 10-3

这里特别强调一下爱站 SEO 工具的百度权重（http://baidurank.aizhan.com/），百度权重这一概念首先是爱站 SEO 工具提出的，在这方面，爱站 SEO 比其他站长工具的百度权重功能更全些。

如图 10-4 所示，爱站百度权重独有的功能，将第一页、第二页、第三页、第四页、第五页关键词排名数量进行了细分，这个可以很好地了解自己网站关键词在百度前五页的分布，进而有针对性地优化。

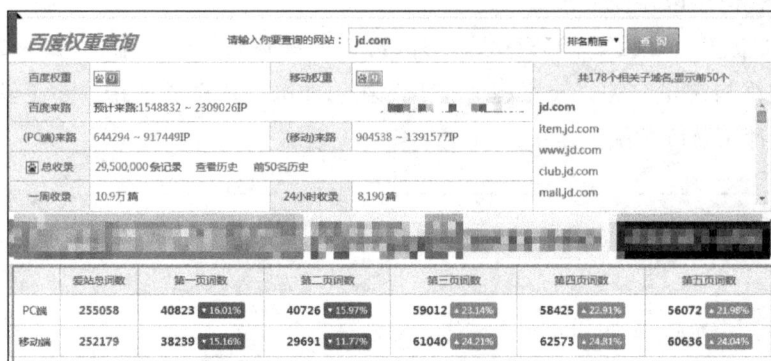

图 10-4

10.1.3 百度预估流量

百度预估流量（百度流量预计）是站长工具通过网站关键词在百度中排名的数据进行评估后获得的一个流量值，不是网站的真实流量数据，但参考价值非常大。如图 10-5 所示，通过该工具查询京东商城预计每天从百度获得 SEO 流量为 193 万。

图 10-5

10.1.2 节中提过，SEO 流量越大，权重越高。提升 SEO 流量有三大因素：关键词排名个数、关键词排名位置、关键词搜索指数。

（1）关键词排名个数

这一点指的是关键词在百度前五页排名的数量，也就是网站有 10 个关键词获得了排名，还是 100 个关键词获得了排名。不管是爱站还是 chinaz，都可以很直接地查询到网站在百度前五页的关键词排名个数。

（2）关键词排名位置

关键词排名位置是指每个关键词排名是在搜索结果的第 1 位，还是第 10 位，还是第 50 位；位置不一样，点击量不一样，给网站带来的流量也不一样。排名越靠前，流量越大，一般第五页基本没多少流量了。

（3）关键词搜索指数

关键词搜索指数是指这个关键词在百度每天有多少搜索量。如果自己网站 10 个关键词有排名，每个词都在百度首页第一位，并且指数都在 500（百度指数数据可供参考），那么理想流量等于多少呢？应该是 5000IP。但考虑到排名在第一位点击率也不一定 100% 和百度指数只是评估数据这两个因素，我们按一半计算，大约在 2500IP。如果是 2500IP，根据图 10-2 的推算结果，它的百度权重就是 4。

通过这三个因素，可以了解到，想要提升百度权重值，关键词排名要多、位置要好、搜索指数要大。如果想将自己网站的百度权重值从 1 提升到 3，就知道应该怎么做了。需要研究目前网站关键词的排名情况，看是否能使更多关键词的排名提升，或是否可以优化更多关键词获得排名。

10.1.4 反链数

反链查询（外链查询）可以查看该网站被哪些网站链接，如果要开展外链建设，也可以查询竞争对手的外链，然后制订自己的外链策略。

如图 10-6 所示，京东商城的反链数为 85801 条。点开这个数值，可以看到具体哪些页面链接到了京东商城。

图 10-6

如图 10-7 所示，京东商城的反链数为 43789 条（站长工具数据有差异，仅供参考），每条反链的百度权重、PR 值、反链数、链接名称、是否 noffeeow 等这些 SEO 数据显示得非常详细，有了这些数据，就可以判断反链网站的质量了。

图 10-7

10.1.5 出站链接

出站链接一般指友情链接，可以批量查询指定网站的友情链接在百度的收录、百度快照、PR 值以及对方是否链接本站，可以识破虚假链接。

如图 10-8 所示，京东商城的出站链接为 0，为什么呢？因为京东商城首页没有友情链接模块，只在底部导航位置有一个友情链接指向内页。如图 10-9 所示，京东商城是通过内页和其他网站进行交换链接的。

图 10-8

图 10-9

注意：如果你的网站是中小型网站，建议交换的链接展示在首页。不要学习大网站的链接交换方式。

京东首页友情链接为 0，那我们查询元创博客的友情链接，使用爱站的友情链接工具查询。

如图 10-10 所示，元创博客友情链接共 17 个，PR 值、百度收录、百度权重、链接的关键词都可以查询到，如果对方去掉了，这里会显示"首页无本站链接"。

序号	站点/链接地址	PR	百度总收录/位置	百度权重/流量	对方是否有本站的链接↑
4	POPPIN www.ctdpoppin.com	0	1,210/1	=9	首页链接：北京SEO 外链数：1/5
13	淘宝SEO培训 www.lizecheng.com.cn	0	-/-	较少	首页链接：SEO培训 外链数：1/5
5	自媒体 www.kunpenglun.com	0	418/1	较少	首页链接：SEO培训 外链数：7/11
6	湖南网络营销 www.zhouweisem.com	0	659/1	=8	首页链接：SEO培训 外链数：5/13
11	周震 seo-ly.cn	2	-/-	较少	首页链接：元创seo 外链数：5/13
14	宝鸡SEO www.baojisem.com	0	165/1	=13	首页链接：SEO培训 外链数：5/18

图 10-10

10.1.6　同 IP 网站

通过该工具，可以查询指定 IP 或域名所在服务器的其他网站。

如图 10-11 所示，京东商城 jd.com 同 IP 网站有 3 个。我们也可以查询自己购买的空间中有多少个网站。

如图 10-12 所示，打开查询同 IP 网站的网址（http://s.tool.chinaz.com/same），输入某网站域名，可以查到该网站同 IP 空间中有 80 多个网站。

图 10-11

图 10-12

为了更好地优化排名，建议大家购买独立 IP 空间，防止同 IP 网站有违法信息被搜索引擎降权，同 IP 其他网站可能会受到牵连。

10.1.7　响应速度

响应速度也就是测试网站在各个地区的打开速度。速度快，用户体验就好，搜索引擎会给予更好的排名。本书第 3 章中提到过空间速度和稳定性对排名的影响。

可能是工具或网站的原因，本人截图时，京东商城相应速度还没有显示出来。

10.1.8　域名年龄

域名年龄对网站关键词排名有非常大的影响，就好比一个人在行业内做了 10 多年，比一个刚出道的人经验要丰富一样。域名年龄注册时间越长，越有利于排名，也就是为什么现在很多站长做网站，喜欢购买老域名，这样利于收录、利于排名。

如图 10-13 所示，京东商城域名注册时间是 1992 年，现在已经近 24 年，过期时间为 2024 年。一次性续费时间越长，越能够增加搜索引擎对域名的信任度。点开域名年龄，可以查看域名所有人的一些信息。

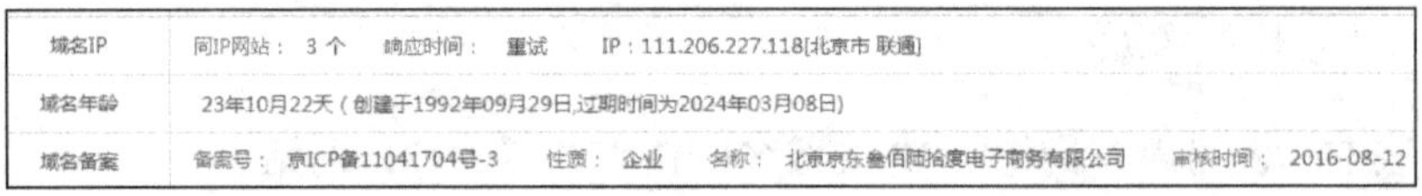

域名IP	同IP网站： 3 个 响应时间： 重试 IP：111.206.227.118[北京市 联通]
域名年龄	23年10月22天（创建于1992年09月29日,过期时间为2024年03月08日）
域名备案	备案号： 京ICP备11041704号-3 性质： 企业 名称： 北京京东叁佰陆拾度电子商务有限公司 审核时间： 2016-08-12

图 10–13

10.1.9 网站备案查询

该工具可以查询自己网站的域名及其他网站域名的备案信息。

如图 10–14 所示，可以查询到京东商城备案号及备案的所有人。如果需要单独查询某网站的备案号，打开网址（http://icp.chinaz.com/），输入域名即可查询。

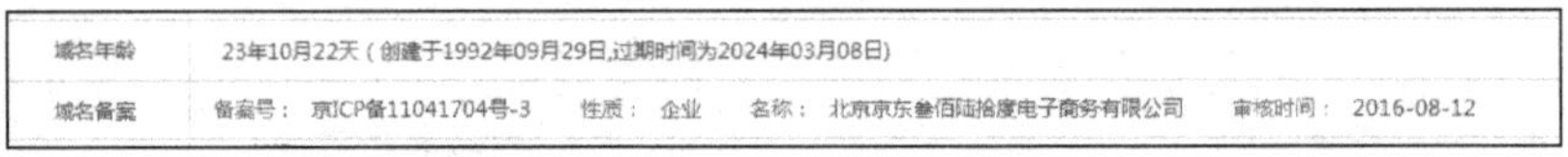

域名年龄	23年10月22天（创建于1992年09月29日,过期时间为2024年03月08日）
域名备案	备案号： 京ICP备11041704号-3 性质： 企业 名称： 北京京东叁佰陆拾度电子商务有限公司 审核时间： 2016-08-12

图 10–14

如图 10–15 所示，还有批量查询、找回备案密码等功能。

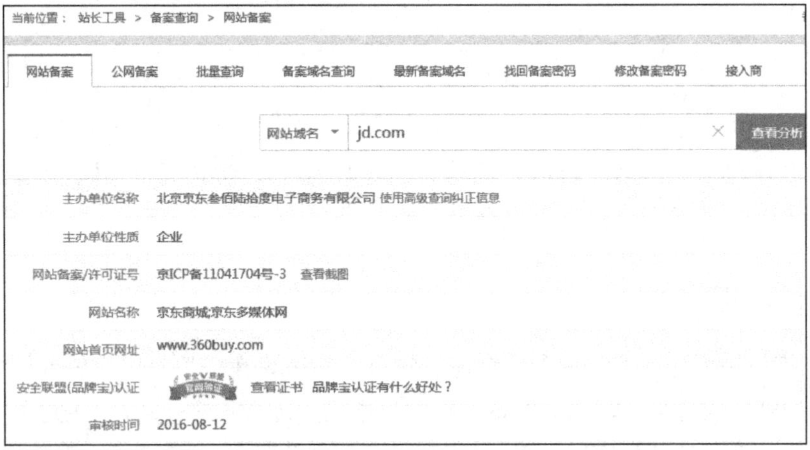

图 10–15

关于 SEO 综合查询里面的一些数据及相关工具就讨论到这里，接下来分享其他常用的 SEO 工具。

10.2 关键词排名查询

关键词排名查询工具即查询某个或几个关键词在搜索引擎中的排名位置。查询网址：http://tool.chinaz.com/kws/。

10.2.1　关键词排名查询的作用

通过关键词排名查询，可以快速获得当前指定网站的关键字在 Baidu/360 搜索的排名情况。如图 10-16 所示，输入要查询的关键词和对应的域名，但 chinaz 工具需要注册账号，登录才能查询。

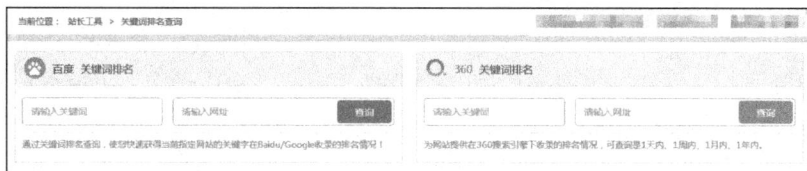

图 10-16

这是针对某个关键词排名的查询，还有一些工具可以批量查询关键词排名，如优化了几十个关键词，想同时查询这些关键词的排名，可以使用观其 SEO 工具或爱站 SEO 工具包中的关键词排名批量查询工具（10.8 节会提到爱站 SEO 工具包）。

10.2.2　异地关键词排名查询

异地关键词排名查询工具推荐使用爱站的异地排名查询工具（http://tools.aizhan.com/ydpm/）。通过关键词地区排名查询，可以快速获得当前指定网站的关键字在 Baidu 收录的地区排名情况！因为有些关键词在各地的排名不一样，如在北京搜索一个关键词排名在第一位，你的客户在广州搜索这个词可能排在第三位，会导致客户看到的网站排名和我们自己看到的排名不一致，造成不必要的误会，这时候可以用此工具查询。

如图 10-17 所示，自动为你查询不同地区关键词排名情况，可以让你了解各个地区关键词排名差异。一般情况下，各地区关键词排名是一样的。

图 10-17

10.3　关键词密度查询

通过此工具，可以快速检测页面关键词出现的数量和密度，更适合蜘蛛的搜索。

打开关键词密度查询工具（http://tool.chinaz.com/tools/density.aspx），输入关键词和对应网页网址，即可查询关键词密度。如图 10-18 所示，查询该关键词密度为10.1%，本书第 4 章提到过关键词密度，如果密度小，建议适当增加关键词布局；如果密度大，需要减少关键词出现次数。

图 10-18

10.4　百度指数批量查询

前面的章节中提过，查询某个关键词每天的搜索量，可以参考百度指数。在 SEO 工作中挖掘大量关键词，需要了解每个关键词的搜索量，不可能一个一个通过百度指数查询，这时可以使用百度指数批量查询工具（http://rank.chinaz.com/wordsindex.aspx）。

如图 10-19 所示，把准备好的关键词直接复制到框中进行查询，即可查询到百度PC 端、移动端和 360PC 端、移动端所有关键词的指数，每次最多查询 100 个关键词。

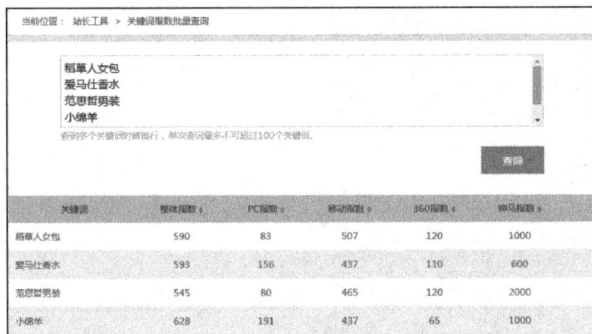

图 10-19

10.5　关键词挖掘

本书第 4 章中讲过关键词挖掘的方法，这里再讲一讲站长工具中如何使用关键词挖掘工具。打开关键词挖掘工具（http://s.tool.chinaz.com/baidu/words.aspx），直接输入一个关键词，工具会挖掘出不同数量的相关关键词。如图 10-20 所示，输入关键词 SEO，工具推荐了 100 个 SEO 相关关键词。

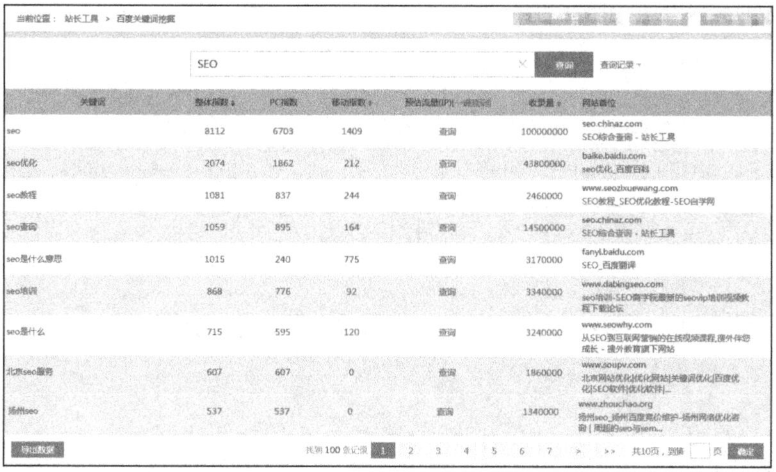

关键词	整体指数 ↓	PC指数	移动指数	预估流量(IP)-调取词	收录量 ↓	网站首位
seo	8112	6703	1409	查询	100000000	seo.chinaz.com SEO综合查询 - 站长工具
seo优化	2074	1862	212	查询	43800000	baike.baidu.com seo优化_百度百科
seo教程	1081	837	244	查询	2460000	www.seozixuewang.com SEO教程_SEO优化教程-SEO自学网
seo	1059	895	164	查询	14500000	seo.chinaz.com SEO综合查询 - 站长工具
seo是什么意思	1015	240	775	查询	3170000	fanyi.baidu.com SEO_百度翻译
seo培训	868	776	92	查询	3340000	www.dabingseo.com seo培训-SEO南宇玩最整的seovip培训视频教程下载论坛
seo是什么	715	595	120	查询	3240000	www.seowhy.com 从SEO到互联网营销的在线视频教程,课外伴您成长 - 提升教育旗下网站
北京seo服务	607	607	0	查询	1860000	www.soupv.com 北京网站优化优化网站制作关键词优化_百度优化_SEO软件优化软件...
扬州seo	537	537	0	查询	1340000	www.zhouchao.org 扬州seo_扬州百度竞价维护-扬州网络优化咨询 [网站seo+sem...]

图 10-20

这里还提供了导出工具，可以将挖掘出的关键词导出为表格格式，方便筛选。如果感觉 100 个关键词太少，可以深度挖掘每个词。

如图 10-21 所示，每个关键词后面会出现挖词，可以将这 100 个词进行二次挖掘，如果平均每个词能够挖掘出 100 个关键词，那就是 10000 个关键词，导出表格，通过筛选去重，至少也可以获得几千个关键词，然后再进行分类、布局、优化。

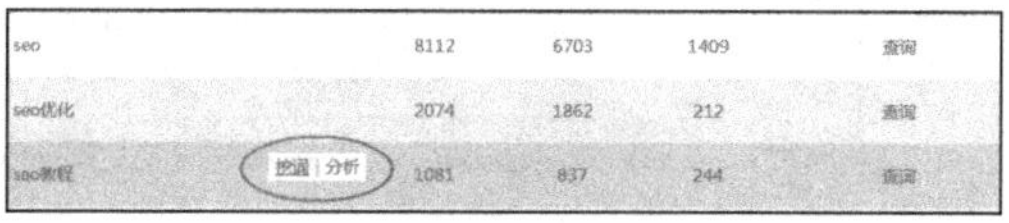

图 10-21

10.6　关键词难易程度分析

关键词优化分析即关键词难易程度分析，本书第 4 章关键词章节已讨论过，主要考察因素包括关键词竞争对手数量、关键词搜索量、收录数量、百度第一页排名网站分析、竞价排名网站数量等因素。

关键词的难易程度也可以通过工具进行分析，但工具只能作为参考。工具地址：

http://tool.chinaz.com/kwevaluate/，通过该工具查询关键词难易程度分为较小、偏小、中等、中等偏下、中等偏上、高难度。

如图 10-22 所示，输入"展示柜"，查询难易程度为高难度。如果实力不强，建议重新选择关键词优化。

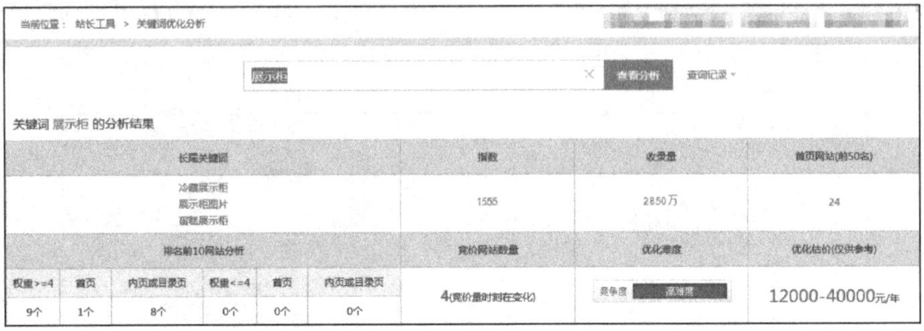

图 10-22

10.7　SEO 优化分析

SEO 优化建议可以快速定位页面哪些地方存在不利 SEO 的因素。这里推荐使用爱站 SEO 诊断工具（http://tools.aizhan.com/dn/），如图 10-23 所示，输入网址即可进行 SEO 诊断。该网站 SEO 体检结果为 100 分，网站优化不到位的地方，会提示让其进行修改。

图 10-23

10.8　日志分析

　　网站日志是记录 Web 服务器接收处理请求以及运行时错误等各种原始信息的以 .log 结尾的文件，确切地讲，应该是服务器日志。网站日志最大的意义是记录网站运营情况，如空间的运营情况、被访问请求的记录。通过网站日志，可以清楚地得知用户在什么 IP、什么时间、用什么操作系统、什么浏览器、什么分辨率显示器的情况下访问了网站的哪个页面，是否访问成功。

　　作为一名 SEO 人员，对网站进行日志分析是必备的工作，通过日志分析蜘蛛返回的状态码能及时发现网站里面是否存在错误或者蜘蛛无法抓取的页面，从而发现问题及时解决。

　　目前行业内优秀的日志分析工具不多。下面推荐使用爱站 SEO 工具包的网站日志分析工具。

　　爱站 SEO 工具包是一套集合众多 SEO 工具的免费 SEO 查询软件，如图 10-24 所示，包括关键词即时监控、收录率 / 死链、异地排名、关键词挖掘、日志分析、热词挖掘、站群查询、百度权重、友链查询等功能。

图 10-24

　　第一步：打开"日志分析"并登录，如图 10-25 所示。

　　第二步：导入日志。

　　进入日志分析界面，将网站的日志文件导入日志工具中，然后点击分析。如图 10-26 所示，选择文件 – 点击分析 – 数据显示。

图 10-25

图 10-26

网站日志文件一般在 FTP 中的 www_logs 文件中。图 10-27 所示为某网站的网站日志文件。如果没有找到,可以向技术人员索取或者咨询空间商,然后下载所有或某一天的日志文件。

第三步:分析数据。

(1)概要分析:对所有不同的蜘蛛的访问次数、停留时间、总抓取量的数据分析(还可以单选不同蜘蛛)进行查询,如果网站整体收录不佳,可以分析搜索引擎抓取爬行次数及频率。

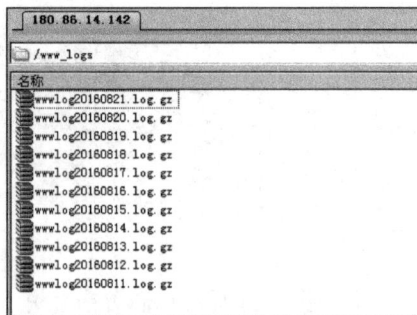

图 10-27

(2)目录抓取:站点目录被抓取的数据量分析,如图 10-28 所示。如果网站某些栏目收录不佳，可以分析此数据。

图 10-28

（3）页面抓取：所有页面蜘蛛抓取量分析，还可以针对某个页面或某个蜘蛛进行单独查询分析。

图 10-29 所示为搜索引擎抓取的页面。如果网站每天更新了大量的文章，可以分析是否被搜索引擎抓取。

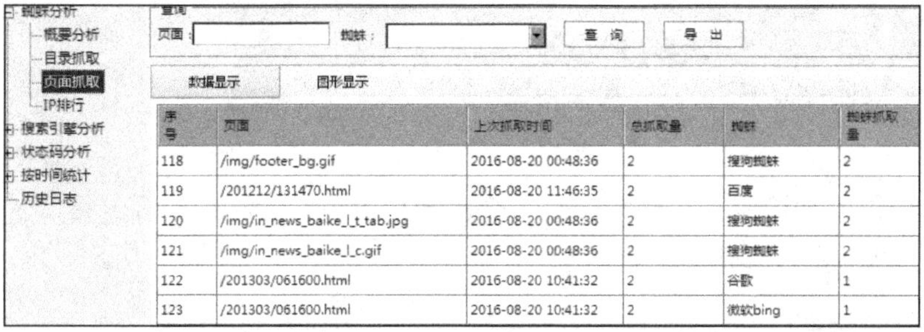

SEO 优化网站
IIS 日志分析

图 10-29

（4）IP 排行：分析所有蜘蛛 IP 地址的访问次数、抓取量和停留时长，并可以针对某个 IP 或蜘蛛进行单独查询分析。

本节只介绍日志分析常用的这几个功能，如果想了解其他功能，可以下载爱站 SEO 工具包。

10.9 流量分析工具

流量分析是 SEO 中非常重要的工作。通过 SEO 优化获得多少流量，用户通过搜索哪些关键词进入网站，在网站中浏览了哪些页面、停留多长时间等数据，能够为 SEO 和网站运营人员提供数据支撑，进而继续提升 SEO 效果和改善网站的用户体验。

10.9.1 流量分析工具的选取

网站流量分析工具很多，常用的有 Google Analytics、百度统计、CNZZ、51la 等第三方流量统计工具。它们使用起来简单，都有比较强大的分析功能，常用功能大同小异。下面以百度统计为例。

百度统计（http://tongji.baidu.com）是百度推出的一款免费的专业网站流量分析工具，能够告诉用户访客是如何找到并浏览用户的网站，在网站上做了什么。这些信息可以帮助用户改善访客在网站上的使用体验。

图 10-30 所示为百度统计登录页面，在页面右上角注册或登录。注意：必须有网站，才能注册百度统计。

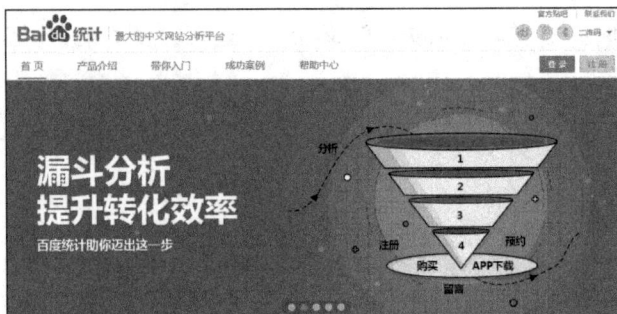

图 10-30

目前百度统计提供的功能包括：趋势分折、来源分析、页面分析、访客分析、优化分析等多种统计分析服务，如图 10-31 所示。

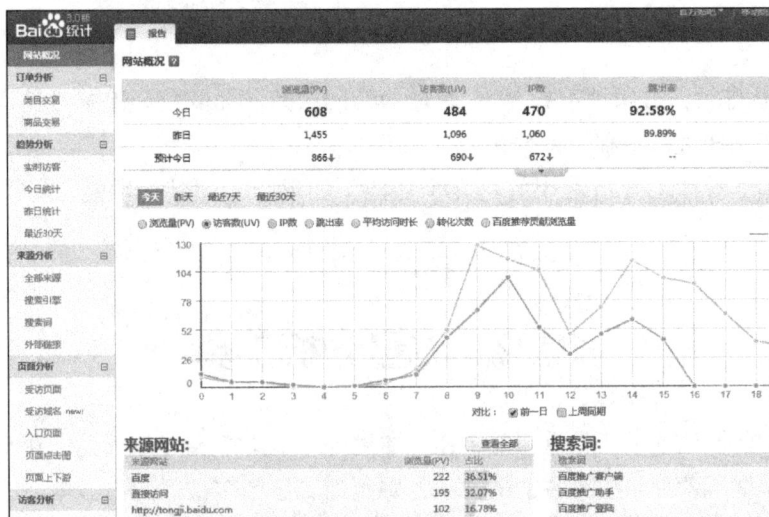

图 10-31

10.9.2　常用术语及作用

（1）浏览量

浏览量（page view，PV）指用户每打开一个网站页面，就被记录1次；如果一个页面被访问多次，浏览量也会多次累计。

（2）访客数

访客数（UV）指一天内网站的独立访客数（以 Cookie 为依据），一天内同一访客多次访问网站只计算1个访客。

（3）新访客数

新访客数指一天中，自百度统计开始统计以来第一次访问网站的独立访客数。

（4）IP 数

IP 数指一天内您网站的独立访问 IP 数。

（5）访问次数

访问次数指访客在网站上的会话（session）次数，一次会话过程中可能浏览多个页面。如果访客连续30分钟没有新开和刷新页面，或者访客关闭了浏览器，则当访客下次访问您的网站时，访问次数加1。

（6）平均访问页数

平均访问页数表示访客在网站上的平均浏览页面数。"平均访问页数"少，说明通常访客在进入网站后，访问少数的页面后便离开网站。

（7）跳出率

跳出率指只浏览了一个页面便离开网站的访问次数占总的访问次数的百分比。

（8）平均访问时长

平均访问时长指平均每次访问在网站上的停留时长。

平均访问时长是多个页面访问时长的平均值，如果100次访问中99次直接跳出，但有1次访问没有跳出，访问了10分钟，那么平均访问时长是10分钟，跳出率是99%。这时就会出现"跳出率"很高，"平均访问时长"也很长的情况。

（9）趋势分析

趋势分析报告中提供了按小时和按天两种数据查看方式。

通过按小时查看数据，可以及时了解网民在各个时段对网站的关注度，并且可以用该数据作为竞价推广时段设置的参考。例如，如果某个时段您的网站的被访问次数非常高，您可以尽量提升在这个时段您的推广排名，以获取更多的访客；如果某个时段您没有进行推广，但是网站存在流量，说明这个时段您的潜在客户仍在关注您的网站，如果利用这个时段推广，您将有机会获得更多的客户。

（10）流量来源

网站上流量的来源分布情况主要包括用户直接访问、通过搜索引擎获得的流量和外部链接。帮助您了解哪些来源给您的网站带来更多有效的访客，从而合理规划网络推广渠道。如图 10-32 所示，可以查询今天、昨天或最近 30 天的流量来源，也可以与其他时间进行对比。

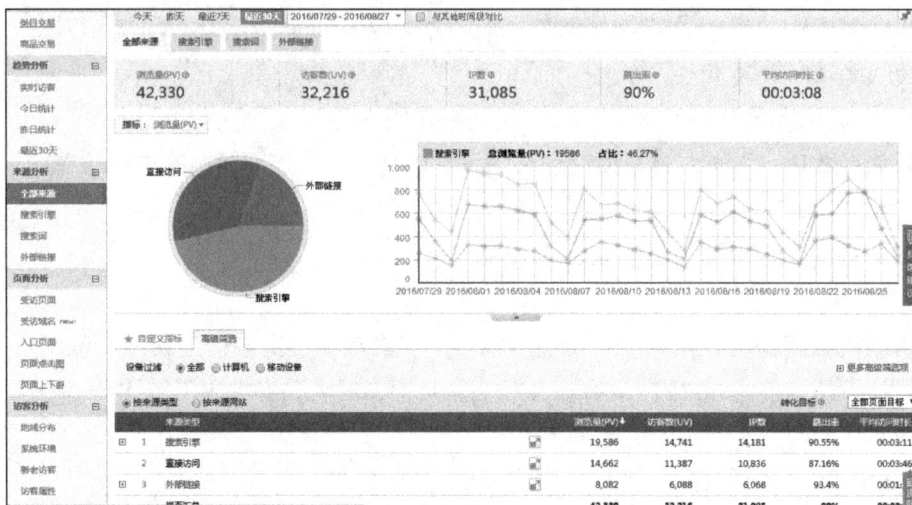

图 10-32

① 直接访问。

直接访问也称"直达"，带来的流量是指网民通过在浏览器上直接输入网址或者通过点击收藏的网站地址对网站进行的访问。所有无法知道来源的流量都会被归入直接访问，包括点击 QQ 的聊天链接进入网站等。

② 搜索引擎。

搜索引擎带来的流量是指网民通过在搜索引擎上输入搜索词后，在搜索结果页单击链接并访问您的网站。单击【搜索引擎】选项，可以查看具体是哪些搜索引擎带来的流量。

注意：

（1）搜索引擎的流量必须有搜索词，无搜索词的流量归为外部链接。例如，网民打开百度，但是没有在百度搜索，而是直接从百度首页的个人导航点击链接进入网站，此时对这个网站而言，百度就是外部链接。

（2）搜索引擎（如百度）包含知道、百科等小频道的搜索流量。

③ 外部链接

带来的流量是指网民通过除搜索引擎以外的网站上的链接访问您的网站，点击外部链接报告可以查看具体是哪些网站带来的流量。

（11）搜索词

搜索词指网民为找到需要的信息在搜索框中输入的词语；SEO 人员可以及时了解网民的搜索词，可以帮助您优化提词方案，捕捉更多目标客户。

（12）入口页

入口页又称着陆页（landing page），是从外部（访客点击站外广告、搜索结果页链接或者其他网站上的链接）访问到网站的第一个入口，即每个访问的第一个受访页面。入口页次数：作为访问会话的入口页面（也称着陆页面）的次数，有助于你了解网站访客对网站第一印象来源于哪些页面（入口页），此数越高，越说明该页面是你的重要窗口。

（13）退出页

退出页指在本网站这次访问的终点页面，即每个访问的最后一个受访页面。

（14）退出率

退出率指该页面的退出次数 / 该页面的 PV 数。跳出率（又称跳失率、蹦失率、bounce rate）：用户浏览第一个页面就离开的访问次数占该入口总访问次数的比例。退出页次数：有助于你了解访客在本网站访问的终点在哪些页面（退出页），此数越高，越说明你需要了解访客在该页面离开的原因。

流量分析工具重在收集数据后，对网站数据进行分析。如果网站流量异常，通过统计工具可以分析哪些页面流量下降，哪个渠道的流量下降，SEO 人员要学会发现数据背后的问题。但现在一般 SEO 人员只是看网站的 PV 和 UV、用户搜索词这几个简单的数据。那么，安装 CNZZ 和 51la 就可以了，Google Analytics 和百度统计相对功能比较多，需要较强的数据分析能力，因此我们还需要多学习、多研究、多成长。

实战案例　蓝领求职网 SEO 分析

一、背景介绍

江苏蓝聘人才管理科技有限公司总部设于江苏省苏州工业园区，国内建有 10 家分公司，分别位于苏州、常州、常熟、昆山、南通、九江、海安、重庆等地，并在陕西、山东、江西等地设有办事处，总部管理团队百余人。

蚂蚁网是江苏蓝聘人才管理科技有限公司旗下网站，是国内首个以高技能蓝领群体求职招聘、交友互动分享为主要功能的，连接人才、企业、人力资源服务机构与教育机构，实现线上与线下服务融为一体的，具有开放性、高成长性的公共云服务平台。

在网站功能上，首创高技能人才人脉求职模式首次提出完善的企业用工信用评价体系，充分挖掘同厂同乡资源，融合兴趣图谱、移动招聘、网上人才市场、线下俱乐部等元素，从而实现了新蓝领求职交友全覆盖，并创新采用短信简历蓝领求职新模式，推动新蓝领群体城市生活新方式。

蓝领求职网是一位学员负责 SEO 工作，在学习期间咨询元创。他曾对网站进行过优化，包括站内结构优化、坚持原创及伪原创文章的更新、站外注重高质量外链的推广、与同行网站交换友情链接等。目前流量趋于稳定状态，他的困惑是想进一步提升网站的 SEO 流量，该如何做？

二、优化目标

要通过搜索引擎获取更多的 SEO 流量，就需要对网站整体进行分析，虽然之前对网站进行过 SEO，但通过对自身网站的分析和竞争对手网站的分析，在关键词选取和布局等方面还有一定的提升空间。

三、SEO 分析

对网站进行分析前，首先需要了解网站现状。可以通过站长工具对自身网站和竞争对手网站进行分析，了解现状，找出不足。

1. 网站现状分析

图 10-33

注：图 10-33 来源于 Chinaz 站长工具查询（时间 2014 年 7 月）。

① 标题：蚂蚁网 – 蓝领求职 – 企业招聘 – 同城交友 – 苏州打工。

② 关键词：操作工，普工，打工，招聘，苏州打工，蚂蚁网。

③ 描述：蚂蚁网是针对蓝领招聘求职一站式服务平台，提供江苏电子厂、服装厂、服务业招工信息，为企业提供人才信息，行业分析，并提供求职者之间的交友及职位

分享信息，致力于打造全国最大、最全的蓝领交互式求职交友平台。

④ 网站 SEO 数据，如图 10-34 所示。

网站	百度权重	PR 值	反链数	出站链接	域名年龄	关键词词库
蓝领求职网	2	4	174	63	3	24
	百度预计流量		百度收录	百度快照	网页压缩	空间速度
	471		1.9 万	一周内	是	555

图 10-34

⑤ 关键词排名情况，如图 10-35 所示。

序号	关键字	指数	排名	收录量	网页标题
10	蚂蚁	2035	25	100000000	网 － 蓝领求职 企业招聘 同城交友 苏州打工
8	蚂蚁网	981	20	12200000	蚁荐优职-苏州打工-蚂蚁网
7	蚂蚁网	981	19	12200000	联系蚂蚁网 关于蚂蚁网 蚂蚁网
3	蚂蚁网	981	9	12200000	蚁街 最详实的求职社区 厂区图片 美女图片 蚂蚁网
2	蚂蚁网	981	8	12200000	苏州今日招聘 最新岗位 热招职位 苏州找工作 蚂蚁网
1	蚂蚁网	981	2	12200000	网 － 蓝领求职 企业招聘 同城交友 苏州打工
15	蓝领	484	38	11900000	网 － 蓝领求职 企业招聘 同城交友 苏州打工
	艾迪康	395	44	6160000	艾迪康科技苏州有限公司介绍 资质 蚂蚁网
18	苏州最新招聘信息	239	41	16300000	网 － 蓝领求职 企业招聘 同城交友 苏州打工
19	贝朗医疗	229	41	554000	贝朗医疗苏州有限公司 贝朗医疗苏州有限公司评价 ...
16	可成科技	229	38	4020000	台湾可成科技有限公司介绍 资质 蚂蚁网
	南亚电子	203	45	1660000	南亚电子招聘普工 昆山尚德劳务派遣有限公司 江苏省苏州市昆...
20	苏州红星美凯龙	176	43	2450000	红星美凯龙苏州园区店介绍 资质 蚂蚁网
	苏州求职	145	49	78600000	网 － 蓝领求职 企业招聘 同城交友 苏州打工
	亚太纸业	135	49	244000	普工 苏州亚太纸业有限公司 江苏省苏州市吴中区普工 苏州打...
17	长城开发科技	98	38	1340000	诚招操作工 苏州长城开发科技有限公司 江苏省苏州市工业园区...
13	苏州找工作网站	92	33	95300000	网 － 蓝领求职 企业招聘 同城交友 苏州
12	苏州红星美凯龙招聘	72	30	857000	苏州红星美凯龙全球家居生活广场 苏州红星美凯龙全...
4	坐席代表	53	10	2000000	坐席代表 中国人寿保险股份有限公司江苏省分公司 江苏省苏州...
14	民工跳鬼步舞	25	33	354000	人间处处有高手 80后民工工地跳鬼步舞，农民工<...
11	80后民工跳鬼步舞	1	26	188000	人间处处有高手 80后民工工地跳鬼步舞，农民工，民间...
9	可成科技有限公司	1	21	251000	台湾可成科技有限公司介绍 资质 蚂蚁网
6	蚂蚁文苑网	1	15	409	网 － 蓝领求职 企业招聘 同城交友 苏州打工
5	园区社保网	1	11	84900	苏州园区社保中心地址和电话是多 社保问答 苏州打工问答 蚂...

图 10-35

注：图 10-35 统计时间为 2014 年 7 月。

2. 竞争对手分析

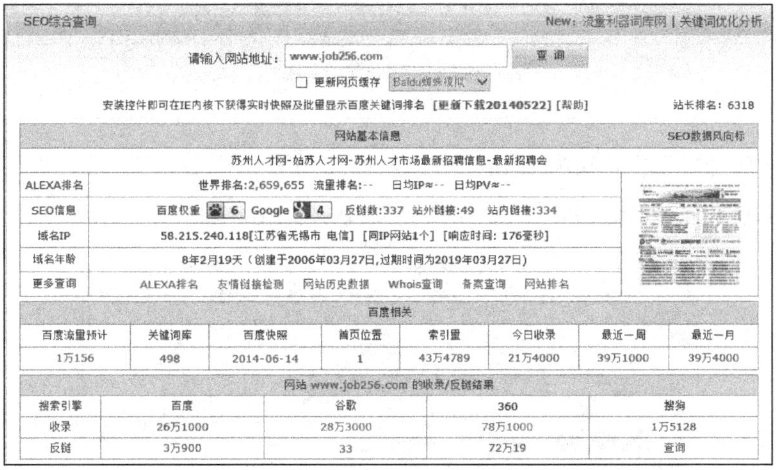

图 10-36

注：图 10-36 来源于 Chinaz 站长工具查询（时间 2014 年 7 月）。

① 标题：苏州人才网－姑苏人才网－苏州人才市场最新招聘信息－最新招聘会。

② 关键词：苏州人才网，姑苏人才网，苏州招聘网，苏州人才市场，苏州新区人才网，苏州园区人才网，吴中人才网。

③ 描述：江苏省苏州人才网站，也称姑苏人才网，致力于提供苏州人才市场招聘信息、人才求职以及猎头信息综合服务。

④ 网站 SEO 数据，如图 10-37 所示。

网站	百度权重	PR 值	反链数	出站链接	域名年龄	关键词词库
蓝领求职网	6	4	337	49	8	498
	百度预计流量		百度收录	百度快照	网页压缩	空间速度
	1.1 万		26 万	一周内	否	176

图 10-37

⑤ 关键词排名情况，如图 10-38 所示。

序	关键字	指数	排名	收录量	网页标题
72	苏州人才网	2263	5	17000000	人才网-姑苏人才网-苏州人才市场最新招聘信息-最新招聘...
73	人才网最新招聘信息	1797	5	100000000	人才网-姑苏人才网-苏州人才市场最新招聘...
74	苏州人才市场	1672	5	6220000	人才网-姑苏人才网-苏州人才市场最新...
163	苏州人才市场	1672	12	6220000	苏州新区人才网|苏州新区人才市场
89	苏州招聘	1346	6	24100000	人才网-姑苏人才网-苏州人才市场最新...
105	人才市场招聘网	1239	7	61300000	人才网-姑苏人才网-苏州人才市场最新...
44	苏州园区人才市场	935	3	8860000	苏州园区人才网|苏州园区人才市场 - 苏州园区最新招聘
134	苏州园区人才市场	935	9	8860000	苏州招聘会,苏州新区招聘会,苏州园区招聘...
143	苏州园区人才市场	935	10	8860000	9月3日苏州园区人才市场劳务与服务业专场_园区招聘会_姑苏人...
171	苏州园区人才市场	935	13	8860000	5月14苏州园区人才市场劳务与服务业专场_园区招聘会_姑苏人...
190	苏州园区人才市场	935	14	8860000	2月12日苏州园区人才市场劳务与服务业专场_园区招聘会_姑苏...
45	苏州招聘网	904	3	84800000	人才网-姑苏人才网-苏州人才市场最新招聘<...
8	苏州高新区人才市场	826	2	7870000	苏州新区人才网|苏州新区人才市场 - 苏州新区最新招聘
90	苏州高新区人才市场	826	6	7870000	4月14日苏州新区人才市场综合人才招聘会_新区招聘会_姑苏人...
135	苏州高新区人才市场	826	9	7870000	5月8日苏州新区人才市场劳务招聘会_新区招聘会_姑苏人才网招...
9	苏州新区人才市场	813	2	8640000	苏州新区人才网|苏州新区人才市场 - 苏州新区最新招聘
91	苏州新区人才市场	813	6	8640000	人才网-姑苏人才网-苏州人才市场最新...
144	苏州新区人才市场	813	10	8640000	6月30日苏州新区人才市场综合人才招聘会_新区招聘会_姑苏人...
172	苏州新区人才市场	813	13	8640000	3月30日苏州新区人才市场综合人才招聘会_新区招聘会_姑苏人...
191	苏州新区人才市场	813	14	8640000	12月14日苏州新区人才市场综合人才招聘会_新区招聘会_姑苏人...
1	苏州人才市场最新招聘信息	761	1	11700000	人才网-姑苏人才网-苏州人才市场最新招聘...
151	苏州人才市场最新招聘信息	761	11	11700000	苏州园区人才网|苏州园区人才市场
164	苏州人才市场最新招聘信息	761	12	11700000	苏州招聘会,苏州新区招聘会,苏州
173	苏州人才市场最新招聘信息	761	13	11700000	苏州新区人才网|苏州新区人才市场
10	苏州高新区人才网	729	2	4880000	苏州新区人才网|苏州新区人才市场 - 苏州新区最新招聘
75	苏州高新区人才网	729	5	4880000	苏州招聘会,苏州新区招聘会,苏州园区招聘会,姑苏<e...< a=""></e...<>
106	苏州高新区人才网	729	7	4880000	7月7日苏州新区人才市场综合人才招聘会_新区招聘会_姑苏...
174	苏州高新区人才网	729	13	4880000	2月26日苏州新区人才市场劳务招聘会_新区招聘会_姑苏人...
119	昆山招聘	718	8	25100000	昆山招聘会_姑苏人才网招聘会频道
46	园区人才市场现场招聘	681	3	14400000	苏州园区人才网|苏州园区人才市场 - 苏州园区最新<...
107	园区人才市场现场招聘	681	7	14400000	苏州招聘会,苏州新区招聘会,苏州园区招聘会

图 10-38

注：图 10-37 统计时间为 2014 年 7 月。

通过对自身网站分析和竞争对手网站分析，如图 10-39 所示，得出以下结论：

网站	百度权重	PR	反链数	外链数	域名注册时间	关键词词库	百度收录	网页压缩	打开速度
蓝领网	2	4	174	63	2年11个月	24	1万900	有	555
人才网	6	4	337	49	8年2个月	498	43万	无	176

SEO因素

标题	蓝领网	<title>蚂蚁网 - 蓝领求职_企业招聘_同城交友_苏州打工</title>
	人才网	<title>苏州人才网-姑苏人才网-苏州人才市场最新招聘信息-最新招聘会</title>
描述	蓝领网	<meta name="description" content="蚂蚁网是针对蓝领招聘求职一站式服务平台，提供江苏电子厂、服装厂、服务业招工信息，为企业提供人才信息，行业分析，并提供求职者之间的交友及职位分享信息，致力于打造全国最大最全的蓝领交互式求职交友平台。" />
	人才网	<meta name="description" content="江苏省苏州人才网站，亦称姑苏人才网，致力于提供苏州人才市场招聘信息、人才求职以及猎头信息综合服务。" />

图 10-39

① 蓝领求职网整体数据良好，但首页标题、关键词设置得比较宽泛，如同城交流不属于求职范畴，企业招聘范围太广，导致关键词排名不佳。蓝领求职排名在百度首页，但关键词搜索量小。而苏州人才网主要围绕苏州人才选择的核心关键词，精准且搜索量大。

② 蚂蚁网搜索量大，但与其同名的网站不少，特别是蚂蚁短租知名度较高，会导致搜索蓝领求职的用户不精准。

③ 蓝领求职网与苏州人才网的域名年龄差距较大，这个无法改变，域名年龄越小，越利于优化。

④ 蓝领求职网与苏州人才网的反链数有较大差距，需要继续加大外链链接的力度。

⑤ 蓝领求职网与苏州人才网的文章收录数量不是一个量级。蓝领求职网需要加大内容更新度。

⑥ 关键词词库差距较大，需要对首页标题重新规划，挖掘次要关键词和长尾关键词，对其进行优化，增加更多关键词的排名。

四、总结

网站关键词排名展示如图 10-40 所示。

关键字	整体指数 ♦	PC指数 ♦	移动指数 ♦	百度排名 ♦
苏州招聘信息	509	77	432	第1
苏州招聘信息	509	77	432	第1
贝朗医疗苏州	1	1	0	第1
蚂蚁网	468	242	226	第2
苏州临时工招聘网	68	0	68	第7
苏州临时工	85	17	68	第9
招工网	962	146	816	第18
苏州软件招聘	52	0	52	第18
蚂蚁网	468	242	226	第20
苏州求职	101	17	84	第20
苏州找工作	422	87	335	第21
蓝领是什么	26	0	26	第21
苏州电子厂	291	79	212	第24

图 10-40

本案例主要通过工具，找出网站与对手的差距，起到借鉴和启发的作用。该学员进行了整站优化，由于某些原因，网站首页标题无法修改，但优化效果非常明显。经过一段时间的优化，苏州招聘信息等关键词排名在百度第一位，苏州招聘相关关键词排名正在稳步上升，百度权重由 2 达到 3，流量提升了 200%。

本章小结

SEO 工具非常多，提供 SEO 工具的平台也非常多，实际 SEO 工作中我们常用的都已经介绍了。如果现在要优化一个网站，可以先针对这个网站进行 SEO 综合查询分析，对网站进行大致了解，并对竞争对手进行分析，通过对比找出网站中的不足之处，然后对网站进行优化。优化过程中需要使用到关键词排名、关键词难易程度、关键词挖掘、日志分析等工具。每个阶段使用的工具不同，工具搭配得当能起到事半功倍的效果。

实训　使用工具分析网站 SEO 数据

【实训目的】

根据所学内容，学会使用工具获取网站的 SEO 数据及竞争对手的 SEO 数据，通过数据监控优化效果，通过分析对手网站提升自己网站在搜索引擎中的表现。

【实训要求】

1. 找一个你感兴趣的网站
2. 了解 SEO 综合查询的各项数据指标
3. 掌握每个数据指标的作用

【实训内容】

1. 这个网站通过工具查询百度权重为_____。
2. 这个站在百度中有_____关键词排名在前五页。
3. 这个站的 ALEXA 排名为_____。
4. 这个网站在百度中文章收录数量为_____。
5. 网站通过百度获得的流量预估为_____IP。
6. 网站的反链数量为_____。
7. 网站的导出链接数量为_____。
8. 同 IP 有多少个网站_____。
9. 域名注册时间_____。
10. 网站是否备案？_____。
11. 通过 SEO 优化，分析该网站有哪些问题？

_____

12. 找一个对手的网站对以上数据进行分析对比，找出不足，给予优化建议。

_____

11

第 11 章
百度站长平台

　　前面的章节已经把 SEO 的要点全部讲完了。我们知道，SEO 主要包括站内优化和站外优化，主要解决的问题是，让网站更好地被搜索引擎收录、让网站页面获得更多排名、让网站能够获得更多 SEO 流量这三方面。但是，如何才能够更好、更容易地让搜索引擎抓取呢？如何才能知道网站在搜索引擎中的表现呢？

　　本章为大家推荐百度站长平台。站长通过使用百度站长平台，能够快速了解网站在百度中的表现，如网站收录、外链、关键词排名、展示次数以及点击率等数据。如果网站收录不佳，还可以通过链接提交等工具，快速将网站未收录的内容提交到百度站长平台。

学习目标

　　≫　学会使用百度站长平台
　　≫　掌握链接提交功能快速抓取页面技巧
　　≫　掌握外链趋势走向

11.1 平台介绍

百度站长平台（http://zhanzhang.baidu.com/）是百度网页搜索公开和站长沟通的唯一官方渠道，也是百度网页搜索为广大站长提供工具和实现经验交流的平台。平台提供的网站地图、索引量查询、关键词排名查询、移动适配、抓取异常、页面优化建议、安全监测等站长工具以及搜索引擎优化建议等，帮助网站提升用户体验，从而实现更快、更好的发展。

图 11-1 所示为百度站长平台首页界面。导航中包括工具、学院和 VIP 俱乐部三大栏目。导航下方为活动幻灯片，百度站长平台推出的活动会在这里重点展示。首页右侧为注册登录框。

图 11-1

幻灯下方分为产品动态、站长学院和活动沙龙 3 个模块。

（1）产品动态：发布百度最新的产品动态，如百度算法升级、工具升级等信息，让站长第一时间了解到百度最新动态。

（2）站长学院：发布与 SEO、网站移动化、平台工具相关的教育文章、官方教程等内容。

（3）活动沙龙：百度站长平台会经常在线上、线下举办各种活动，进行干货分享。

在站长平台中还隐藏一个站长社区，如果遇到网站 SEO 问题，或者想对站长平台提建议，均可在论坛中提出。这是一个 SEO 人员与百度交流的官方社区。

下面重点介绍如何使用百度站长平台工具，才能提升网站在搜索引擎中的表现。百度站长平台工具包括我的网站、移动专区、网页抓取、搜索展现、优化与维护等模块，如图 11-2 所示。

图 11-2

11.2 站点管理

加入百度站长平台，需要有一个百度账号。如果拥有百度知道或百度文库账号，就可以直接登录，百度免费产品的账号是通用的。

第一步：登录百度站长平台。单击"开始使用站长工具"按钮，如图 11-3 所示。

图 11-3

第二步：添加网站。单击"我的网站"-"站点管理"-"添加网站"，将你的网站添加到百度站长平台中，如图 11-4 所示。

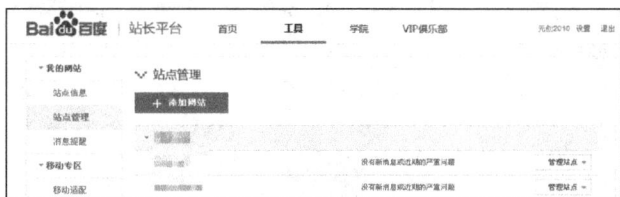

图 11-4

单击"添加网站"后，完成输入网站和验证网站步骤。如图 11-5 所示，输入自己的网站（网站域名，不加 HTTP）。

图 11-5

输入网站后，单击"下一步"按钮，出现验证网站页面，如图 11-6 所示。该步骤主要是验证您对网站的所有权，也就是验证你是否为网站的管理员。

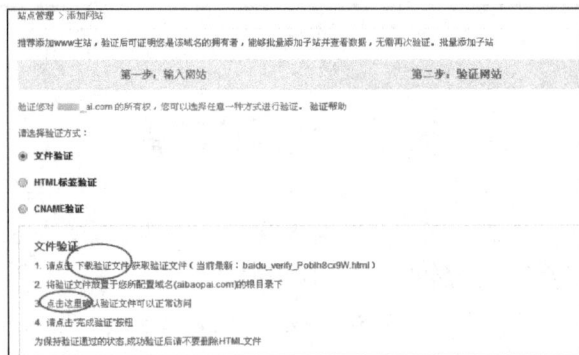

图 11-6

验证网站有三种方法，这里推荐使用第一种方法：文件验证。具体步骤如下：

（1）请单击下载验证文件获取验证文件（当前最新：baidu_verify_Poblh8cx9W.html）。"下载验证文件"已经用红圈标出，单击下载文件，保存到电脑桌面即可。

（2）将验证文件放置于您所配置域名 (***.com) 的根目录下，即把下载的文件上传到这个网站空间的根目录中。如图 11-7 所示，打开 FTP，连接到空间，把下载的文件上传到根目录。

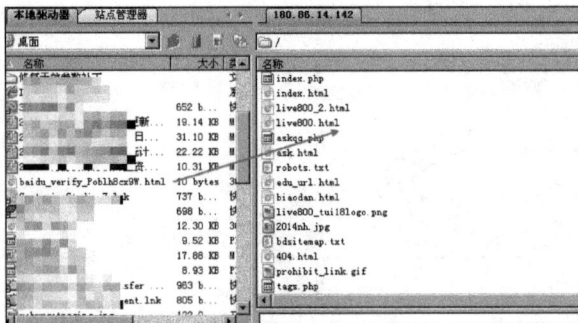

图 11-7

（3）单击根目录下的的验证文件，确认验证文件可以正常访问。注意：打开页面显示一串不规则数字即为成功，如显示 Poblh8cx9W。

（4）请单击"完成验证"按钮。

注意：完成验证后，会提示是否批量加入子域名，选暂不添加。

为保持验证通过的状态，成功验证后请不要删除 HTML 文件。

第三步：完善联系方式。

单击右上角的"设置"按钮，添加联系方式，把自己的个人资料填写完整，有可能获得更多工具的使用权限或 VIP 名额。

至此，网站已经成功加入到百度站长平台，如果网站出现异常等情况，百度站长平台也会通过消息提醒功能告知站长。接下来就可以使用百度站长平台分析网站相关数据了！

11.3 移动适配

移动适配功能包含在百度站长平台移动专区中，如图 11-8 所示。

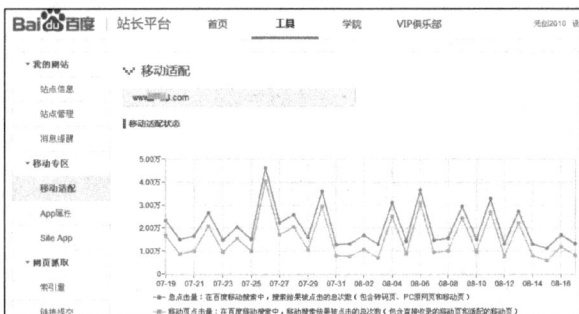

图 11-8

11.3.1 什么是移动适配

为了提升搜索用户在百度移动搜索的检索体验，给对应 PC 页面的手机页面在搜索结果处有更多的展现机会，需要站点向百度提交主体内容相同的 PC 页面与移动页面的对应关系，即移动适配。为此，百度移动搜索提供"移动适配"服务，如果你同时拥有 PC 站和手机站，且二者能够在内容上对应，即主体内容完全相同，可以通过移动适配工具进行对应关系提交（第 9 章已介绍移动适配需要在百度站长平台提交规则）。

站长通过移动适配工具提交 pattern 级别或者 URL 级别的 PC 页与手机页的对应关系，若可以成功通过校验，有助于百度移动搜索将移动用户直接送入对应的手机页。

积极参与"移动适配"，有助于您的手机站在百度移动搜索获得更多流量，同时以更佳的浏览效果赢取用户口碑。

11.3.2 移动适配工具如何使用

当同时拥有移动站点和 PC 站点，且移动页面和 PC 页面的主体内容完全相同，就可以通过百度站长平台提交正确的适配关系，获取更多移动流量。

如图 11-9 所示，站点验证后，进入"工具"→"移动专区"→"移动适配工具"，选择具体需要进行移动适配的 PC 站，然后添加"适配关系"，根据自己提交的适配数据特点选择适合您的提交方式。

目前，移动适配工具支持规则适配和 URL 适配两种提交方式，无论使用哪种方式，都需要先指定 PC 与移动站点，此举可以令百度站长平台

图 11-9

更加快速地检验您提交的数据、给出反馈，顺利生效。同时，之后步骤中提交的适配数据中必须包含指定的站点，否则会导致校验失败。

1. 规则适配

当 PC 地址和移动地址存在规则的匹配关系时（如 PC 页面 www.xxx.com/picture/12345.html，移动页面 m.xxx.com/picture/12345.html），可以使用规则适配，添加 PC 和移动的正则表达式，正则的书写方式详见《正则格式说明》。强烈建议使用规则适配，一次提交成功生效后，对于新增同规则的 URL 可持续生效，不必再进行多次提交。同时，该方式处理周期相对 URL 适配更短，且易维护和问题排查，是百度推荐使用的提交方式。

2. URL 适配

当规则适配不能满足适配关系的表达时，可以通过"URL 对文件上传"功能将主体内容相同的 PC 链接和移动链接提交给百度：文件格式为每行前后两个 URL，分别是 PC 链接和移动链接，中间用空格分隔。一个文件最多可以提交 5 万对 URL，您可以提交多个文件。另外，还可以选择"URL 对批量提交"。在输入框中直接输入 URL 对，格式与文件相同，但此处一次性仅限提交 2000 对 URL。

提交适配数据后，关注移动适配工具会提供状态说明，若未适配成功，可根据说明文字和示例进行相应的调整更新，然后提交适配数据。

如果要对网站进行移动适配，可以进入百度站长平台 – 工具 – 移动专区 – 移动适

配模块进行操作。

11.4 Site App

Site App 是国内首家 PC 网站快速移动化工具。Site App 包含在百度站长平台移动专区中，如图 11-10 所示。如果没有移动站点，可以直接单击"免费创建"按钮。

图 11-10

11.4.1 Site App 的作用

1. 搜索助力 海量分发给力

专为手机终端设计的，效果更贴合移动搜索检索策略，让手机站点轻松拥有用户流量。

2. 流量变现 轻松赚钱给力

无缝对接百度联盟海量资源，在手机站中绑定移动推广物料，将移动流量变现。

3. 内容同步 无需维护

只需几步即可拥有手机浏览体验更佳的手机站；内容更新即时与 PC 站同步，无须对手机站进行额外内容维护及管理，极大降低维护成本。

4. 多套模板 风格任选

多套精美模板，多种交互方式，以及电话、短信、地图等多种组件，可根据站点特点自由选择和搭配，打造个性化的手机站。

5. 专业统计 流量监控

自动嵌入统计服务，提供包括趋势分析、系统环境等多维度数据。此外，也支持第三方统计代码，实现对手机站的流量监控。

11.4.2 如何使用 Site App

Site App 只需 4 步即可拥有手机浏览体验更佳的移动站点。

第一步：添加站点，如图 11-11 所示，输入域名。

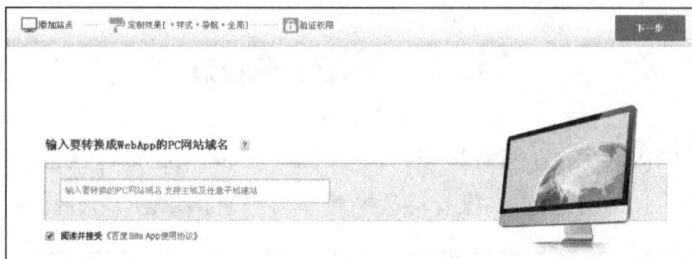

图 11-11

第二步：定制效果。

如图 11-12 所示，需要给 WebApp 起一个响亮的名字，同时提供上传网站 LOGO 功能，使 WebApp 更加多彩。

目前，百度站长平台提供 5 套模板：通用模板 A、模板 B、模板 C 提供电话、在线沟通、短信等转化组件；列表风格简单明快，可以连续加载；网页风格提供多种导航，可自由布局。以上 5 套模板都提供多种配色方案，可以根据网站的特点及喜好进行选择。

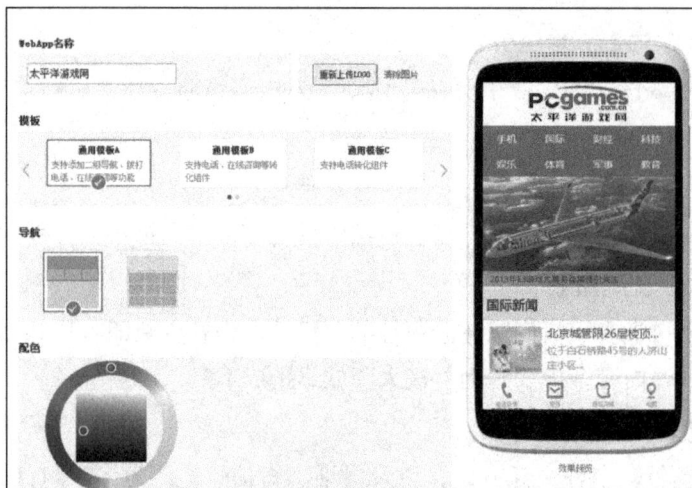

图 11-12

第三步：验证权限。

验证站点的目的只是确保您拥有该网站的操作权限，不会对您的网站带来任何风险，如图 11-13 所示。

第四步：完成。

完成以上所有步骤后，WebApp 创建完毕！等待审核，审核时长为 1 ~ 2 个工作日，如图 11-14 所示。

图 11-13

图 11-14

提交审核的同时，系统自动分配了 WebApp 的访问地址。通过审核后，该域名即可访问，如果要建手机站，可以到"百度站长平台"→"工具"→"移动专区"→"Site App 模块"进行操作。

11.5 链接提交

链接提交功能是百度站长平台为站长推出最给力的一款工具，能够加快百度对网站内容的抓取。链接提交在"工具"→"网页抓取"→"链接提交"中，如图 11-15 所示。

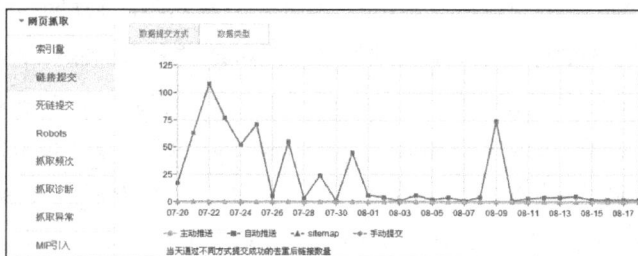

图 11-15

链接提交工具有 4 种提交方式，分别是：

（1）主动推送：最快速的提交方式，推荐您将站点当天新产出链接立即通过此方式推送给百度，以保证新链接可以及时被百度收录。

（2）自动推送：最便捷的提交方式，请将自动推送的 JS 代码部署在站点的每一个页面源代码中，部署代码的页面每次被浏览时，链接会被自动推送给百度。自动推送可以与主动推送配合使用。

（3）sitemap：可以定期将网站链接放到 sitemap 中，然后将 sitemap 提交给百度。百度会周期性地抓取检查您提交的 sitemap，对其中的链接进行处理，但收录速度慢于主动推送。

（4）手动提交：一次性提交链接给百度，可以使用此种方式。

不管选择了哪一种方式提交，提交后的链接，百度站长平台均会展现出来，让站长对提交的数据一清二楚。图 11-16 所示为提交数据曲线图。

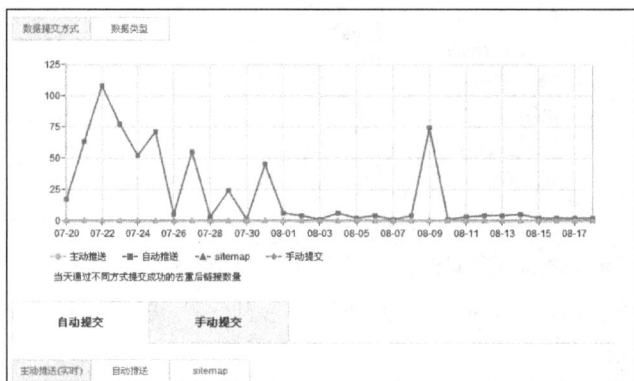

图 11-16

11.5.1 主动推送（实时）

主动推送功能是最快捷的提交方式，可以提交单个网页链接和页面有更新的链接。如果你的网站中有一些页面没有被收录，就可以收集后提交。但站长平台主动推送功能只提供推送接口，需要站长自己制作数据推送。图 11-17 所示为某网站的接口调用地址。

如果懂一些代码技术，可以根据站长平台提供的教程自己制作数据推送工具，对于大部分站长来说还是有难度的。不过，站长平台社区中有免费的主动推送工具可以下载（下载链接为 http://bbs.zhanzhang.baidu.com/thread-56510-1-1.html 或百度搜索"百度主动推送小工具分享"下载）。如图 11-18 所示，工具包括接口地址和推送链接两部分。接口地址即图 11-17 中的接口调用地址。推送链接是网站未收录或新发布的文章链接，整理后提交。每次可以提交最少 50 条链接，快捷方便。

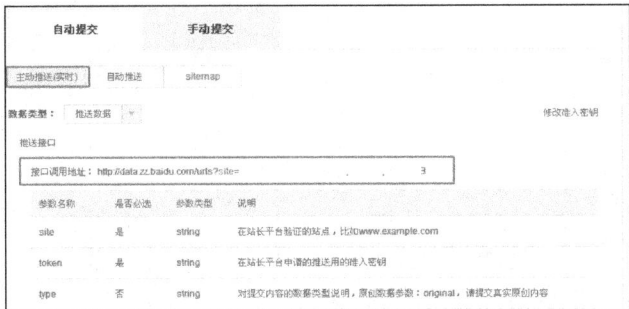

图 11-17

图 11-18

使用主动推送功能会达到如下效果：

（1）及时发现：可以缩短百度爬虫发现站点新链接的时间，使新发布的页面可以在第一时间被百度收录。

（2）保护原创：对于网站的最新原创内容，使用主动推送功能可以快速通知到百度，使内容可以在转发前被百度发现。

11.5.2　自动推送

自动推送 JS 代码是百度站长平台最新推出的轻量级链接提交组件，站长只需将自动推送的 JS 代码放置在站点每一个页面源代码中，当页面被访问时，页面链接就会自动推送给百度，有利于新页面更快被百度发现。

如图 11-19 所示，复制自动推送代码，放在网站底部位置，这样可以出现在每个页面的底部。网站底部位置在哪里呢？图 11-20 为京东页面底部位置，也就是版权信息位置，这种提交方式简单、快捷。

图 11-19

图 11-20

11.5.3 sitemap 提交

sitemap 在第 6 章中讨论过，为网站制作网站地图，如果按照步骤制作了网站地图，把地图链接提交到此位置即可。

如图 11-21 所示，把制作好的地图（txt 或者 xml 格式的均可）提交到该窗口，百度就能够更快、更容易地抓取地图中的链接。

图 11-21

11.5.4 手动提交

自己整理好文章链接，复制到此输入框中，类似主动推送，但每次只能提交 20 个链接，并且抓取速度没有主动推送及时，如图 11-22 所示。

百度站长平台为站长提供链接提交通道，您可以提交想被百度收录的链接。建议使用主动推送和自动推送，收录及时，方便快捷。

图 11-22

11.6 索引量

索引量位于百度站长平台的"网页抓取"选项组中。"网页抓取"选项组的主要目的是帮助站长解决网站收录问题。单击"工具"→"网页抓取"→"索引量"可查看索引量，如图 11-23 所示。

图 11-23

11.6.1 站点索引量

一个网站的索引量是站点中有多少页面可以作为搜索候选结果。

站点内容页面需要经过搜索引擎的抓取和层层筛选后，方可在搜索结果中展现给用户。页面通过系统筛选，并被作为搜索候选结果的过程，即为建立索引。

目前，site 语法的数值是索引量估算值，不太准。推荐站长使用百度站长平台的索引量工具，百度站长平台也正在努力改进 site 语法。

11.6.2 索引量使用说明

（1）百度索引数据最快每天更新一次，最迟一周更新一次，不同站点的更新日期可能不同。

（2）可以查询到近一年中每天的索引量数据，一年前的索引量数据为每月的索引量数据。

（3）如果已有的流量数据查询不到，请隔日再查，最长间隔一周可查询到数据。

图 11-24 所示为某网站近半年的索引量，每天的索引数量均可以被看到。

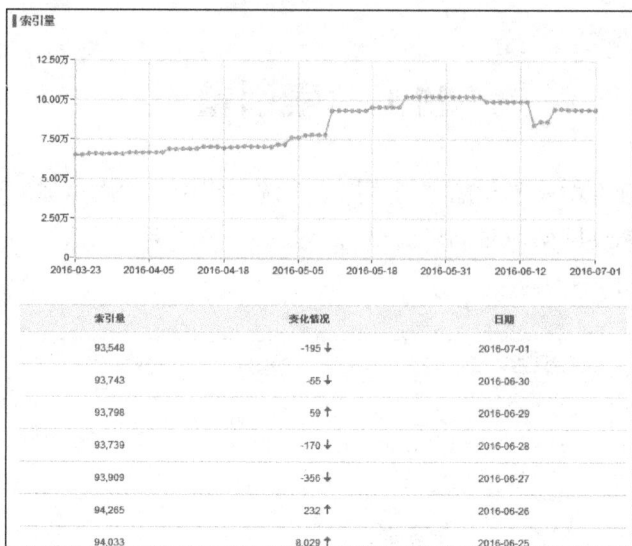

图 11-24

11.7　死链提交

本书第 6 章网站结构优化中介绍过死链接，以及死链接的处理方式，也提到过百度站长平台这个死链工具。下面详细介绍死链如何提交。

第一步，处理网站已存在的死链，制作死链文件。筛查网站内部存在的死链，并将这些死链页面设置成 404 页面，即百度访问它们时返回 404 代码。将需提交的死链列表制作成一个死链文件，制作方法与 sitemap 格式及制作方法一致。

第二步，将死链文件放置在网站根目录下，例如，您的网站为 example.com，您已制作了一个 silian_example.xml 死链文件，则将 silian_example.xml 上传至网站根目录（即 example.com/silian_example.xml）。

第三步，登录百度站长平台。

第四步，提交网站并验证归属。

第五步，提交死链数据。

（1）选中左侧的"死链提交"。

（2）单击右侧的"添加新数据"。

（3）提交死链文件：填写死链文件地址（如 www.example.com/silian_example.xml），选择更新时间，进行提交。

（4）管理已提交的死链列表。

如图 11-25 所示，提交后，可在死链工具列表里看到提交的死链文件，如果死链文件里面有新的死链，可以选择文件后，单击更新所选，对更新的死链链接进行提交。

图 11-25

11.8 抓取频次

抓取频次是搜索引擎在单位时间内对网站服务器抓取的总次数。如果搜索引擎对站点的抓取频次过高，很有可能造成服务器不稳定，Baiduspider 会根据网站内容更新频率和服务器压力等因素自动调整抓取频次。

图 11-26 所示为百度针对某网站的抓取频次，正常是 30 次 / 天左右。如果你认为百度抓取你的频次太小或过大，自己可以设置一个区间。

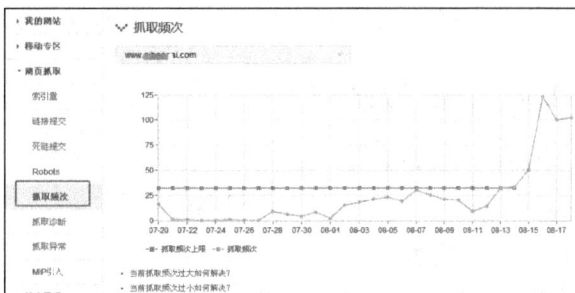

图 11-26

如图 11-27 所示，可以对百度抓取频次进行调整，当前数值调整为最大 492 次 / 天。需要注意的是，每个网站的最大值和最小值不一样。如果你的网站服务器承受的压力足够大，可以设置到最大值，尽可能增加搜索引擎抓取频次。

图 11-27

11.9　抓取诊断

抓取诊断工具可以让站长从百度蜘蛛的视角查看抓取内容，自助诊断百度蜘蛛看到的内容和预期是否一致。每个站点每周可使用 200 次，抓取结果只展现百度蜘蛛可见的前 200KB 内容。如图 11-28 所示，单击"抓取"按钮。

图 11-28

11.9.1　抓取诊断工具的作用

（1）诊断抓取内容是否符合预期，譬如很多商品详情页面，价格信息是通过 JavaScript 输出的，对百度蜘蛛不友好，价格信息较难在搜索中应用。问题修正后，可用诊断工具再次抓取检验，如图 11-29 所示。

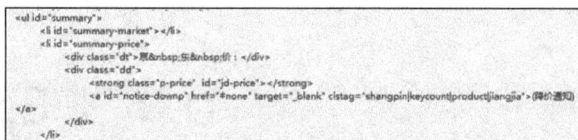

图 11-29

（2）诊断网页是否被加了黑链、隐藏文本。网站如果被黑，可能被加上隐藏的链接，这些链接可能只在百度抓取时才出现，需要用此抓取工具诊断。

11.9.2　抓取诊断工具操作

如图 11-30 所示，打开抓取诊断，选择要诊断的网站，点击抓取，会在列表中出现抓取状态。点开抓取成功即可浏览抓取到的网页代码。

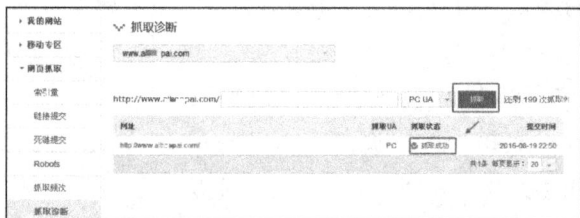

图 11-30

11.10　MIP 引入

移动网页加速器（Mobile Instant Page，MIP）是一套应用于移动网页的开放性技术标准，通过提供 MIP-HTML 规范、MIP-JS 运行环境以及 MIP-Cache 页面缓存系统，实现移动网页加速，是百度站长平台 8 月份新推出的一款网页加速利器。

MIP HTML 基于 HTML 中的基础标签制定了全新的规范，通过对一部分基础标签的使用限制或功能扩展，使 HTML 能够展现更丰富的内容；MIP JS 可以保证 MIP HTML 页面的快速渲染；MIP Cache 用于实现 MIP 页面的高速缓存，从而进一步提高页面性能。如图 11-31 所示，如果要制作一个 MIP 网站，需进入百度站长平台详细了解 MIP 的制作过程。

图 11-31

11.11　搜索展示

搜索展示板块主要包括站点属性、站点子链等模块。需要注意的是，这几个模块不是开放的，需要站长申请，才有权限使用（完善联系方式，就有可能获得权限）。本节只介绍站点属性和站点子链两个工具，其他工具大家可以登录百度站长平台官方网站详细了解。

11.11.1　站点属性

如图 11-32 所示，在站点属性中提交网站相关信息后，如果审核通过，网站相关信息将在百度搜索引擎结果页显示。

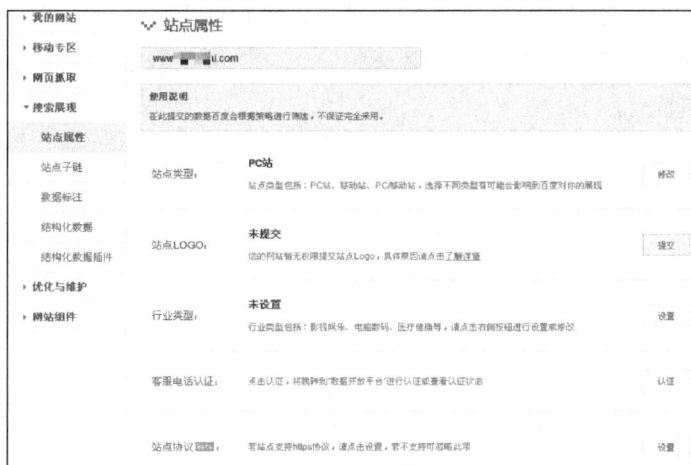

图 11-32

11.11.2　站点子链

站点子链工具目前是试用版，该工具鼓励网站管理员将网站内的优质子链提交给百度，这些信息能在百度搜索结果中以"站点子链"的形式展现，提升网站的权威性，帮助用户浏览网站，提升网站的流量和用户体验。

如图 11-33 所示，在百度中搜索搜狐，即可看到搜索结果详细地展示了搜索的相关产品，这就是站点子链。

若要申请此功能，请积极参与站长平台运营活动或社区活动（http://bbs.zhanzhang.baidu.com）。

图 11-33

11.12　流量与关键词

搜索关键词工具不仅能够提供网站天级、周级及月度展现量、点击量数据，还能够提供站点的热门关键词在百度搜索结果中的展现及点击量数据，及网站热门关键词在今天（有大约 5 小时的数据延迟）、昨天、最近 7 天、最近 30 天、30 天内自定义时间段等不同时间维度的展现量及点击量数据，最高可展现 5 万条关键词数据。此工具旨在全面帮助站长了解网站在百度搜索引擎中的表现，决定页面及网站的优化方向，为网站运营决策提供分析依据。

如图 11-34 所示，网站关键词展现量、点击量、点击率、排名一目了然。这些数据对网页排名、网页用户关注度有指导意义。如果展现量大，点击量小，就说明网页不能吸引用户眼球，需要调整标题和描述的写法。如果点击量大，排名靠后，可以对此页面进行重点优化。

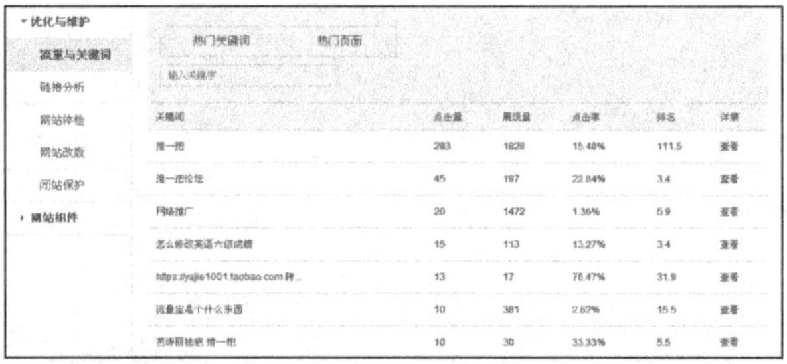

图 11-34

图 11-34 所示中的热门关键词和热门页面分别指什么？

热门关键词：用户在百度搜索引擎中进行查询时，网站获得流量（点击量）较多的关键词。此工具最多可以提供5万个关键词，默认按点击量降序排序。可以通过热门关键词查看用户通过相应的关键词访问了哪些页面。

热门页面：用户在百度搜索引擎中进行查询时，网站中获得流量（点击量）较多的URL。工具最多可以提供5万个热门页面，默认按点击量降序排序。可以通过热门页面查看到达相应页面的关键词。

11.13 链接分析

链接分析包括死链分析和外链分析。

11.13.1 死链分析

死链分为内链死链、链出死链和链入死链3种。

内链死链：在您网站上发现的链接到您网站的死链。

链出死链：在您网站上发现的链接到其他网站的死链。

链入死链：在其他网站上发现的链接到您网站的死链。

如图11-35所示，百度站长平台已经将这3种死链接的数据告诉你，并且可以导出，然后你在网站中找到这些死链接，进行处理。

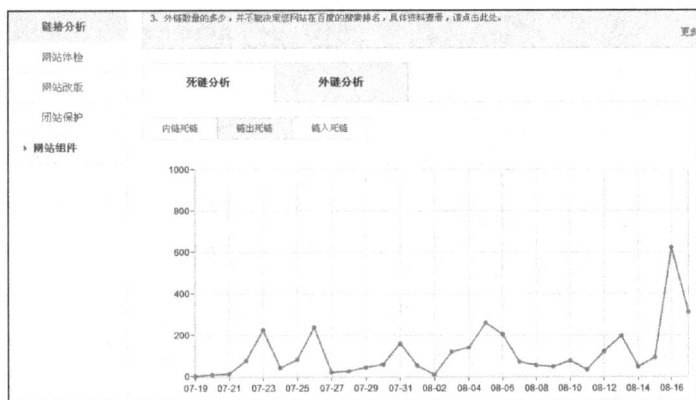

图 11-35

11.13.2 外链分析

外链分析功能能够显示出你网站的外链数据，但此数据是未经百度搜索计算过滤的原始数据，仅供参考。在"站长工具"→"优化与维护"→"链接分析"中，有 3 个好处：

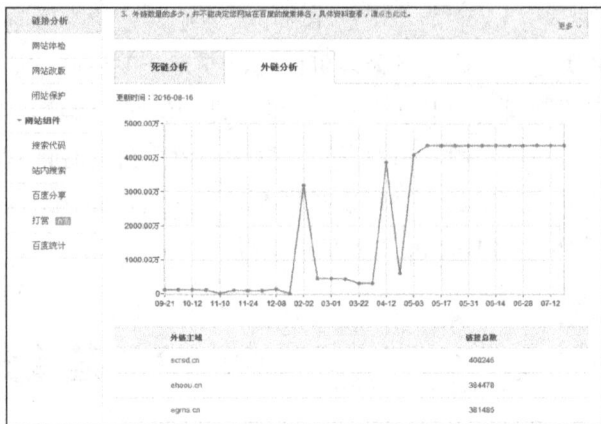

图 11-36

第一，查看一段时间内您网站自身的外链趋势走向。如图 11-36 所示，外链在某一时间增长多少、减少多少一目了然。

第二，进一步查看链接到你网站的外链所在的主域以及外链数量，了解链接是否具有广泛性。

第三，查看并下载你网站的具体外链数据，以便进行自身网站外链分析。通过不同的聚合重组，可得到多种重要结论。举两个例子如下：

① 自身某专题页排名不高，当其他方面找不到原因时，怀疑是外链因素造成的，此时可以将专题页的外链进行聚合分析，兼顾质量和数量，着重分析外链产生的原因及过程。

② 按 anchor 进行聚类，可分析某页面传播过程中用户以及其他网站对该内容的定位，在之后的外链建设传播过程进行适度调整。

总之，外链数据下载后，根据自身需求可进行多方面的聚合分析。

11.14　网站改版

在网站运营过程中经常会出现域名更换、网站程序更换、网站内容调整 URL 变化等情况，如果现网站有排名或网站有流量，这样操作后，网站权重、排名可能全无。如何避免这样操作后对网站的影响呢？百度站长平台推出一款网站改版工具，可以解决这类问题。

图 11-37

如图 11-37 所示，网站改版工具在优化与维护板块。

1.　使用网站改版工具前，站点应该做哪些工作

（1）首先要将改版前的旧链接全部通过 301 跳转到改版后的新链接，并且这种跳转必须是一一对应的关系，不能出现多条旧链接跳转到一条新链接，或者一条旧链接在不同时间内跳转到不同新链接的情况（本书第 6 章曾讲过如果网站 URL 层次为 5 层，减少到 3 层应该实施 301 跳转）。

（2）如果改版后产生新的站点，无论是 www 主站点，还是二级域名，都需要将新站点在百度站长平台进行验证，以保证明您拥有该站点的管理权限。

2. 网站改版工具如何使用

当一个站点的域名或者目录发生变化时，如 a.com 变为 b.com，或者 a.com/b 变为 a.com/c，如果想让百度快速收录变化之后的新链接，用以替换之前的旧链接，那么就需要使用百度站长平台的网站改版工具来提交改版关系，加速百度对已收录链接的新旧替换。目前，网站改版工具支持以下方式的改版：

（1）换域名

仅域名发生了变换，如 www.a.com 变为 www.b.com，而目录结构没有任何变化。在网站改版工具的"添加改版规则"→"站点改版"处添加改版前后的两个域名，提交即可。

注意：此处提交的前后域名必须不同。前提是 2 个网站均需加入百度站长平台经过站点验证。如图 11-38 所示，老域名做好 301 重定向后，这里指向新域名。

图 11-38

（2）目录结构改版

不管域名是否改变，目录结构发生了变化，如 www.a.com/a 变为 www.a.com/b，www.a.com/c 变为 c.a.com。可以在网站改版工具的"添加改版规则"→"规则改版"处提交新旧目录正则式。正则式的书写方式需要技术人员配合。

（3）部分 URL 改版

当您的网站点仅有部分 URL 发生了改版，正则式不能满足改版形式的表达，或前两种方式提交的规则校验失败，还可以通过提交 URL 对文件，将已经改版的旧链接和对应的新链接提交给百度：文件格式为每行前后两个 URL，分别是改版前旧链接和跳转后新链接，中间用空格分隔。一个文件最多可以提交 5 万对 URL，您可以提交多个文件。另外，还可以在输入框中直接输入 URL 对，格式与文件相同，但这里一次性仅限提交 2000 对 URL。

例如：京东商城的老域名为 360buy.com，由于用户难以记忆等原因，换为 jd.com。但 360buy 权重很高，关键词排名非常多，通过百度获得流量很大，如何避免换域名造成的影响呢？这就需要使用网站改版工具。

3. 网站改版工具注意事项

（1）改版规则中的新旧链接一定要使用 301 的方式进行跳转。

（2）使用站点改版和规则改版，处理周期会比较短，也可缩短后续反馈问题的追查用时。

（3）百度站长平台对改版规则的校验时间范围为 0.5 ～ 2 小时，改版生效时间范围为 12 ～ 48 小时，整体看，从提交改版规则到线上生效，最短 12.5 小时，最长 50 小时。

（4）改版完成后不要立即清除跳转关系，保持跳转关系至少三个月，避免网站中出现校验失败原因中的问题。

注意：网站改版工具技术性比较强，需要网站的技术人员配合解决。

11.15　闭站保护

如果你的网站由于什么原因（网站备案等）造成一段时间内不能访问，可以使用闭站保护功能使百度停止对该网站的网页抓取，并屏蔽已收录网页；网站恢复访问后，使用闭站恢复可以解除对已收录网页的屏蔽并恢复抓取。如图 11-39 所示，直接申请闭站即可。

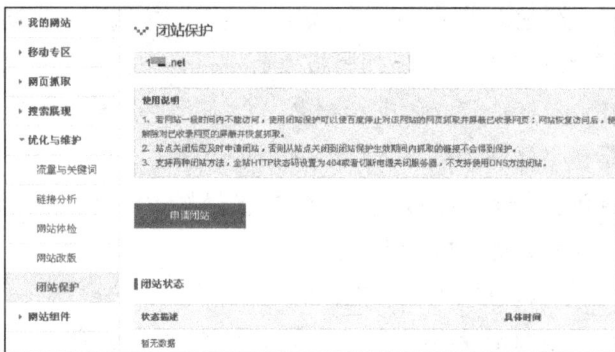

图 11-39

11.16　站内搜索

百度站内搜索的开发完全是站在站长角度，最大程度节省网站的开发成本，仅需一段代码的配置即可打造出继承百度垂直分类、自然语义分析、搜索结果顺序自定义等多种功能的强大搜索引擎，既给用户带来良好站内搜索体验的同时，还保证了流量不流失——站长可通过设置"相关推荐""热搜词"等让用户不断在网站中挖掘新内容，从而提高网站流量，增强用户黏度。打开"百度站长平台"→"工具"→"网站组件"→"站内搜索"即可使用站内搜索，如图 11-40 所示。

图 11-40

值得一提的是，百度站内搜索还可以通过提交种子页面的 URL 地址，提高网站的抓取效率和深度，从而利于收录。

11.17 其他功能

百度站长平台首页右下角还有 4 项重要资源，分别为原创保护、站长社区、反馈中心、新闻源，如图 11-41 所示。

图 11-41

11.17.1 原创保护

原创保护是百度推出的原创星火计划，主要是对原创类站长内容的一种保护，如果你的网站为原创内容，即可提交申请，这里不再赘述。

11.17.2 站长社区

百度站长社区是搭载于百度站长平台，为站长们提供交流学习的官方社区，设置有站长互助、站长工具、官方问答集锦、学院同学汇、活动专区、站长江湖等板块，旨在全心全意为站长服务，与百度携手共建良性发展的互联网生态圈。如果你有相关问题，可以在这里提出，如图 11-42 所示。

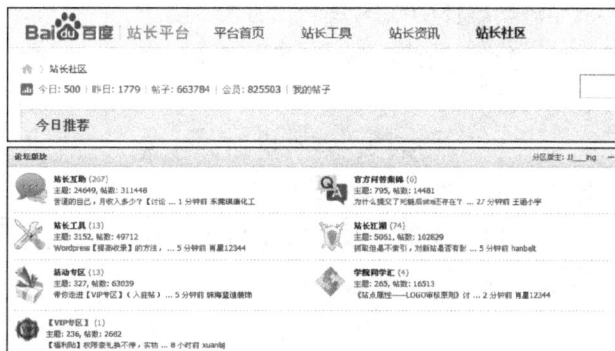

图 11-42

11.17.3 反馈中心

如果你的网站遇到标题摘要异常、安全联盟风险提示、排名及流量下降、内容未收录或收录异常、抓取异常、站点整站未收录等问题，可以在这里向百度站长平台反馈，百度站长平台有专门的工程师为你解答问题。

如图 11-43 所示，如果你的网站在 PC 端或移动端出现问题，如果想加入百度新闻源或者星火计划，如果针对百度站长平台有何异议，均可以在这里反馈。问题提交后，1 ~ 2 周站长将会收到百度站长平台的反馈。查看反馈结果在右上角，如图 11-44 所示。

图 11-43

图 11-44

11.17.4　新闻源

新闻源是指符合搜索引擎种子新闻站的标准，站内信息第一时间被搜索引擎优先收录，且被网络媒体转载为网络海量新闻的源头媒体。新闻源在网络领域内的地位举足轻重，具有公信力与权威性，也是辐射传播至国内媒体网络的源点。加入百度新闻源站点数据将在百度新闻搜索下得到内容展示。

如图 11-45 所示，在百度新闻搜索中搜索"两会"，会出现大量关于"两会"的新闻，这里出现的网站属于新闻源网站。

图 11-45

实战案例　百度近期算法汇总

当百度有重大算法调整时，作为与站长交流的百度站长平台就会发布算法调整的公告，让站长及时了解百度动态。站长根据公布的算法、改进网站中的存在的不良问题，如果不改进，那么算法更新后，你的网站就会被命中，结果就是被降权或除名。

下面为百度站长平台曾经公布过的重大算法原文：

1. 石榴算法 – 低质量页面终结者

一直以来，我们本着为用户提供最优质直接的信息的原则，不断优化算法、升级系统。保护优质页面与打压低质页面是一直都运用的两种方式。

本次想向各位站长朋友传达，我们将针对低质量页面将进行一系列调整，我们称之为石榴算法。

第一期将对此类页面生效：含有大量妨碍用户正常浏览的恶劣广告的页面，尤其以弹出大量低质弹窗广告、混淆页面主体内容的垃圾广告页面为代表。

从整个互联网生态环境看，泛滥的低质量广告越来越多的被加诸于大量网站的各个角落，无处不在，这已经严重影响了正常用户的浏览体验。想象一下，当你打开一个网页，看到的不是感兴趣的内容反而是一个个垃圾弹窗广告或者混淆、掩盖住主体内容的大面积广告，你的感受如何？不言自明。

因此本次算法上线后，我们将会看到低质广告少、无弹窗的优质页面排序有所提升，当然，前提是主体内容有价值。相应的含有恶劣弹窗、大量混淆页面主体内容等垃圾广告的页面排序会大幅下降。

这是搜索引擎尊重用户的必然选择，也是着眼于净化互联网整体环境的必然趋势。

最后，希望站长能够从用户角度出发往长远考虑，在不影响用户体验的前提下合理放置广告，赢得用户的长期青睐才是一个网站发展壮大的基础。

2. 百度绿萝算法 1.0

三个多月前，我们与各位站长朋友分享了百度对超链作弊的态度，经过一段时间的观察和数据积累，我们很欣喜地看到部分网站已经停止了这种行为并逐步的清除掉了此前的作弊超链，这对我们互联网生态环境正向发展是十分难能可贵的；但与此同时，我们仍然痛心的发现，反复强调过的买卖链接行为仍然大量存在，在此，我们再一次提醒这部分站长，此类链接早已被系统所识别并且已经从链接计算中清除。

我们有必要再次强调：买卖链接行为一方面影响用户体验，干扰搜索引擎算法；另一方面投机建站者得利，超链中介者得利，真正勤勤恳恳做好站的站长却在这种恶劣的互联网超链环境中无法获得应有的回报。因此针对买卖链接行为在清除外链计算的基础上，我们将对站点本身做出进一步调整。

此次调整中，以下三个类型的网站将会受到不同程度的影响：

（1）超链中介

超链本应是互联网上相对优质的推荐，是普通用户及网站之间对页面内容、网站价值的肯定，但是现在种种超链作弊行为使得真实的肯定变成了一些人谋取利益的垫脚石，用户无法根据链接的推荐找到需要的优质资源，并且严重干扰搜索引擎对网站的评价。超链中介便是这畸形的超链市场下形成的恶之花，我们有义务维护超链的纯净维护用户利益，也有责任引导站长朋友们不再支出无谓的花销，所以超链中介将在我们的目标范围内。

（2）出卖链接的网站

一个站点有许多种盈利方式，利用优质的原创内容吸引固定用户，引进优质广告资源，甚至举办线下活动，这些盈利方式都是我们乐于见到的，是一个网站的真正价值所在。但是一些网站内容基本采集自网络，以出卖超链位置为生；一些机构类网站或被链接中介所租用进行链接位置出售，使得超链市场泡沫越吹越多。此次的调整对这类站点同样有所影响。

（3）购买链接的网站

一直以来，百度对优质站点都会加以保护和扶植，这是从用户需求以及创业站长的角度出发的必然结果。而部分站长不将精力用在提升网站质量上，而选择钻营取巧，以金钱换取超链，欺骗搜索引擎进而欺骗用户。对于没有太多资源和金钱用于此类开销的创业站长来说，也是一种无形的伤害，如果不进行遏制，劣币驱逐良币，势必导致互联网环境愈加恶劣。此次调整这类站点本身也将受到影响。

最后，感谢专心做好站的站长们的支持，也感谢用户多年的使用，这些就是我们一直努力净化互联网环境的动力。请仍身处超链买卖漩涡中的站长朋友们尽快停止这种无效的行为，并且认识到优质的原创内容，独一无二的服务，为用户着想的信息组织，才是一条网站逐步成长的正确道路。今后我们也会从这些角度出发，继续为用户提供便捷的服务，为更多站长带来更丰厚的收益。

3. 百度绿萝算法 2.0

针对一些网站到处发布推广性软文的现象，一直以来我们都在通过各种方式进行处理。一方面，过滤清理这种垃圾外链；另一方面，对目标站点进行适当惩罚。但是，这一现象仍然大量存在。例如，如下这种明显的推广性软文，不胜枚举。

http://soucang.baidu.com/Lee/snap/592f0a175151b2cd5593228d.html

http://soucang.baidu.com/Lee/snap/09e3d1d170b9600f1ad44c8d.html

http://soucang.baidu.com/Lee/snap/07cfa2098db8b5f6712ac12b.html

http://soucang.baidu.com/Lee/snap/56c9f438971755df056a4883.html

http://soucang.baidu.com/Lee/snap/198e6d14bd695c1e0fa31e81.html

因此，我们近期将通过绿萝算法 2.0 进行更大范围更加严格的处理。

第一，加大过滤软文外链的力度；

第二，加大对目标站点的惩罚力度；

第三，对承载发布软文的站点进行适当的惩罚，降低其在搜索引擎中的评价，同时，针对百度新闻源站点将其清理出新闻源。

我们希望存在问题的网站在近期进行全面清理，并且将明显推广性的内容移出百度新闻源，这将使您避免受到算法的影响。

4. 百度移动搜索冰桶算法

百度移动搜索针对低质站点及页面进行了一系列调整，称之为冰桶算法。

第一期将对此类站点生效：强行弹窗 App 下载、用户登录、大面积广告等影响用户正常浏览体验的页面，尤其以必须下载 App 才能正常使用的站点为代表。

从整个移动互联网生态环境看，越来越多的网站进行此类强推，这已经严重影响了正常用户的浏览体验。想象一下，当你急需查看某条信息打开一个页面时，看到的不是所需内容反而要求你必须下载 App 才能观看，你的感受如何？不言自明。

因此本次算法上线后，我们将会对用户可直接使用的优质资源进行优先展现。相应的必须下载 App、必须登录等才可正常使用的资源排序会大幅下降。

这是搜索引擎尊重用户的必然选择，也是着眼于净化移动互联网整体环境的必然趋势。

最后，希望站长能够从用户角度出发往长远考虑，在不影响用户体验的前提下进行合理推广。

百度移动搜索冰桶算法已经升级至 3.0 版本。3.0 版本将严厉打击在百度移动搜索中，打断用户完整搜索路径的调起行为。

5. "天网算法"出台，百度严打盗取用户隐私

近日，百度网页搜索发现部分站点存在盗取用户隐私的行为，主要表现为网页嵌恶意代码，用于盗取网民的 QQ 号、手机号。而许多网民却误认为这是百度所为。为此，百度网页搜索和百度安全联合研发天网算法，针对这种恶意行为进行打击。有过盗取用户隐私行为的站点请尽快整改，待策略复查达到标准可解除惩罚。

本章小结

百度站长平台一直致力于更好地为站长服务，同时各项功能也在不断优化升级，新功能更是层出不穷。百度通过百度站长平台逐渐放出更多权威数据，推出更多有价值的工具，提出更多官方对 SEO 优化的意见和建议。各位站长也要充分利用百度站长平台这一工具，和百度进行良性互动，科学合理地运营网站，以获得更多健康、长久的流量收益。

实训 加入百度站长平台，熟悉各项功能

【实训目的】

根据所学内容，了解百度站长平台各个功能的用途。

【实训要求】

1. 了解链接提交的 4 个技巧

2. 掌握外链分析功能的功用

3. 掌握其他工具的使用

【实训内容】

1. 网站加入百度站长平台有_____、_____、_____三种验证方式，我们推荐使用_____。

2. 为了提升搜索用户在百度移动搜索的检索体验，给对应 PC 页面的手机页面在搜索结果处更多的展现机会，需要站点向百度提交主体内容相同的_____与_____的对应关系，即移动适配。

3. 移动适配工具支持_____和_____两种提交方式。

4. PC网站快速移动化只需四步完成，分别是_____、_____、_____、_____。

5. _____和百度站长平台中的索引量工具均查询网站在搜索引擎中的收录量，但索引量工具更准确一些。

6. 抓取诊断工具有什么作用？

_____。

7. 链接提交包括_____、_____、_____、_____四种方式。

8. 你认为百度站长平台中流量与关键词工具对网站优化有哪些帮助？

_____

9. 死链数据分为_____、_____和链入死链三种。

10. 外链分析功能有三大好处，分别是

① _____

② _____

③ _____

11. 一般什么时候需要用到网站改版功能？

① _____

② _____

③ _____

第 12 章
SEO 进阶

在了解了 SEO 的基本概念、操作和工具后，需要对 SEO 有进一步的认识，如常见的白帽是什么？黑帽是什么？网站降权后怎么解决？ SEO 方案怎么写等问题。下面进入 SEO 进阶的学习阶段。

学习目标

>>> 熟记 SEO 七步成名法
>>> 了解白帽与黑帽的区别
>>> 掌握网站降权处理方法
>>> 掌握 SEO 方案的写作要领

12.1　元创 SEO 七步成名法

影响排名的因素很多，在具体 SEO 操作上，元创在多年的工作中总结了一套 SEO 流程《SEO 七步成名法》，按着这个流程操作，就能很容易地把网站优化好，并获得搜索引擎的青睐。这七步分别是：

第一步：定词。定位网站做什么。

第二步：选词。确定首页标题中优化的核心词。

第三步：布词。首页合理布局要优化的词。

第四步：挖词。挖掘大量长尾词，增加网站流量。

第五步：诊断。诊断网站问题，解决内部病根。

第六步：反链。包含内部链接和外部链接。

第七步：调整。检测优化效果。

下面详细介绍这七个步骤的具体操作要点。

12.1.1　定词

SEO 七步成名法之第一步定词。

定词，即定位网站是做什么的。SEO 人员拿到一个网站后不是马上开始设置关键词等，首先需要分析该网站成立的目的是什么，是想通过网站卖产品，还是提供服务，然后围绕这些定下主关键词。

例如，推一把网站（tui18.com）是一个针对网络营销从业人员的行业交流网站，所以主关键词是网络营销、网络推广这样的行业词。

而推一把学院的招生单页面（peixun.tui18.com）的目的是为了招生，所以主关键词是网络营销培训、网络推广培训。

12.1.2　选词

SEO 七步成名法之第二步选词。

选词是选出并确定网站首页标题中要优化的 3 ~ 5 个核心关键词。网站主要由首页、栏目页、产品页、内容页等几个页面组成。对于一个网站来说，首页权重相对来说最高，然后是栏目页、内容页。所以，首页是 SEO 的重点，要把最难优化的核心关键词放在首页标题中优化。如何选择首页的核心关键词、核心关键词竞争程度分析及标题如何撰写等关于核心关键词优化的问题，本书第 4 章中已详细介绍过。

12.1.3　布词

SEO 七步成名法之第三步布词。

在第二步中已经把核心关键词选摘出来，并且组合成标题放置在了首页，接下来需要再将核心关键词布局到页面的各个位置，增加相关性，这一步骤称为布词。本书第 4 章讲过核心关键词可以在标题、描述、关键词、导航、版块标题和文章标题、底部版权和友情链接、文章的标题和内容中等位置布局，并且提到关键词密度在一个合理范围内。希望大家记住这一步骤。

12.1.4　挖词

SEO 七步成名法之第四步挖词。

挖词是指针对用户的搜索行为、需求和习惯找到用户可能会搜索的词，然后根据这些关键词撰写文章，发布到网站，满足用户需求的过程。

挖词主要针对的是次要关键词和长尾关键词。因此，挖掘大量关键词后，需要对关键词进行分类，分为核心关键词、次要关键词、长尾关键词。然后分布到不同的页面进行优化。次要关键词和长尾关键词的分布和优化在本书第 4 章中详细介绍过。

12.1.5　诊断

SEO 七步成名法之第五步诊断。

前面分享的四步都是围绕关键词展开，通过定词、选词、布词、挖词等将要优化的关键词贯穿整个网站，从而获取排名，这也是 SEO 最核心的部分。

除了这些核心工作外，还有许多辅助的优化工作要做。在对网站进行整体的优化前，先要对网站进行 SEO 诊断，就像医生给病人看病一样，进行"望、切、问、诊"后，才能知道病人的情况，然后对症下药，给出治疗方案。同样，SEO 人员也要先对网站进行诊断后，才能给出相应的整体优化方案。

如网站结构是否为树状、404 页面、Robots 文件、死链接、空间稳定性、URL 动态化、URL 层次、URL 首选域、图片 ATL 属性、H 标签、网页代码、蜘蛛陷阱等，均需要诊断。这些内容在本书第 6 章和第 7 章中已详细介绍过。

除了以上几点外，标题、描述是否设置合理，关键词布局位置，后面提到的内链和外链都需要进行诊断。另外，诊断时要注意，诊断完成后，最好将诊断结果撰写成诊断方案，这样 SEO 人员执行起来比较直观，同时也不会产生遗漏。

12.1.6　反链

SEO 七步成名法之第六步反链。

反链又叫反向链接。通俗地讲，各种指向页面的链接都叫反链。反向链接可以把一个页面上的一部分权重传递到另一个页面上，数量越多，质量越高，被链接页面的权重越高，可提升被链接页面关键词在搜索引擎中的排名。

反链包括内部链接（简称内链）和外部链接（简称外链）两种形式。内部链接如何优化在本书第 6 章已详细介绍过，外链链接建设在本书第 8 章介绍过。

12.1.7　调整

SEO 七步成名法之第七步调整。

调整即监控优化效果，及时调整优化策略。平时我们需要监控关键词的排名、网站收录数据、网站内容更新数量、网站外链收录数量、友情链接数据等，还需要做好网站修改的记录，防止网站出现问题，找不到问题在哪里。

以下情况都需要在优化时做数据统计，及时进行调整。

（1）有排名没点击。增加网站标题和描述的吸引力，提高用户点击。围绕用户需求写描述，如在描述中突出产品特色、优势，能够吸引人点击的元素。

（2）排名不稳定。增加外链或网站内容的转载数量，多更新对用户有价值的内容，让用户自发转载。把自己写的原创文章投稿到一些大网站，带上链接，吸引站长转载。

（3）网站收录不好，黏性差。继续调整内部链接。围绕用户最关心的话题，增加相关文章在其他文章页面出现的机会。

以上即为元创在多年的实操中总结的"SEO 七步成名法"，只要按照每个步骤和要点认真执行，最终一定会有很好的效果。

12.2　白帽 SEO 与黑帽 SEO

白帽 SEO 与黑帽 SEO 是两种 SEO 优化方法的称谓，下面详细介绍一下它们的区别。

12.2.1　白帽 SEO 与黑帽 SEO 的区别

白帽 SEO 是一种公正的手法，是使用符合主流搜索引擎发行方针规定的 SEO 优化方法。白帽 SEO 采用 SEO 的思维，合理优化网站，提高用户体验，合理与其他网站互联，也就是我们前面讲过的方法。

黑帽 SEO 正好与白帽 SEO 相反,其采用的是搜索引擎命令禁止的方式去优化网站,以不合理的或者缺乏公正性的手段去影响和干预搜索引擎对网站的排名,以牟取利益。白帽 SEO 关注的是长远利益,耗费时间长、精力多,但效果稳定,而且不会因为搜索引擎的算法改变而面临惩罚的风险;黑帽 SEO 使用作弊或者可疑的手段去提升搜索引擎的排名,被认为是一种存在投机取巧嫌疑的手段,投入小,见效快,但随时都有可能遭到搜索引擎的惩罚。

常见的黑帽 SEO 手法有页面跳转、大量发布垃圾链接(垃圾链接,即为达到快速提升关键词的搜索引擎排名目的,在各大论坛、博客等发布的和主题内容不相关的链接,以及自动生成的或者采集来的网页中含有的链接),隐藏网页,桥页(通常是用软件自动生成大量包含关键词的网页,然后从这些网页自动转向到主页),关键词堆砌等。

从职业道德的角度上看,毫无疑问,黑帽 SEO 是一种不值得提倡,甚至是一种遭到唾弃、人人喊打的 SEO 手法,我们应该提倡白帽 SEO,踏踏实实地做好网站 SEO,维护行业的合理性和公平性。并且,白帽 SEO 是"放长线、钓大鱼",放眼长远利益,对一家企业、一个网站几乎是有利无害的,而黑帽 SEO 只着眼当下利益、竭泽而渔的激进式手法,极有可能给企业带来灾难性的后果——K 站,所有排名一夜之间全部消失,一切重归于零。

12.2.2 黑帽常见伎俩

1. 关键词堆砌

在网页中大量堆砌关键词,希望提高关键词密度,提高网页针对关键词的相关度。关键词堆砌可以在很多地方,如可能在用户可以看到的文字本身中,也可能在标题标签、关键词标签、说明标签中,正文中。随着搜索引擎算法的改进,关键词堆砌很容易被搜索引擎发现。

2. 过多的虚假关键字

很多站点会把许多与本站并不相关的关键字加入到自己网站中,通过在 META 中设置与网站内容根本不相关的关键字,以骗取搜索引擎的收录与用户的点击,这里算是一个不太正规的优化方式,但元创说的是过多的虚假关键字,还有经常为了增加此关键字更改网页标题,这两种方式都极有可能受到处罚,降低排名(后者更严重)。

3. 垃圾链接

加入大量链接机制,大量链接机制是由大量网页交叉链接构成的一个网络系统,这些作弊手段一旦被搜索引擎发觉,马上就有被 K 站的可能,希望 SEO 人员在平时优化时不要触碰这些作弊手段。为了提高搜索排行,在博客和论坛大量发布无关内容的链接,统称为垃圾链接。

4. 隐藏链接

隐藏链接一般被 SEO 用在客户网站上，通过在自己客户网站上使用隐藏链接的方式，链接自己的网站或者其他客户的网站。

5. 隐藏页面

隐藏页面是指有的网页使用程序或脚本来检测访问者是搜索引擎，还是普通用户。如果是搜索引擎，网页就返回经过优化的网页版本。如果来访的是普通人，返回的是另外一个版本。这种作弊方式，通常用户无法发现。因为一旦用你的浏览器去看这个网页，无论是在页面上，还是在 HTML 源文件中，你所得到的都已经是与搜索引擎看到的不同的版本。检测方法是看一下这个网页的快照。

6. 隐藏文字

隐藏文字是在网页的 HTML 文件中放上含有关键词的文字，但这些字不能被用户看到，只能被搜索引擎看到。可以有几种形式，如超小字号的文字，与背景同样颜色的文字，放在评论标签中的文字，放在表格 input 标签里的文字，通过样式表把文字放在不可见的层上面等。

7. 桥页

桥页通常是用软件自动生成大量包含关键词的网页，然后从这些网页自动转向到主页，目的是希望这些以不同关键词为目标的桥页在搜索引擎中得到好的排名。当用户点击搜索结果时，会自动转到主页。有时是在桥页上放上一个通往主页的链接，而不自动转向。

8. 挂黑链

扫描 FTP 或者服务器的弱口令、漏洞，然后黑掉网站，把链接挂进去。这是不合法的手段。本书第 8 章提到的黑链就是网站被黑客黑掉后挂的链接。

12.3　网站被降权后的处理

百度降权对大多站长来说是很恐怖的事情，网站关键词排名消失，收录大量减少，快照停止更新，更严重的甚至被 K（收录为 0），这些都是 SEO 人员不想看到的结果。但有时真的就出现了，那怎么办？哪些因素会导致网站降权，降权后如何解决呢？

网站被降权后
如何分析原因

12.3.1　什么算网站降权

很多 SEO 新手经常遇到关键词排名下降的现象，如某个关键词今天排名在百度第

10 位，明天排名在 15 位，排名下降了 5 位，他们就会认为网站就降权了，其实这是不对的，搜索引擎排名无时无刻在变化，下降几位、上升几位是非常正常的现象，毕竟那么多网站在竞争、在优化。那什么算降权呢？

（1）关键词原来有排名，现在全部消失。

（2）搜索首页标题在百度前几页找不到网站。

（3）搜索品牌词或公司名字在百度首页找不到网站。

（4）网站收录下降幅度大，长时间未恢复。

也就是说，在百度中搜索网站优化的关键词、品牌词或查收录，如果找不到自己的网站，就说明被惩罚了，或许网站触犯了搜索引擎的规则，导致降权。

12.3.2　网站降权的解决方法

1. 回想自己对网站进行了哪些 SEO 工作

仔细回想近半个月到一个月对网站实施了哪些优化，如修改标题描述、网站改版、调整 URL、调整内链、采集文章等。如果是改标题、改版、调整 URL 等内部优化后网站降权了，那等待一段时间就能恢复，搜索引擎会有一段适应期。如果是采集或转载其他网站文章，就需要增加内容的原创度。

2. 检查外链

（1）检查友情链接是否有被 K 的网站，或没有链接自己网站，如果有这类情况，就去掉对方的链接。

（2）很多中小型网站在开展外链建设时，大多只发网站首页的外链，也就是外链太集中，分配不合理，会导致降权。我们之前提到过外链要多样化。对于搜索引擎来说，每个页面都是民主的，每个页面都可能对用户有帮助，只是一些关键词热门，我们布局在首页来优化，需要的资源多一些，需要的外链多一些，如果其他内页用优化首页的资源来优化，内页也会获得良好的排名。所以，我们重视哪些页面，哪些页面就会获得好的排名。

如果发现自己首页外链太多，怎么办？把一些与自己行业不相关的外链删掉，然后多发一些内页的外链，使链接多样化。

（3）随着百度几次算法的调整，除了强调内容，还是强调内容。所以，观察自己近期外链的增长速度，如果你的网站收录不超过100，就不要发太多外链，网站内容太少，外链过多，是不合理的。如果你的外链太多，网站被降权了，就需要每天删除一些外链。

（4）其他外链作弊，如买卖链接等。如果购买了链接，只能停止付费，然后把内容做好，但想恢复排名，需要的时间比较长。

3. 空间不稳定

检查近期空间是否出现不稳定现象。

4. 检查服务器上的其他网站

虽然搜索引擎一般不会因为站长使用的服务器上有其他作弊网站而惩罚服务器上的其他网站，但是现在垃圾网站和作弊网站数目巨大，如果刚好有一个拥有大批量垃圾网站的站长和你使用同一架服务器，服务器上大部分网站都是作弊和被惩罚的，那么你的网站也可能被连累。

5. 彻底检查网站是否优化过度

查看页面是否有任何关键词堆积的嫌疑？是否为了加内部链接而加内部链接？是否锚文本过度集中？是否页脚出现对用户毫无意义、只为搜索引擎准备的链接和文字？有过度优化的地方，下决心"去优化"（减少优化）。很多关键词全面下降就是过度优化造成的，掌握优化的度是合格 SEO 人员必须亲身体验的必经之路。

6. 站长申诉

如果网站近期没有做任何优化手段，无缘无故被降权了，那么有可能是百度误伤，可以在百度站长平台的反馈中心进行申诉。本书第 11 章讲过反馈中心，这里不再赘述。

12.4 SEO 方案范本

网站 SEO 方案（范本）

1. 优化目的

提升网站核心关键词在百度搜索结果中的排名，增加从搜索引擎获得的流量。

2. 网站基本情况

（1）网站名称：http://www.***.com/。

（2）世界排名：三月平均：13,872,346。

（3）域名年龄：6 年 1 个月 23 天（创建于 2007 年 6 月 20 日）。

（4）网站速度：电信响应：16ms。

（5）百度谷歌收录。

搜索引擎	百度	谷歌	360搜索	搜搜
收录数量	60	41	40	81
反向链接	271	获取失败	234	397

（查询时间：2013.8.12）

（6）现有百度关键字排名情况。

目录 ⓘ	关键字	排名 ↑	搜索量	收录量	网页标题	添加新词
/	行星减速机 ⓘ	第2位	111	2130000	行星减速机|齿轮减速机|行星齿轮减速机|艾斯勒....主页	
	齿轮减速机 ⓘ	第6位	84	7870000	行星减速机|齿轮减速机|行星齿轮减速机|艾斯勒....主页	
	减速机	第7位	500	25300000	行星减速机|齿轮减速机|行星齿轮减速机|艾斯勒....主页	
	行星减速机， ⓘ	第8位	106	2110000	行星减速机|齿轮减速机|行星齿轮减速机|艾斯勒....主页	
	行星齿轮减速机	第3页 第1位	68	1420000	行星减速机|齿轮减速机|行星齿轮减速机|艾斯勒....主页	

通过爱站百度排名工具查询（http://www.aizhan.com/baidu/），该网在百度前 3 页的排名关键词为 5 个。

3. 网站诊断

（1）优化关键词

行星减速机，齿轮减速机，行星齿轮减速机。

（2）首页标题过长

现标题为：<title> 行星减速机 | 齿轮减速机 | 行星齿轮减速机 |**** 精密齿轮有限公司 .0512–88888888</title>。

问题：首页标题过长，超过 30 个汉字，影响到每个关键词的排名。

改进：可以把电话去掉。修改为：<title> 行星减速机 | 齿轮减速机 | 行星齿轮减速机 |**** 精密齿轮（苏州）有限公司 </title>。

理由：首页标题文字要控制在 30 字以内。字数过多，不显示，影响每个词的权重。

（3）首页描述改进

问题：虽然合理地布局了关键词，但是描述不吸引客户。

改进：尽量突出产品的卖点和优势。

理由：描述部分是为了吸引客户的点击，所以要尽量描述客户感兴趣的话题，从而达到吸引客户的目的。

（4）域名未做首选域

问题：输入 http:// **.com 域名未跳转至 http://www.***.com 域名，会分散域名的权重。

改进：要确定网站的首选域，把未带 www 的域名，用技术手段（301 重定向）自动跳转到 http://www.***.com/ 域名。

（5）LOGO 的 alt 说明不规范

```
<body>
<table width="1003" border="0" align="center" cellpadding="0" cellspacing="0">
  <tr>
    <td width="200"><table width="100%" border="0" align="center" cellspacing="0" cellpadding="0">
      <tr>
        <td><a href="http://www.********.com/"><img src="/images/index_1.jpg" width="200"
height="91" border="0" alt="市场上有哪些比较的好的伺服行星减速机？"></a></td>
      </tr>
    </tr>
</table>
```

问题：alt 写法不规范，不合理，影响搜索引擎对网站内容的判断，更影响搜索引擎对网站的信任度。

改进：alt="行星减速机"。

（6）栏目页未撰写描述

```
<!DOCTYPE html PUBLIC "-//W3C//DTD XHTML 1.0 Transitional//EN" "http://www.w3...>
<head>
<meta http-equiv="X-UA-Compatible" content="IE=EmulateIE7" />
<meta http-equiv="Content-Type" content="text/html; charset=utf-8" />
<title>公司简介－●●●●精密齿轮(苏州)有限公司</title>
<link href="/images/favicon.ico" rel="Short Icon" />
<link href="/style.css" rel="stylesheet" type="text/css">
```

问题：栏目页没有 description 描述。

百度非常看重 description 标签，每个页面都需要不同的描述，如果没有描述，不利于百度分析页面的内容，不利于优化。

说明：description 是对网站的描述，若每个页面描述都重复，应重新撰写每个页面的描述，注意：每个栏目页的描述不要相同。

（7）关键词布局

问题：关键词密度太小，首页关键词很多，但是大多数地方都没有添加核心关键词，影响搜索引擎对主题的判断。

解决：在红框的位置增加关键词布局。

（8）图片需优化

公司介绍图片

产品图片

问题 1：公司介绍图片虽然有 alt 标签，但是 alt 标签与图片内容不符，不利于 SEO优化，而且图片真实性太差，没有可信度。

改进：

① alt="齿轮减速机公司风貌"。

② 换一张高清的厂家图片。

问题 2：产品图片没有 alt 标签。

改进：为每张图片增加 alt 标签，标签为每个产品的标题即可，如该产品alt="EPL 技术数据,尺寸"。

（9）页面为动态（http://www.***.com/Article.asp?Action=View&ArticleID=61&Catalog=0）

问题：网站 UEL 为动态，不利于百度网站的收录，影响网站排名。

改进：将网站的网址做成静态的 URL。修改后，把动态 URL 在 robots 文件中屏蔽掉。

（10）无 robots 文件

为网站创建 robots 文件。

（11）每天为网站更新原创文章

问题：网站成立 6 年，文章更新为 49 篇文章，影响搜索引擎抓取网站的频率。

改进：企业站最好一天更新 1 ~ 3 篇文章。

（12）文章缺少关键词链接

问题：文章中缺少关键词链接。

改进：文章中出现了要优化的核心词，链接到首页（http://www.***r.com/）。

（13）网站缺少 404 页面

问题：网站没有 404 页面，影响用户体验，会流失目标用户。

改进：制作一个 404 页面。

（14）网站缺少面包屑导航

问题：网站没有面包屑导航，不利于搜索引擎蜘蛛在网站内爬行，对内页的收录有影响。

改进：增加面包屑导航，而且在导航中增加网站关键词。

（15）网站地图长时间未更新

问题：网站地图更新时间为 2012 年，会严重影响搜索引擎的抓取和收录。

改进：每更新一篇文章时，都需要及时更新网站地图页面，并且在网站底部增加一个网站地图的链接。

（16）友情链接不到位

问题：友情链接虽然有 15 个，但均为单向链接，对方没有链接我方，会影响我们网站的权重，影响排名。

改进：把没有链接我们的友情链接删除，重新交换链接。

4. 网站目标分析

把主要核心产品词优化到百度首页前 5 位。

优化关键词：行星减速机、齿轮减速机、行星齿轮减速机。

5. 优化步骤

（1）修改网站诊断的内容（一周时间）。

（2）每天更新 1 ~ 3 篇文章。

（3）每天交换 1 个友情链接，链接关键词为行星减速机、齿轮减速机、行星齿轮减速机。

关键词	个数	链接
行星减速机	5	
齿轮减速机	5	http://www.***.com/
行星齿轮减速机	3	

6. 考核

每周对关键词排名、收录、外链进行统计。

12.5　SEO 日常工作表

在 SEO 工作中要做好数据统计工作，如关键词排名情况统计、网站收录统计、外链统计、站内修改日志表等。做好这些统计工作，当网站在搜索引擎中出现关键词排名下降、收录下降等问题时，可以分析工作中哪些地方出现了问题。要做到有据可依。

（1）百度关键词排名报表

百度关键词排名报表							
ID	类型	关键词	对应URL	日期	日期	日期	日期
1	品牌关键词						
2							
3							
4							
5							
6							
7							
8							
9							
10	行业关键词						
11							
12							
13							
14							
15							
16	次要词						
17							
18							
19							
20							
21							
22							
23							

（2）外链发布记录表

外链发布记录表

时间：	负责人：			
类型	URL	页面标题	是否收录	备注

（3）友情链接交换记录表

友情链接交换记录表

时间	对方关键词	对方链接地址	对方百度权重	对方网站PR	百度收录数	QQ	电话	交换时间	备注

（4）站内优化日志表

站内优化日志表

日期	操作内容	所需时间	负责人	协助人员/部门	备注

实战案例　21天新站关键词排第一

一、背景介绍

还记得我们在第 1 章结尾提到的戴晨同学吗？他博客（www.baojisem.com）优化的关键词为"宝鸡 SEO"，21 天排名到了百度第一位。这个词难度中上等，但从排名到现在一直稳居百度第一位。不仅为他带来了不少订单，还提高了自身在 SEO 行业的知名度。在这里介绍他宝鸡 SEO 关键词 21 天如何排到百度第一的操作细节。

二、操作细节

可以作为新站优化参考：

（1）域名包含地域词或行业词，域名为 www.baojisem.com。

（2）空间选择国内空间，200M。

（3）选用博客程序，容易优化（戴晨选择了 Z-blog，简单易用）。

（4）确定核心关键词 3 个，地区词语放在标题前面，标题要写好格式（<title> 宝鸡 SEO_ 宝鸡网站优化 _ 宝鸡网站建设 – 宝鸡 SEO 工作室 </title>）。

（5）描述中将核心关键词各出现一次，语句通顺，简单明了（<meta name="description" content="宝鸡 SEO 工作室由橙橙同学个人建设，希望在宝鸡 SEO 工作室这个网站上谈出自己对 SEO 优化，企业网络营销，企业电子商务等技术的观点和经验，也倡导宝鸡 SEO 爱好者能加入宝鸡 SEO 工作室展示自己的技术和才能，互相进步和发

展。"/>）。

（6）确定好栏目，并在每个栏目都要写各自的标题、关键词、描述。

（7）准备十篇纯原创文章，因为是提高知名度，所以必须是自己写，优化效果也会很好。

（8）文章内加核心关键词"宝鸡 SEO"关键词链接，链接到首页。

（9）一天两条外链，发文章页链接。

（10）加入百度站长平台，加百度统计，利于百度收录。

（11）等待百度收录过后开始交换友情链接，必须相关性高的网站，网站正常，导出链接小于 30 个。

（12）首页布局核心关键词密度在 2%~8%/10% 以内。切忌优化过度，注意关键词合理布局。

（13）前期一天更新两篇甚至三篇纯原创文章，注意外链的质量（戴晨的外链多发于推一把论坛和搜外论坛，因为和网站相关性高且这两个网站权重高、用户活跃度也高，利用带动博客快速收录和权重快速提升）。

（14）提交网站首页链接到百度 URL 入口（主动把网站提交到百度，网址 http://zhanzhang.baidu.com/linksubmit/url）。

（15）做 robots.txt 文件、404 页面、301 重定向、sitemap 网站地图等。

（16）通过日志分析蜘蛛爬取动态。

（17）每周五查询关键词排名情况。

三、总结

按照这些策略去实施，橙橙（戴晨）的宝鸡 SEO 工作室在上线第 7 天宝鸡 SEO 排名到了百度第 17 名，第 10 天上升到了 11 名。继续更新原创文章，一天两篇，换友情链接，第 21 天上升到了百度第一位。如下图，到目前位置依然稳定在百度第一位。

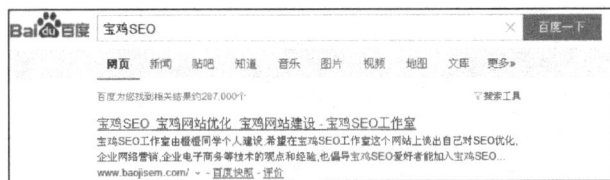

大家只要按照书中的方法，一步一步对网站实施 SEO，也能够实现这一效果。

本章小结

SEO 是一项长期的工作，需要不断地对网站进行优化，对用户体验进行优化，通过数据对网站的各项指标进行监控，使之在搜索引擎中良性发展。

| 织梦网站如何进行
SEO优化（PC端） | 如何判断竞争
对手强弱 | B2C电子商务
网站优化策略（1） | B2C电子商务
网站优化策略（2） |

实训　撰写一份 SEO 方案

【实训目的】

根据所学内容，会撰写一份 SEO 方案。

【实训要求】

1. 记住 SEO 七步成名法要领

2. 了解 SEO 方案范本的步骤和流程

【实训内容】

1. SEO 七步成名法的七步分别为_____、_____、_____、_____、

_____、_____、_____。

2. 为你的网站或感兴趣的网站撰写一份 SEO 方案。

_____。